W0360373

Gerhard Lipold

Songs of the Heart

Spirituelle Lieder und Mantras

el MuTaMaKu

© 1995 by Verlag El Mutamaku
Brigitta & Gerhard Lipold
A-4754 Andrichsfurt 11
Austria

Alle Rechte vorbehalten
All rights reserved

Umschlaggestaltung: Brigitta Lipold
Satz und Notenhandschrift: Gerhard Lipold
Illustrationen: Elfe Wintersteiger und Gerhard Lipold
Herstellung: Druckerei Denkmayr, Linz
Printed in Austria

ISBN 3-9500042-9-7

Inhaltsverzeichnis

Namasté

Sei willkommen im Kreis dieses Buches und im Kreis der Menschen in aller Welt, die diese *SONGS OF THE HEART* schon gesungen haben, zum Teil seit tausenden von Jahren. Seiner äußeren Form nach ist das Buch zwar viereckig, aber wenn sein Inhalt von Dir gelebt wird - durch Deine Stimme, Deinen Tanz, Deinen Atem, Deine Liebe -, ist es rund, so rund wie die Spirale auf dem Umschlag-Bild, die in die *Mitte* führt.

Klar und einfach ausgedrückt, geht es in diesem Buch um lebendige Gottes-Erfahrung. Und das ist auch schon alles. Denn *Gott ist alles.*

Wenn ich "Gott" sage, meine ich keine bestimmte Religion, sondern *alle* spirituellen Traditionen, auch jene, die ohne einen "Gott" auskommen und stattdessen den Urgrund allen Seins als das *TAO* bezeichnen, oder als die *Leere.* Obwohl wir das Absolute nicht mit dem menschlichen Denken oder mit Worten erfassen können, hat es viele Namen: *Wakan Tanka, Pacha Mama, Allah, Jehova, Yemaja, Gott, Isis, Shiva, Shunyata,* ... und Es findet vollkommenen Ausdruck in den spirituellen Meistern und Meisterinnen der Menschheitsgeschichte, wie in *Buddha, Jesus Christus, Krishna, Hildegard von Bingen, Rabia, Kabir, SriAurobindo, MiraAlfasa* u.v.a. ...und auch in heiligen Banyan-Bäumen und schamanischen Kraft-Tieren, in Erde, Wasser, Feuer und Luft, in der ganzen Natur, in jedem Menschen, in den Heiligen Schriften, Tänzen und Zeremonien, in der Musik, in jedem Klang, und besonders in den spirituellen Gesängen, und - in energetisch konzentriertester Form - in den Großen Mantras der Weltreligionen.

Besonders um letztere - die spirituellen Gesänge und Mantras - geht es in den *SONGS OF THE HEART,* den *Liedern des Herzens.* Der Begriff "Herz" meint hier weniger das physische Organ, das uns als treuer und hochmusikalischer Freund dient, indem es im rhythmischen Wechsel zwischen Beat und Offbeat ein ganzes Leben lang Blut durch unsere Adern pulst, sondern das *Zentrum unseres Wahren Wesens,* in dem wir *ganz* sind - nicht gespalten in Denken und Fühlen, Geist und Körper, ich und Welt -, und als das wir *eins* sind mit der ganzen Schöpfung, mit dem Leben und seinem Ursprung, der Quelle und Quintessenz des Universums, die man auch "Gott" nennen kann, oder DAS, welches auch *in uns* wohnt als Göttlicher Funke, als unser *Wahres Selbst,* welches die Quelle der Liebe und die *Liebe* selbst ist.

Die lebendige Erfahrung dieser unserer wahren gemeinsamen *Mitte* muß nichts Spektakuläres sein. Ja, sie kann sehr ekstatisch sein, besonders in Gemeinschaft, aber sie kann sich auch manifestieren in einfachem *Gewahrsein,* in einem Voll-und-ganz-*Da-Sein* in diesem Augenblick des Lebens, jetzt in diesem Atemzug - jetzt, während Du dies hier liest.

Das *Jetzt* ist immer der wichtigste Augenblick des Lebens, und das *Hier* ist stets der wichtigste Ort und der einzige, den man je erreichen sollte, obwohl man ihn nie wirklich verlassen hat. Letztlich ist "Hier und Jetzt" auch ein Name für Gott.

In allen spirituellen Traditionen - und auch meiner Erfahrung nach - sind neben der stillen Meditation besonders Musik, mantrischer Gesang und Tanz - und der *Atem* als das tragende Element auf allen Wegen - die zentralen Medien zur lebendigen Gottes-Erfahrung. Weil sie selbst ein Ausdruck des Göttlichen sind. Durch sie kann der Mensch in Kontakt treten mit Gott über sich und unter sich und um sich herum, und Gott in sich selbst und Gott durch sich; ja, er kann in ihnen einen Weg finden, sein Wahres Selbst zu erkennen und im Leben zu verwirklichen als Gott - was die Vollendung einer Inneren Meisterschaft bedeutet, auf die das Ego keinen Anspruch hat.

Dies alles gehört - erwiesenermaßen - zum Potential einiger der in diesem Buch erwähnten alten und neueren spirituell-psycholgischen Wege der Selbstfindung und Einswerdung. Die damit verbundene und mögliche ganzheitliche Heilung ist jedoch kein Anspruch, den ich mit diesem Buch erhebe; denn kein Buch - und sei sein Inhalt noch so weise und erfahrungsmäßig fundiert - kann einen solchen Anspruch erfüllen, schon allein deshalb, weil geschriebene Worte und bedrucktes Papier niemals liebevolle menschliche Begegnung und Begleitung ersetzen können.

So besteht für mich ein wesentliches Ziel dieses *SONGS OF THE HEART*-Projekts darin, einen universellen Pool anzubieten, in dem jeder Mensch und jede Menschin, der/die will, etwas finden kann, um allein oder gemeinsam mit anderen mit Gesang und Atem die spirituelle Dimension unseres Seins zu feiern und zu erleben und dabei Freude zu haben bis in die physischen Zellen hinein. Das jedenfalls ist, was ich - unter anderem Wohltuendem - mit diesen Liedern und Mantras erfahren habe, und einige von ihnen gehören zu meinen besten Freunden im Alltagsleben.

Der Nektar, den sie für uns bereithalten, kann natürlich nur von innen gekostet werden, genau so, wie wir ins Wasser springen müssen, um zu erfahren und zu wissen, wie es sich anfühlt vom Scheitel bis zur Sohle. Wenn wir nur die Zehen eintauchen, ist dies nicht einmal die ganze Sohle, geschweige denn der *ganze Mensch,* um den es hier geht. Mit Bezug auf ein mantrisches Lied heißt das: 5 Minuten Singen ist zwar schon etwas, aber nur die kleine Zehe. *Wirk*-lich interessant wird ein Mantra erst, wenn wir es vom Intellekt her so richtig "langweilig" finden und jene subtile *Trance* einsetzt, in der wir für nicht-alltägliche Erfahrungen offen werden. Und das geschieht, wenn wir das Lied nicht mehr "denken" und das Singen nicht mehr "machen" müssen, sondern uns immer mehr ergreifen und tragen lassen von seiner Schwingung, wie von einem kraftvollen Fluß, der uns einzelne Wassertropfen ins heimatliche Meer führt, das wir sind.

Das vorliegende Buch enthält ca. 70 - 80 Lieder und Mantras. 49 davon sind zu hören auf ingesamt 4 Musicassetten, und zwar auf den gleichnamigen *SONGS OF THE HEART Nr.1, Nr.2* und *Nr.3* sowie auf der Musicassette *COSMIC MOTHER*. Im Buch sind diese 49 Titel durch diese Feder  gekennzeichnet.

Die ca. 25 weiteren Titel habe ich zwar (noch) nicht auf Tonträger aufgenommen; mit ein wenig Noten-Grundkenntnis lassen sie sich aber leicht verwirklichen. Zur umfassenderen Präsentation einiger Bereiche erschien es mir wichtig, diese hinzuzufügen.

Da die Mantras und Songs allesamt sehr essentielle, wenn nicht die wesentlichsten Ebenen unseres menschlichen Seins ansprechen, gibt es hier auch mehrere längere Lesetexte, in denen ich versuchte, sowohl anhand literaturwissenschaftlicher Quellenstudien, als auch aus der Sicht der modernen Humanistischen Psychologie, sowie aus meiner eigenen Selbst-Erfahrung diese Seinsbereiche zu erläutern, welche zum Teil mit Worten nur schwer oder gar nicht zu erfassen sind. Gerade deshalb war ich bemüht, stets praxisbezogen zu bleiben. Ich weiß, daß auch eine noch so klare und einleuchtende Beschreibung der Wahrheit nicht die Wahrheit selbst ist. Der Weg zur Wahrheit kann zwar gelehrt werden, aber *Wahrheit* wird sie für den einzelnen erst, wenn er sie lebt. Daher enthält dieses Buch zahlreiche praktische Anleitungen, Experimentierfelder und weiterführende Hinweise für ureigene Er-Fahrung des Weges.

Ein "spirituelles Buch" wie dieses ist immer ein Wagnis, denn es erfordert vom Autor den Mut, sich zu seinem Glauben an Gott zu bekennen. Das tue ich hiermit, auch wenn sich im Laufe des Buches herausstellen mag, daß ich unter "Gott" *Alles, was ist,* verstehe, und allerletztlich *offene Weite* und *Leere,* durchflutet von *Licht.*

Und es erfordert Demut. Daher sei hier von vornherein klargestellt, daß ich alles in diesem Buch Gesagte niemals als Dogma verstehe, sondern immer nur als eine von vielen Möglichkeiten, "Gott und die Welt und sich selbst und das Leben" zu sehen. Es repräsentiert in verschiedenen Varianten jene Sichtweisen, die mir persönlich (und vielen anderen Menschen) die größte innere und äußere Erfüllung gebracht haben in Form eines Glücklichseins, das mehr ist als Glücksgefühle. Es ist der dauerhafte *Innere Friede im Zentrum des Herzens.* Auf diesem Weg der Selbst-Findung und Heilung war jedoch so manche Umkehr gewohnter Sichtweisen nötig. Doch wisse, daß Du jederzeit völlig frei bist, diese Dinge auch ganz anders zu sehen, als es hier angeboten wird, und zwar so, wie es für Dich stimmig ist. Nur auf diesem Boden gegenseitiger mitfühlender Toleranz kann das verbindende Grundvertrauen wachsen, wo wir Menschen einander ohne Angst und offenen Herzens begegnen können, wo jeder selbständig und in dem ihm gemäßen Tempo seine Schritte gehen kann, und wo wir früher oder später - egal wann und wo - die große *Einheit* von allem und allen erfahren können und ankommen, daheim in der ureigenen *Mitte.*

Danksagung

Abschließend und zugleich eröffnend möchte ich allen meinen Dank aussprechen, die an der Entstehung dieses Buches direkt oder indirekt mitgewirkt haben. Was die Urheberschaft der einzelnen Songs betrifft, so habe ich mich bemüht, in meinen Recherchen und Korrespondenzen sorgfältig vorzugehen. Ein großer Teil der Gesänge sind "Volkslieder" in dem Sinn, daß sie seit langer Zeit weit verbreitet sind und niemand mehr die Komponisten kennt. Wo immer ich Urhebernamen und Adressen ausforschen konnte, habe ich Kontakt aufgenommen und die Vervielfältigungsgenehmigungen für dieses Buch und die dazugehörige Musikproduktion eingeholt.

Ich danke allen KomponistInnen, LiedtexterInnen und ChoreographInnen, allen SängerInnen und TänzerInnen, die mir ihre Schätze weitergaben; allen bildenden KünstlerInnen, deren Werke dieses Buch optisch bereichern und *dem* Ausdruck verleihen, was jenseits der Worte ist - Danke für die Abdruckgenehmigungen diverser Photos und Graphiken; besonderen Dank an Elfe Wintersteiger für die handgezeichneten Seiten-Rahmen, die jeweils aus einer einzigen ununterbrochenen Linie bestehen und Anfang und Ende in der *Mitte* einer Spirale haben; ich danke allen Autoren, deren Worte ich zitierte, und allen Verlagen für die Abdruckgenehmigungen besonders jener Textstellen, deren Länge den üblichen Zeilen-Umfang wissenschaftlicher Zitation überschreitet; ich danke allen spirituellen LehrerInnen und Weisheitstraditionen, von denen ich direkt oder indirekt lernen durfte; besonderen Dank an Rainer Taeni, der uns *Creative Refocussing* vermittelte und mit diamantener Klarheit und unbeirrbarer Liebe unsere wichtigsten Lernschritte begleitete; ich danke meiner geliebten Frau und Freundin, Brigitta, für die monatelange optimale Kooperation, sowohl in der inhaltlichen Auseinandersetzung als auch in der praktischen Verwirklichung, und überhaupt: für das schöne gemeinsame Leben; ich danke auch meinen Eltern und Gott dafür, daß ich jetzt hier sein kann auf dieser wundervollen Erde; besonderen Dank an das offene Feuer im *Tierra-Urton-Ofen,* dessen Knistern mich durch die unzähligen Nächte des Schreibens begleitete, mich wach hielt und zum konsequenten Dranbleiben ermutigte;
und - last but not least - großen Dank an Dich. Wenn es Dich nicht gäbe, der/die jetzt dieses Buch aufgeschlagen hat und sich möglicherweise darauf freut, die *SONGS OF THE HEART* zu singen, hätte es keinen Grund gegeben, es zu schreiben.

Om Narbhavi
Möge Gutes geschehen!

Gerhard Lipold
Andrichsfurt am 1. Jänner 1995

Ich weiß,
daß alles, was die Sinne wahrnehmen,
Bild-Schöpfungen des einen Ur-Geistes sind.
Ich weiß,
daß der Ur-Geist leer ist, aber strahlendes Licht.
Ich weiß,
daß der Ur-Geist in unbegrenzter Weite alles umschließt
als das Einzige, das unmittelbar gegeben ist.
Ich weiß,
daß der Ur-Geist das ist, was einst "Gott" genannt wurde.

Die vollkommene Weisheit des Herzens
ist jenseits aller Worte und allen Denkens,
ohne Anfang und ohne Ende,
aber leer
gleich dem unendlichen Raum,
ein Bereich,
den nur das sich selbst wiedererkennende Gewahrsein zu erreichen vermag.
Dieser Urmutter aller Erleuchteten
huldige ich in grenzenloser Ehrfurcht.

Garma C.C. Chang

Circle Opening Chant

Here We Are Once Again

(2.) Mother Earth gave us birth
and to Her we shall return

(3.) See the Sun feel its power
see the Moon Let it flow

(1.) Here we are once again
in a circle holding hands

Worte & Musik: trad. via Ma Deva Madmati *langsam*

Hier sind wir wieder, in einem Kreis, und halten uns die Hände.
Mutter Erde hat uns geboren, und zu Ihr werden wir zurückkehren.
Sieh die Sonne, fühl ihre Kraft - sieh den Mond, laß es fließen.
Hier sind wir wieder, in einem Kreis,
und halten uns die Hände.

Return Return

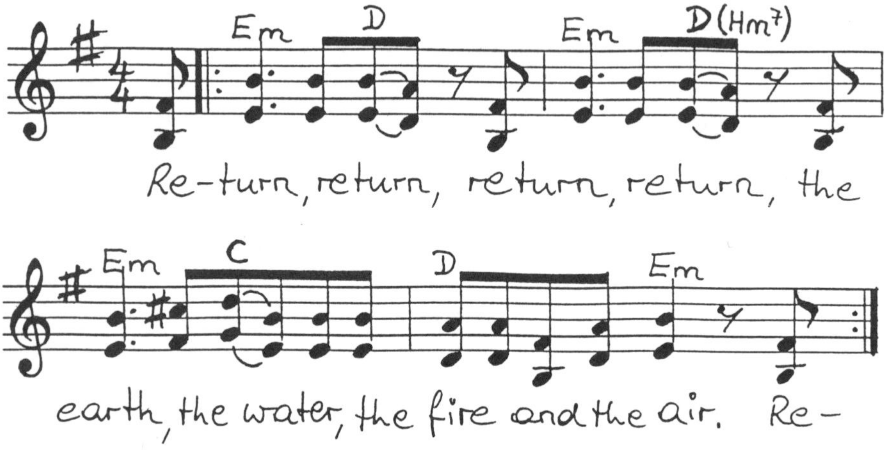

Worte & Musik: nordamerikanische Indianer
Satz: Gerhard Lipold

Mc 1 B
mittleres Tempo
starker Beat

Ein indianischer Ritualgesang, der die Vier Elemente anruft. Im Buch *ONE EARTH SONGS* habe ich einiges über den Medizinkreis erzählt. Doch Worte darüber können niemals eigene Erfahrungen ersetzen. Darum fordert dieses Lied auf: "Komm! Kehre zurück zur Erde, zum Wasser, zur Luft und zum Feuer und höre - mit deinem ganzen Körper, deinem Fühlen, deinem mentalen und spirituellen Geist -, was sie dir zu sagen haben, und kehre dabei auch zurück zu deinem eigenen Ursprung, dem *Großen Geist*, der in allem und allen lebt."

Hier dasselbe Lied mit einem punktierten Rhythmus, den ich auf der MC spiele und singe. *"Open"* bedeutet, daß die tiefe E-Saite der Gitarre um einen Ganzton tiefer auf D gestimmt wird, sodaß sie genau eine Oktave unter dem Ton der D-Saite liegt. Dadurch entsteht ein schöner Bordun-Klang.

Earth My Body

Worte & Musik: nordamerikanische Indianer
Satz: Gerhard Lipold

Mc 1 B
schnell & kraftvoll

Ghost Dance

Es gibt einen typisch indianischen Tanzschritt, der bei vielen nordamerikanischen Stämmen vorkommt und zu fast allen rhythmischen Gesängen paßt, der sogenannte *"Geist-Tanz-Schritt":*
Die TänzerInnen bewegen sich im Kreis gegen den Uhrzeigersinn. Dabei blicken sie nicht geradeaus zum Vordermenschen, sondern sind mit dem Körper halb zur Kreismitte gewandt; d.h. sie gehen eher schräg vorwärts.

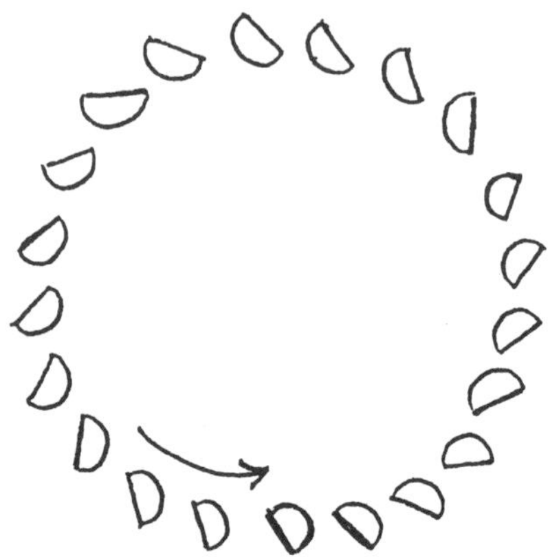

Der Schritt ist einfach:

1) Gewicht am linken Bein; mit dem rechten Fuß zuerst direkt neben dem linken auf den Boden stampfen, dann
2) einen Schritt schräg nach rechts vorne in Tanzrichtung und das Gewicht aufs rechte Bein übertragen.
3) Gewicht ist am rechten Bein; nun mit dem linken Fuß neben dem rechten aufstampfen und dann
4) Schritt seitwärts nach links in Richtung Kreismitte. Dann wieder 1)

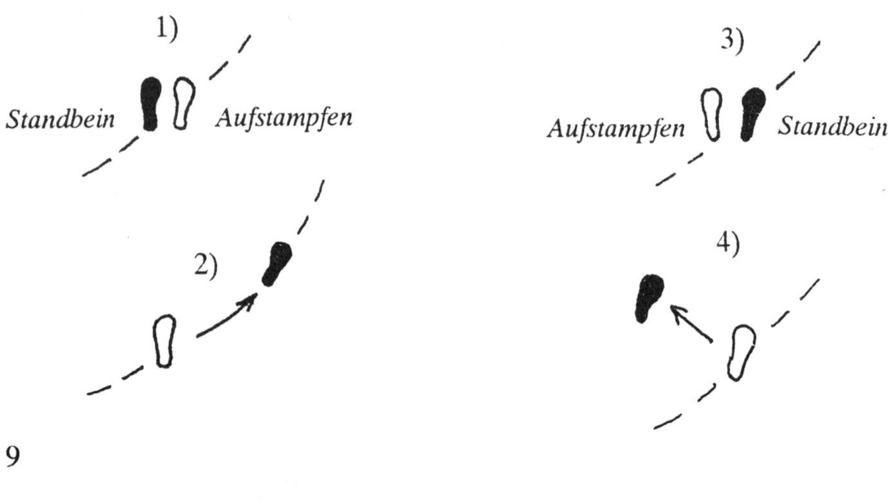

Die Schritte sind relativ kurz (max. 50 cm). Das Wichtigste dabei ist das starke Aufstampfen am Standort vor der eigentlichen Fortbewegung, die bewußte Kontaktaufnahme mit dem Boden, die "Erdung" der Lebensenergie.
Während des ganzen Tanzes sollten die Knie stets gebeugt und der Oberkörper leicht vorgeneigt sein. Also nicht total aufrecht, mit gestreckten Knien und Hohlkreuz! Das ist auf Dauer nicht angenehm, weil es den Vital-Energiefluß blockiert und die Gelenke schädigen kann. Außerdem drückt der tiefe Körperschwerpunkt der TänzerInnen auch eine innere, geistige Haltung aus, nämlich die bewußtseinsmäßige Verbindung zur Erde und die Demut gegenüber der Schöpfung und all ihren Wesen, insofern die TänzerInnen nicht als Herrscher auftreten, um sich die Erde untertan zu machen, sondern alles und sich selbst als Teil des Gesamt-Lebewesens Erde betrachten und dementsprechend achtsam mit und auf ihr umgehen.
Diese Einheit mit der Natur wird auch durch die Kreisform des Tanzes und des Wiederholgesangs symbolisiert. Da in der indianischen Spiritualität Gott sich vor allem in der Natur offenbart, stellt der Kreis auch unsere Einheit mit Gott dar, dem Großen Geist bzw. Großen Geheimnis, *Kitche Manitu.*

Es gibt noch eine andere traditionelle Variante des *Ghost Dance Step:*
Hier blicken die TänzerInnen zur Kreismitte. Die Tanzrichtung geht diesmal *im* Uhrzeigersinn, und das Stampfen ist sanfter.

1) Gewicht am rechten Bein;
   mit dem linken Fuß direkt neben dem rechten aufstampfen und dann
2) Schritt seitwärts nach links und Gewicht aufs linke Bein übertragen.
   Die Schrittlänge ist wieder relativ kurz (30 - 50 cm).
3) Gewicht am linken Bein; mit dem rechten Fuß dort aufstampfen, wo er gerade steht (30 - 50 cm vom linken entfernt), und dann
4) den rechten Fuß beiziehen und direkt neben dem linken aufstampfen, dabei Gewicht aufs rechte Bein übertragen.

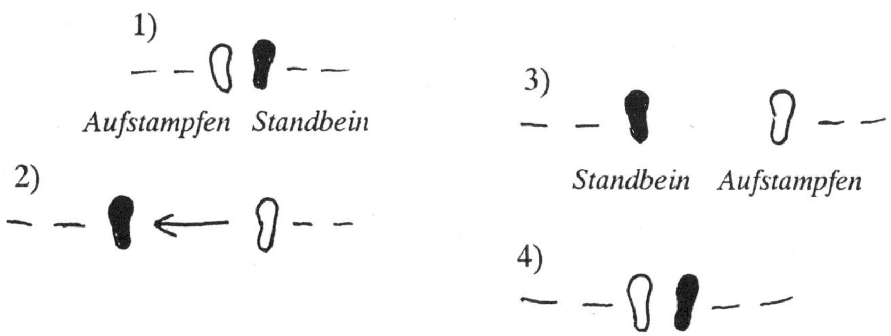

Die TänzerInnen stehen ziemlich eng, sodaß sie miteinander fast Schulterkontakt haben. Die Schritte können also nicht sehr lang sein, sodaß sich die TänzerInnen nur langsam vorwärts bewegen.

Der *Ghost Dance Step* eignet sich sehr gut, um zur Musik von Trommeln und Rasseln ums Feuer zu tanzen und zu singen. Wirkungsvoll sind Schellenbänder, die um die Fußgelenke geschnallt werden und das rhythmische Stampfen betonen. Gürtel mit leeren Samenkapseln oder Ziegenhufen - erhältlich in den meisten Ethnomusik-Instrumentenläden - schaffen eine unmittelbare Verbindung zwischen Bewegung und Klang. Auch Klatschen ist Musik und Tanz in einem.

Fire Dance

Energetisch ganz anders ist ein *Feuertanz-Schritt*, der ebenfalls weit verbreitet ist und oft in ekstatischen *Kriegstänzen* verwendet wurde. Sogar in manch einem Hollywoodfilm ist er zu sehen:
Die TänzerInnen (meist Männer) umkreisen das Feuer gegen den Uhrzeigersinn in individuell verschiedenem Tempo und einigem Abstand voneinander. Die Grundbewegung ist eine Art "Hopser-Lauf" mit tiefem Körperschwerpunkt, d.h. mit gebeugten Knien, wobei man bei jedem Hopser-Sprung auf demselben Bein landet, mit dem man abgesprungen ist. Das Charakteristische dabei ist eine starke Auf-und-ab-Bewegung des Oberkörpers und der Arme. Auch Drehungen um die eigene Achse sind möglich, wobei aber immer das intensive Tiefbeugen und Hochaufrichten des Oberkörpers beibehalten wird, was eine trance-induzierende Wirkung hat. Der Tanz ist zwar ziemlich anstrengend, doch er kann sich bei entsprechender Musik zu einer herrlichen Ekstase steigern, die jede Mühe vergessen läßt.

Basil Johnston, ein gebürtiger Ojibwa, erzählt von den Tänzen seines Volkes: "Zu Beginn wurden die Trommeln langsam und leise geschlagen. Je weiter der Abend fortschritt, desto härter und schneller wurde der Rhythmus. Wenn die Tänzer kaum noch schritthalten konnten, verließ der Häuptling den Kreis und bot seine Hand der ältesten anwesenden Frau. Er führte sie zum Tanz, und durch die Verbindung der Hände von jung und alt sollte etwas von ihrer Beharrlichkeit auf ihn übergehen. Dann wurden auch andere Frauen zum Tanz geführt, danach die alten Männer und schließlich die ganz Jungen.
Während die Männer beim Tanz hüpften und sprangen, ließen die Frauen ihre Füße zum Takt der Trommeln über die Erde gleiten, ohne den Kontakt mit ihr zu verlieren. Denn so waren für die Anishnabeg die Frauen, so war es *Kitche Manitus* Wille. Männer machen Krieg, Frauen suchen den Frieden; Männer verachten den Tod, Frauen stellen sich dem Leben; Männer wollen das Leben ändern, Frauen leben mit den Veränderungen des Lebens. Der Lebensrhythmus der Frauen ist langsamer und anders als der der Männer."

Indianische Rituale werden immer von Musik und Gesang begleitet, wobei häufig tagelang nur dieselben 2 bis 3 Lieder wiederholt werden, mit dem Ziel, eine Harmonisierung aller Beteiligten zu erreichen, sowohl in ihren Stimmen und Herz-Rhythmen als auch in ihrer geistigen Schwingung. Dies ist natürlich nur möglich, wenn sie lange genug dauern, was auch für uns gilt beim Umgang mit diesen Liedern und Tänzen.
Allgemein ist zu den hier weitergegebenen indianischen Gesängen zu sagen, daß sie meist nicht mehr ganz original sind. Erstens wegen der Übersetzung in die englische Sprache, welche einen ganz anderen phonetischen (Laut-Ebene) und semantischen (Bedeutungsebene) Aufbau und daher auch eine andere Wirkung hat, und zweitens musikalisch. Völlig ursprüngliche Ritualgesänge sind für europäische Hörgewohnheiten fast nicht nachvollziehbar, weder melodisch noch rhythmisch. So mancher Musikethnologe hat verzweifelt beim Versuch, sie in Noten aufzuschreiben.
Alle hier angeführten Versionen indianischer Lieder gehen aber mit großer Wahrscheinlichkeit auf authentische Gesänge zurück und sind in Bedeutung und Musik dem Original sehr nahe. Sie sind aber bis zu einem gewissen Grad an unser Hörverständnis angepaßt. Viele von ihnen wurden durch den Medizinmann, Sun Bear, unter den Weißen bekannt gemacht.

Spirit Am I

Worte & Musik: Indianer Nordamerikas
Satz: Gerhard Lipold

Mc 1 B
mittleres Tempo

Ich bin spiritueller Geist. Das ganze Universum ist eine mehr oder weniger verdichtete Form geistiger Energie, auch die Erde, das Wasser, die Luft, das Feuer, der Äther, mein Körper, meine Gefühle und Gedanken, meine Träume,....ein Grashalm.
Was ist ein Stein? Die moderne Quanten-Physik findet - nach Teilung der kleinsten Teilchen - ein einheitliches "Feld".
Was ist das Feld? Wir können es nur feststellen. Wir können manches messen, z.B. die Schwerkraft, aber wir wissen nicht, wer oder was die Ursache des "Feldes" oder der "Magnet" der Gravitation ist. Und die unglaublichen Entwicklungsleistungen von Pflanzen im tropischen Regenwald zeugen von einer Intelligenz, die heute nicht mehr mit den Darwinschen Evolutionstheorien zu erklären sind, sondern eher an einen wohl überlegenden, planenden und ausführenden Geist in den Pflanzen denken lassen. In der afrikanischen Mojave-Wüste gibt es das ungelöste Rätsel der "Wandernden Steine". Bis heute hat kein Wissenschaftler herausgefunden, wie diese bis zu 300 kg schweren Felsbrocken über den völlig ebenen Boden wandern und dabei kilometerlange tiefe Furchen hinterlassen.
Für die Indianer ist die Erklärung einfach. Ein Stein ist - wie ein Grashalm, ein Tier, ein Mensch - ein beseeltes Wesen, das in einer so langsamen Zeitdimension lebt, daß dem Menschen dieses Leben kaum auffällt. Manche Indianer sprechen mit Steinen und können ihre Antworten hören.

Wer

Wer ist dieser Stein, der mir da so geduldig zuhört?
Wer formulierte die Heilige Schrift seiner Rillen und Kratzer?
Wer ist das Wasser und der Wind, die ihn rund machten?
Wer ist der Heiler,
der mich beruhigt durch die kühle Stille dieses Felsens?

Wer ist der Duft der Kräuter zu seinen Füßen?
Wer führte mich zu diesen Kräutern?
Wer schenkt mir soviel, vollkommen gratis?

Wer ist der Falter auf meinem Knie?
Jetzt fliegt er ...
...direkt ins Netz der tödlichen Spinne.
Wer läßt mich *sehen*
und beide lieben, ohne Unterschied.

Wer singt mir zu, wenn der Wind durch die Eiche rauscht.
Wer winkt mir zu mit ihren Ästen.
Wer grüßt mich im Donner.
Wer ist meine Freiheit, nackt im Sommerregen.
Wer trocknet meine Haut mit zärtlicher Brise.
Wer strömt in meinen Körper und erfüllt mich mit Kraft,
wenn ich meine Nase in die Erde stecke.
Wer preßt sich als Schlamm zwischen meine Zehen
mit einem fröhlich schmatzenden Laut.
Wer lacht da?!

Wer lebt und liebt in meinen Freunden
und umarmt mich durch sie.

Wer singt das Große Lied
im Zwitschern des Sperlings
im fernen Gebell
in Beethovens Fünfter
im Nagen des Holzwurms
in der Stille der *Leere*
zwischen zwei Atemzügen.

Wer bin ich?
W-Er bin ich

Kitche Manitu

Worte & Musik: Gerhard Lipold

Mc 2 A
mittleres Tempo

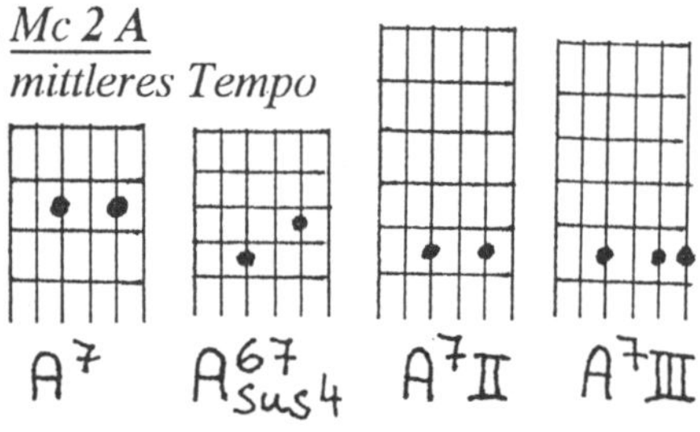

Jeder Mann ist ein Sohn Gottes
Jede Frau ist eine Tochter Gottes
Wir sind eins mit Dir, Kitche Manitu
Wir sind eins mit Dir, Großer Geist

The River Is Flowing

Worte & Musik: indianisch
Satz: Gerhard Lipold

Mc Cosmic Mother
langsam

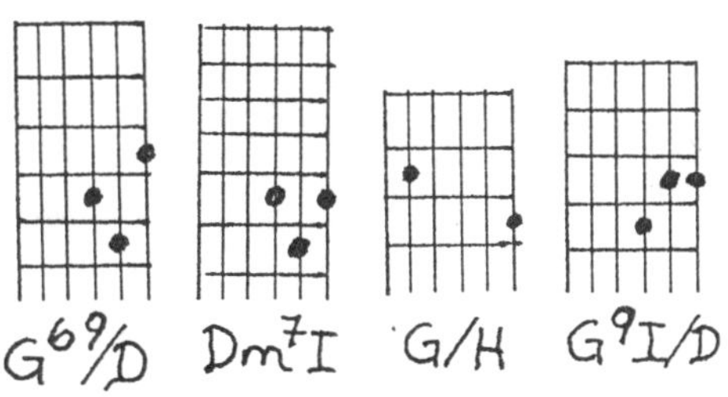

Der Fluß fließt dahin
er fließt und wächst
Der Fluß fließt dahin
zurück ins Meer
Mutter Erde, trage mich!
Dein Kind werde ich immer sein
Mutter Erde, trage mich
zurück ins Meer

I Am as God Created Me

Worte & Musik: Gerhard Lipold

Mc ***Cosmic Mother***
langsamer Choral

Ich bin, wie Gott mich erschaffen hat
ein Strom göttlicher Energie
ein Strahl Seines Lichts lebt in mir
als mein Wahres Selbst in vollkommener Reinheit
Höchste Liebe bin ich
Ich bin Liebe
Gott ist Liebe
Ich bin Liebe
Gott ist Liebe

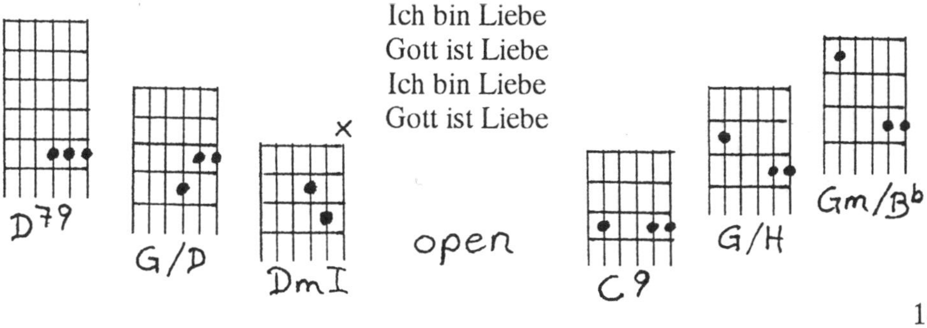

Mother, I Feel You under My Feet

Worte & Musik: Indianer Nordamerikas
Satz: Gerhard Lipold

Mc 1 B
mittleres Tempo

Mutter Erde, ich fühle dich unter meinen Füßen
Mutter Erde, ich höre deinen Herzschlag

Felsmalerei der Aborigines

Ich will von der wohlgeschaffenen Erde singen, der Mutter von allem, dem ältesten Wesen. Sie nährt alle Geschöpfe auf der Welt, alle, die auf der guten Erde wandeln, und alle, die im Meer sind, und alle, die fliegen. Sie alle werden von ihrem Herd genährt. Durch Dich, oh Königin, sind die Menschen durch Kinder und gute Ernten gesegnet, und Du hast die Macht, den Sterblichen Mittel zum Leben zu geben und zu nehmen.....
Gruß Dir, Mutter der Götter, Gemahlin des besternten Himmels!
Verleih mir für dieses Lied ein Wesen, das das Herz erfreut!

Hymne Homers (800 v.Chr.)

Isis Astarte Diana

Worte & Musik: trad.
Satz: Gerhard Lipold

Ein Urmutter-Mantra aus göttlichen Namen.

Isis - altägyptische Muttergöttin
Astarte - Muttergöttin aus der Levanthe, Ostküste des Mittelmeeres, ca. 1500 v.Chr., im heutigen Syrien, Israel, Libanon
Diana - römische Göttin des Mondes, der Jagd und der unberührten Natur; entspricht der griechischen *Artemis*
Demeter - griechische Erd- und Fruchtbarkeitsgöttin
Kybele - alt-türkische Große Göttin der Fruchtbarkeit und des Lebens der blühenden Stadtkultur von Chatal Hüyük , 8000 v.Chr.
Inanna = Ishtar - sumerische Göttin der Erde, Fruchtbarkeit, Liebe, auch Mondgöttin in Mesopotamien, 3. Jahrtausend v.Chr.
Maria - göttliche Mutter der Christen
Sophia - vorhellenistische Göttin der Weisheit im Judentum

Schwarze Madonna

Die indianische Spiritualität mit ihrer Verehrung von *Mutter Erde* hat viele Weiße darin befruchtet, daß sie sich rückbesinnen auf die matriarchalen Wurzeln ihrer eigenen Traditionen. So gibt es heute wieder eine neue, selbstbewußte Bewegung alter feministischer Religiosität, die sich der *Großen Göttin* zuwendet, der *Magna Mater* allen Lebens, der Manifestation des Göttlichen als *Shakti*, die Lebensenergie in Gestalt der *Urmutter*.

Das vorhergehende Mantra aus Namen vorchristlicher Göttinnen stammt aus jener wiederauferstandenen matriarchalen Weisheitstradition, welche von der kirchlichen Inquisition jahrhundertelang unterdrückt und mit Scheiterhaufen bekämpft wurde. Es enthält auch den Namen *Marias*, der "Gottesgebärerin", die als kraftvolle und mutige Frau am Fuße des Kreuzes stand und das *Magnificat* sang. Maria selbst hat mit der Inquisition nichts zu tun, ebensowenig wie Jesus, der heute von Staat und Amtskirche wahrscheinlich nicht viel anders behandelt werden würde als vor 2000 Jahren von den Römern und Pharisäern. Die alltäglichen "Kreuzigungen" sind nur etwas subtiler.

Auch Maria ist "festgenagelt" worden, und zwar auf die verzerrte Darstellung als unterwürfige, unlebendige Gipsheilige ohne Unterleib, sodaß das Frauenbild und die Glaubensvorstellungen der Kirche dazu führten, daß Frauen sich selbst mißachtet und sich nichts zugetraut haben.

Es gibt mehrere alte Darstellungen, die Maria auf dem Mond und auf einer Schlange stehend zeigen. Die herkömmliche theologische Interpretation lautet meist, daß "die keusche Jungfrau die Schlange der Lust und Sünde zertritt." Jesus aber empfiehlt: "Seid klug wie die Schlangen"(Mt 10, 16). Er gibt damit einen klaren Hinweis zur Bedeutung der *Schlange*, die in den meisten Hochkulturen der Welt für die Weisheit steht, und zwar die intuitive Weisheit als weiblicher Pol unserer geistigen Potenz. In dieser Symbolik zierte sie die Stirn bzw. das Dritte Auge der ägyptischen Pharaoninnen und Pharaonen und verlieh ihnen Würde und Macht als Vermittler zwischen Himmel und Erde.

Die Schlange ist auch Symbol für die *Kundalini-Shakti*, die Lebensenergie selbst, die in Indien als weiblich dargestellt wird. Maria zertritt also nicht irgendeine (vermeintliche) "Sünde", sondern sie steht "geerdet" in ihrer weiblichen Urkraft als Basis des Lebens. Auch das Attribut des Mondes deutet auf ihre Verbindung zu den alten matriarchalen Wurzeln.

Gilles Quispel, Religionshistoriker und Schüler von C.G. Jung, hat nachgewiesen, daß Marias Darstellung als *Schwarze Madonna* - im polnischen Tschenstochau oder im schweizerischen Einsiedeln - zurückgeht auf die Ikonographie der *Schwarzen Artemis* bzw. *Diana* im antiken Ephesus (West-Türkei), wo die *Große Mutter* schon verehrt wurde, lange bevor die Griechen um 1200 v.Chr. siedelten. In diesem alten matriarchalen Kultzentrum wurde Maria auf dem 3. Ökumenischen Konzil zur *Muttergottes "Theokotos"* (= "Gottesgebärerin") erklärt. Oder stammt die *Schwarze Urmutter* aus Afrika?

Rudi Hirt, "Niederkunft" >

Tanzende Shakti

Ihrer dunklen Hautfarbe nach ist die *Schwarze Madonna* nahe verwandt mit der indischen Göttin *Kali.* Unter den frühen christlichen Texten, die in Nag Hammadi gefunden wurden, gibt es ein Gedicht, in dem sie Worte spricht, die auch von ihrer hinduistischen Schwester stammen könnten:

Denn ich bin die Erste und Letzte
Ich bin die Verehrte und Verachtete
Ich bin die Hure und die Heilige
Ich bin die Ehefrau und die Jungfrau
Ich bin die Unfruchtbare
und zahlreich sind meine Söhne
Ich bin das Schweigen
das unbegreiflich ist
Ich bin das Sagen meines Namens

Der letzte Vers weist auch hin auf die Mantra-Kraft des heiligen Wortes *Maria,* das viele Rosenkranz betende Menschen als Schutz im Herzen tragen. Alle Gottes-Namen aller Religionen sind Mantras mit großer Kraft.

Ramakrishna, der erleuchtete Weise, der im 19. Jh. in Indien lebte, sagt über die Meditation des göttlichen Namens: "Wenn ein Mensch den Namen Gottes wiederholt, werden sein Körper, sein Verstand und alles rein. Wer ständig an Gott denkt, wird seine wirkliche Natur erkennen. (...) Gott wohnt in uns." Obwohl der große Heilige schon zu Lebzeiten ein Ansehen wie *Jesus Christus* und *Buddha* hatte, blieb er stets besitzlos und bescheiden: "Niemand unter der Sonne ist mein Schüler - im Gegenteil: Ich bin der Schüler von allen." Ramakrishna verehrte Gott in Gestalt der *Kali.* Ihr Mantra lautet ***Om Kali Ma.***

OM steht für das Absolute, das Göttliche. Diese Ursilbe ist der universellste und zugleich kraftvollste Name für Gott. *Kali Ma* ist die Göttliche Mutter, die personifizierte Lebensenergie *Shakti,* die wie ihr Gemahl *Shiva* meist tanzend dargestellt wird (siehe auch: *ONE EARTH SONGS,* S. 116), oft auch in sexueller Vereinigung mit ihm. Dieser Koitus ist die Vermählung des formlosen, transzendenten Aspekts des Göttlichen (Shiva) mit dem manifestierten, immanenten in Form der dynamischen Ur-Energie (Shakti).

Om Kali Ma
Da tanzt eine Göttin in meinem Herzen
Sie tanzt einen Tanz für alle Menschen
Sie tanzt einen Tanz der Kraft und des Lichts
und blickt auf alles mit grenzenlosem Mitgefühl
Om Kali Ma

< Brigitta Lipold, "Tanzende Kali"

Om Kali Ma

(Refr.:) Om Kali Ma . . .

(2.) ||: There is a goddess dancing :||
||: dancing a dance for all humans :||

(Refr.:) Om Kali Ma . . .

(3.) ||: There is a goddess dancing :||
dancing a dance of power and Light
gazing at all things with compassion at sight

(Refr.:) Om Kali Ma . . .

Worte & Musik: trad. via Ma Deva Madmati *langsam & gefühlvoll*

Die Göttliche Mutter *Kali* ist die Personifizierung der Ur-Energie des Absoluten (*Brahman),* durch die Gott die Welt erschafft, erhält und auflöst. So manche Allegorie Kalis erscheint dem Uneingeweihten auf den ersten Blick sehr furchterregend. In einer häufigen Darstellung trägt sie einen Gürtel aus abgeschlagenen Armen, eine Halskette aus Menschenschädeln, und von ihren vier Händen hält eine den blutenden Kopf eines Dämons, eine andere schwingt ein "bedrohliches" Schwert.

Doch mit der dritten Hand zeigt sie die beruhigende *Abhaya Mudra,* die Geste der Furchtlosigkeit: "Habt keine Angst. Es geschieht euch nichts."

Und die vierte Hand gewährt Wohltaten.

Wie bei Shiva ist Kalis Hauptfunktion die Zerstörung aller Illusionen, die Auflösung aller Ursachen von Leid; z.B. die irrtümliche Identifikation des Egos mit dem vergänglichen Körper (die Totenschädel), oder das krampfhafte Festklammern an materiellem Besitz und die karmischen Verstrickungen als Folgen unwissenden Handelns (die abgeschlagenen Arme), oder alle negativen, krankmachenden Gedankenmuster voll Angst und Selbstmitleid, Groll und Kampf, die illusionären "teuflischen Besessenheiten" des Denkens (abgeschlagener Kopf des Dämons der Illusion). Das Schwert ist nicht bedrohlich, sondern befreiend. Es ist das Schwert der diamantenen Klarheit des erleuchteten Geistes, der alle Fesseln durchtrennt, indem er unbeirrbar zwischen Wahrheit und Illusion unterscheiden kann und die Einheit mit dem Absoluten manifestiert, das ausgedrückt wird durch das Mantra OM.

Kali ist die Dunkle, die die Welt erleuchtet.

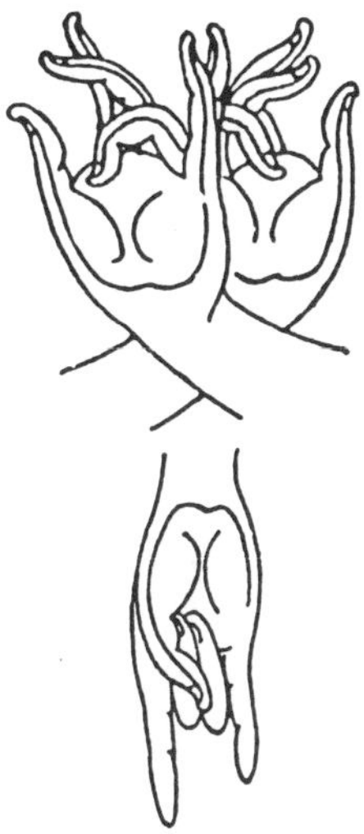

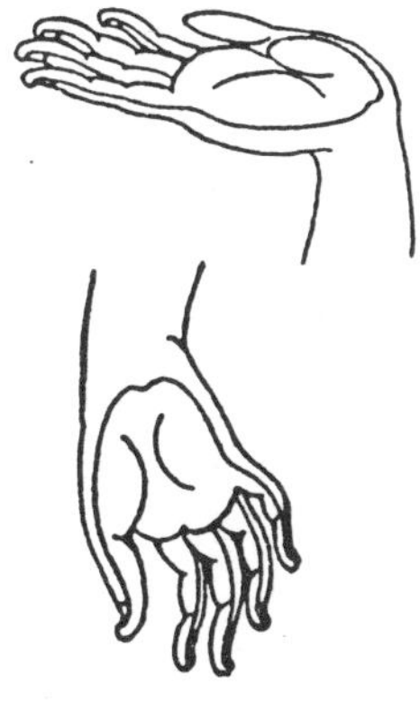

Ancient Mother

Worte & Musik: trad. via Ma Deva Madmati
Satz: Gerhard Lipold

Mc 1 B
langsam

Urmutter, ich höre Dich rufen, Urmutter, ich höre Dein Lied
Urmutter, ich höre Dein Lachen, Urmutter, ich schmecke Deine Tränen

"Ich, die ich die Schönheit der grünen Erde bin und die weiße Mondin unter den Sternen und das Mysterium der Wasser, ich rufe eure Seelen, sich zu erheben und zu mir zu kommen. Denn ich bin die Seele der Natur, die das Universum lebendig macht. Aus mir gehen alle Dinge hervor, und zu mir müssen sie zurückkehren. Ehret mich fröhlichen Herzens, denn seht:
Alle Akte der Liebe sind meine Rituale.
Laßt in euch Schönheit und Stärke walten, Kraft und Leidenschaft, Ehre und Demut, Heiterkeit und Ehrfurcht. Und ihr, die ihr mich erkennen wollt, wisset, daß euer Suchen und Sehnen euch nicht helfen wird, es sei denn, ihr kennt das Mysterium: *Wenn ihr das, was ihr sucht, nicht in euch selbst findet, werdet ihr es niemals finden. Denn seht: Ich bin bei euch gewesen von Anbeginn, und ich bin es, zu der ihr am Ende eurer Wünsche gelangt."*

Wer hier spricht, ist *Shakti*, die Lebensenergie, und zugleich die Höchste intuitive Weisheit, *Prajnaparamita*, die "Mutter aller Buddhas", die im Christentum *Heiliger Geist* genannt wird und von Jesus im Hebräer-Evangelium noch als "Mutter" angesprochen wird. Ihre Personifikation ist u.a. die *Hagia Sophia* der Gnosis und die *Tara* des tantrischen Buddhismus.

Hagia Sophia

Wenn "Jesus sitzet zur rechten Hand Gottes", wer sitzt dann zu Seiner linken? In der *Weisheitsliteratur,* einer besonderen Gattung der jüdischen Schrifttradition, finden sich noch klare Antworten, die in der Bibel nur noch zwischen den Zeilen stehen. Hier spricht *Sophia, die Weisheit,* die Tochter Gottes, "Seines Waltens Erstling."

Ich bin aus dem Munde des Höchsten hervorgegangen
und habe wie Nebel die Erde bedeckt.
Ich hatte meinen Wohnsitz in der Höhe,
und mein Thron stand auf einer Wolkensäule.
Ich umwanderte allein den Himmelskreis
und schritt durch die Tiefen der Fluten dahin.
Jesus Sirach 24, 3-5

Wie *Shakti* aus dem Mantra OM, so manifestierte sich auch *Sophia* aus dem Absoluten als göttlicher Urklang und war gegenwärtig als dynamische Energie während des gesamten Schöpfungsaktes.

Gott schuf mich, Seines Waltens Erstling,
als Anfang Seiner Werke, vorlängst.
Von Ewigkeit her bin ich gebildet, von Anbeginn,
vor dem Ursprung der Welt.
Noch ehe die Meere waren, ward ich geboren,
noch vor den Quellen, reich an Wasser.
Bevor die Berge eingesenkt wurden, vor den Hügeln ward ich geboren,
ehe die Erde gemacht und die Fluren und die ersten Schollen des Erdreichs.
Als Er den Himmel baute, war ich dabei,
als Er das Gewölbe absteckte über der Urflut...
als Er die Grundfesten der Erde legte,
da war ich als Liebling Ihm zur Seite,
war lauter Entzücken Tag für Tag und spielte vor Ihm allezeit,
spielte auf Seinem Erdenrund
und hatte mein Ergötzen an den Menschenkindern.

Zu euch, ihr Menschen, rufe ich...
Ihr Einfachen, versteht die Weisheit! Ihr Narren, habt ein verstehendes Herz!
Hört, denn mein Mund wird die Wahrheit sprechen...
Hört, denn die sind gesegnet, die meinen Weg einhalten...
Hört die Anweisungen, seid weise und lehnt sie nicht ab...
Denn wer mich findet, der findet das Leben...
Doch wer sich gegen mich versündigt, tut unrecht gegen seine eigene Seele.
Sprüche 8-9

< *Grüne Tara*

Mit dem Aufkommen des Patriarchats und der damit einhergehenden Unterdrückung des Mutterrechts zur Zeit des Hellenismus wurde *Sophia* aus Kult und Alltag verdrängt. Jüdische Weise, die damals im Exil lebten, glaubten, sie wohne im Tempel von Jerusalem in Gesalt der Tauben, die dort nisteten. So wurde die *Taube* zum Symbol der Sophia, und zum Zeichen der "Gegenwart Gottes" = *Schechina* (hebräisch). Die Taube war auch das Symbol der *Ishtar* und der *Astarte,* und später der *Aphrodite.*

Im Zuge der Patriachalisierung wurden zahlreiche Namen und Insignien der alten Muttergöttinnen auf die neuen männlichen Herrschergötter übertragen; z.B. wurde aus *Iahu,* einem Beinamen von Astarte, der "heilige Taube" bedeutet, *Jahwe,* der strenge Vatergott der Israeliten; ebenso aus *Hawwa-Eva,* einer anderen Göttin von Jerusalem, die mit ihrer Urschlange alles Leben hervorbrachte, wurde *Jehova.* In der Bibel wurde Sophia in Gestalt der Taube zum Symbol des *Heiligen Geistes.* Und als die Kirche römisch wurde, erlitt sie durch den grammatikalisch eindeutig männlichen Begriff "Spirit*us* Sanct*us*" eine fatale Geschlechtsumwandlung.

In Wahrheit ist der Heilige Geist bzw. die Höchste intuitive Weisheit und Heilungsenergie der weibliche Pol in der christlichen Dreifaltigkeit, und es ist sehr heilsam, dieses Gleichgewicht wiederherzustellen, zumindest im eigenen Bewußtsein beim Umgang mit christlicher Terminologie, selbst wenn die Amtskirche anderer Meinung ist. *Für die wirkliche "religio" ist keine äußere Institution zuständig, denn sie findet im eigenen Herzen statt und in totaler Selbstverantwortung.* Daher benötigt sie auch keinen "amtlichen Sanktus".

In allen Weisheitstraditionen der Erde - in der jüdischen Kabbala und der Alchemie, im Sufismus und Hinduismus, im Buddhismus und Taoismus, bei den indianischen und sibirischen Schamanen und den christlichen Mystikern - gilt die Harmonie zwischen dem weiblichen und dem männlichen Prinzip, die Heilige Hochzeit ("Hierogamos") zwischen *Yin* und *Yang,* als Schlüssel zur Erleuchtung und bewußten Einswerdung mit dem göttlichen Wahren Selbst.

Körperlich-sexuell manifestieren wir zwar nur einen Pol, doch auf allen anderen Seinsebenen sind wir gleichsam "androgyn", d.h. jeder Mann und jede Frau trägt beide Pole in sich. Das Absolute Göttliche aber, das Wahre Selbst in allen Wesen, transzendiert jede Polarität und ist geschlechtslos, "das Eine ohne ein Zweites", wie die Veden sagen. Und Es ist nicht "*der* Eine Gott" oder "*die* Eine Göttin", sondern *DAS !* Das Postulat manch kämpferischer Feministinnen, daß "Gott weiblich und nur weiblich" sei, ist zwar als Reaktion auf die chauvinistischen Glaubensvorstellungen und die gegenwärtig vorherrschende Praxis großer Männer-Welt-Religionen verständlich, stellt aber im Grunde denselben Irrtum dar wie die rein patriarchale Dogmatik.

Wenn die asiatischen Weisheitslehren *DAS Eine* - z.B das *Tao,* das *Brahman,* oder gar die *Leere* - als Letzte Wirklichkeit betrachten, so ist diese Sichtweise kein einschränkendes Dogma, sondern bietet jene größte Offenheit und individuelle Freiheit in Glaubensfragen, die es ermöglicht, daß man...

 Weiße Tara >

...daß man neben der eigenen (Lieblings-)Religion auch jede andere Glaubensrichtung und spirituelle Praxis als gleichwertig akzeptieren kann und in jedem traditionellen Gottesbild eine universelle Wahrheits-Essenz erkennt. Denn wenn auch das formlose Absolute "neutral" ist, so ist es doch zugleich auch "männlich *und* weiblich", da es sich auf der Ebene der Erscheinungsformen überall und jederzeit als YIN & YANG manifestieren kann. Dementsprechend stellen alle "Götter" und "Göttinnen" einen bestimmten, *stimme*nden Aspekt des Absoluten dar und können ein geeignetes Werkzeug auf dem WEG sein, selbst wenn kein menschliches Wort oder Bild die ganze WAHRHEIT erfaßt.

Ramakrishna, der sich nacheinander - jeweils viele Jahre lang - den spezifischen Disziplinen von Hinduismus, Islam und Christentum unterzog, hat mit seinem Leben bewiesen, daß man in allen Religionen Erleuchtung erlangen kann. Was jedoch alle vollendeten Meister und Meisterinnen kennzeichnet, ist, daß sie Männlich und Weiblich in sich vereint haben. Dies drückt sich aus durch ihre bedingungslose, allumfassende Liebe und Ein-fachheit und durch ihre intuitive Weisheit des Herzens. Diese Höchste Weisheit *Hagia Sophia* bzw. *Prajnaparamita* wird die "Mutter aller Buddhas" genannt, weil sie die Erleuchteten gebiert, indem sie die Schleier der Unwissenheit zerreißt.

Einer, der von dieser Weisheit durchdrungen war, war König Salomon:

"Anfang, Ende und Mitte der Zeiten, den Wechsel der Sonnenwenden und den Wandel der Jahreszeiten, den Kreislauf der Jahre und die Stellungen der Gestirne, die Natur der Lebewesen und die Triebe der wilden Tiere, die Macht der Geister und die Gedanken der Menschen, die Unterschiede der Pflanzen und die Kräfte der Wurzeln - alles, was es nur Verborgenes und Sichtbares gibt, erkannte ich; denn die Werkmeisterin aller Dinge, die *Weisheit,* lehrte es mich.

In Ihr wohnt ein vernunftvoller, heiliger Geist, einzigartig, mannigfaltig und fein, beweglich, klar und unbefleckt, zuverlässlich und unverletzlich, dem Guten zugetan und kraftvoll, unhemmbar, wohltätig und menschenfreundlich, beständig, sicher und sorgenfrei, allvermögend, allsehend und alle Geister durchdringend, die verständigen, reinen und feinen.

Denn die *Weisheit* ist beweglicher als jede Bewegung; infolge ihrer Reinheit durchzieht und durchdringt sie alles, ist sie doch ein Hauch der Kraft Gottes, ein lauterer Ausfluß der Herrlichkeit des Allmächtigen; darum kann keine Befleckung sie treffen. Sie ist ein Abglanz des ewigen Lichtes, ein fleckenloser Spiegel des göttlichen Wirkens und ein Abbild Seiner Güte.

Sie ist nur eines und vermag doch alles; sie bleibt, was sie ist, und erneuert doch alle Dinge; von Geschlecht zu Geschlecht geht sie auf heilige Seelen über und rüstet sie aus zu Freunden Gottes und zu Propheten. Denn Gott liebt den, der mit *Weisheit* vertraut ist. Sie ist herrlicher als die Sonne und übertrifft die ganze Sternenwelt. Mit dem Lichte verglichen, erhält sie den Vorzug; denn auf dieses folgt die Nacht, gegen die Weisheit aber kommt die Bosheit nicht auf. Sie erstreckt sich machtvoll von einem Ende der Welt zum andern und durchwaltet das All aufs beste." *Weisheit Salomos, Jerusalem-Bibel 7,18-30;8,1*

< *Yab-Yum, die mystische Einswerdung*

Mother of All Things

(3.) Oh Mother, Mother, Let Love be reborn! . . .
(4.) Oh Mother, Mother, Let Trust be reborn! . . .
(5.) Oh Mother, Mother, Let Vision be reborn! . . .
(6.) Oh Mother, Mother, Let Wisdom be reborn! . . .

Worte & Musik: trad. via Lisa Till
Satz: Gerhard Lipold

Mc Cosmic Mother
langsam

Oh Mutter Aller Dinge, laß den *Frieden* wiedergeboren werden!
Oh Mutter Aller Dinge, laß das *Gleichgewicht* wiedergeboren werden!
Oh Mutter Aller Dinge, laß die *Liebe* wiedergeboren werden!
Oh Mutter Aller Dinge, laß das *Vertrauen* wiedergeboren werden!
Oh Mutter Aller Dinge, laß das intuitive *Sehen* wiedergeboren werden!
Oh Mutter Aller Dinge, laß die *Weisheit* wiedergeboren werden!

We Are the Power

Worte & Musik: trad. via Starhawk **Mc 1 B**
Satz: Gerhard Lipold *mittleres Tempo, kraftvoller Beat*

Wir sind die Kraft in jedem Wesen
Wir sind der Tanz von Mond und Sonne
Wir sind die Hoffnung, die niemals sterben wird
Wir sind die Wende der Gezeit

spätbabylonische androgyne Gottheit zwischen einer männlichen Schlange mit der Sonne und einer weiblichen mit dem Mond

Die "Power" in jedem Wesen ist die Energie des Lebens, das wir sind.
Die "Wende der Gezeit", der Strömungswechsel zwischen Ebbe und Flut wird von der Kraft des Mondes vollbracht, der auch Symbol für das YIN, das Weibliche Prinzip ist. Da die Strömung der jüngeren Geschichte, welche den Planeten vergiftet und der Menschheit ein vielfaches Overkill-Waffenarsenal beschert hat, hauptsächlich von männlichem Denken gelenkt worden ist, ist die Heilung der Erde und der Menschheit nur möglich durch eine verstärkte Hinwendung zum weiblichen Energiepol und die Wiederherstellung des gesunden Gleichgewichts und dynamischen Wechselspiels zwischen Denken *und Fühlen,* Kopf *und Bauch,* Intellekt *und Intuition,* Hirn *und Herz,* zwischen Machen *und Lassen,* Spannung *und Entspannung,* Autorität *und Solidarität,* Unterscheidung *und Verbindung,* zwischen komplexem Wissen *und einfacher Weisheit,* Erkenntnis *und Mitgefühl,* Abstraktion *und Sinnlichkeit.....* Und dies alles betrifft Männer *und Frauen,* denn das Wechselspiel zwischen dem Männlichen und dem Weiblichen Prinzip geschieht nicht nur im Kontakt zu den anderen Menschen, sondern hauptsächlich im Innern jedes und jeder Einzelnen. Auch viele Frauen haben das Weibliche noch kaum integriert, sondern kämpfen stattdessen auf subtile Weise gegeneinander und gegen sich selbst.
Das dynamische Gleichgewicht zwischen YIN und YANG ist keine Halbe-Halbe-Sache. Es erlaubt jeder der beiden Energien die volle Entfaltung, wobei keine die andere unterdrückt, sondern jederzeit offen, flexibel und mitfühlend bleibt und mit dem anderen Pol als Einheit und Ganzheit verbunden. So kommen wir als Individuen und Gemeinschaft immer mehr

vom Haben zum Sein.

All the Earth Is Sacred

2) ALL the water 's sacred, every sip we take ...
3) ALL the air is sacred, every breath we take...
4) ALL the fire 's sacred, every flame we Light...
5) ALL the plants are sacred, every root and Leaf...
6) ALL the animals sacred, every Little worm...
7) ALL the people sacred, each and everyone...
8) Sun and moon are sacred, all the universe...

Musik & Text der 1. u. 3. Strophe: nordamerikanische Indianer
Text der weiteren Strophen u. deutscher Text: Gerhard Lipold

<u>*Mc 1 B,*</u> *mittleres Tempo, starker Beat*

D sus4

Die folgende Übersetzung paßt zur Originalmusik.

1) *Erde ist heilig, jeder Schritt darauf. Erde ist heilig, jeder Schritt darauf.*
(Refrain:) *Menschen reichen sich die Hände, wir sind eins.*
Menschen reichen sich die Hände, wir sind eins.
2) *Wasser ist heilig, jeder Schluck davon. Wasser ist heilig....* (Refr.)
3) *Alle Luft ist heilig, jeder Atemzug. Alle Luft ist heilig......*(Refr.)
4) *Feuer ist heilig, jedes Flammenlicht. Feuer ist heilig.....*(Refr.)
5) *Jeder Baum ist heilig, jedes Blatt darauf. Jeder Baum ist ....*(Refr.)
6) *Jedes Tier ist heilig, Adler, Fisch und Wurm. Jedes Tier.....*(Refr.)
7) *Jeder Mensch ist heilig, Körper, Seele, Geist. Jeder Mensch....*(Refr.)
8) *Sonne Mond sind heilig und das ganze All. Sonne Mond.....*(Refr.)

Heilig die Erde

Worte & Musik: Gerhard Lipold

Kanon zu 4 Stimmen

Als Brigitta und ich zum ersten Mal in einem tropischen Regenwald waren, war uns klar, daß kein Ort der Erde unserer Vorstellung von "Paradies" so nahe kommt wie dieser Lebensraum. Ungezähmte Wildheit und zugleich perfekte Harmonie, erhabene Größe und winzige Details, in denen sich "wie oben so unten"(Hermes Trismegistos) das ganze Universum widerspiegelt in unüberblickbarer Vielfalt und unübersehbarer Einheit. "Lunge der Erde, Wetterzentrale, Genbank und Weltapotheke", diese unersetzbaren globalen Funktionen fielen uns gar nicht ein, als wir kleine Menschlein direkt zu Füßen lebendiger Urwaldriesen standen. Da war nur noch Staunen in Ehrfurcht und eine überwältigende Gefühlswoge des Heimgekommenseins zu den Wurzeln, Dankbarkeit und Tränen der Freude...., die nach der allmählichen Beruhigung unseres intensiven Atems - daliegend wie verschmolzen mit dem duftenden Boden des Waldes - in eine tiefe Nachdenklichkeit mündete.

Wir hatten oft gelesen und gehört, daß der Mensch - und wir sind Menschen - in den letzten 40 Jahren die Hälfte der tropischen Regenwälder zerstört hat und der Rest in den nächsten 20 Jahren unwiederbringlich vernichtet zu werden droht. Wir haben gelesen, daß zur Zeit täglich bis zu 50 Tier- und Pflanzenarten verschwinden und die letzten Völker, die noch im Einklang mit der Natur leben, ausgerottet werden von der zivilisierten "Profitmaximierung", die den Wald in kürzester Zeit in eine unfruchtbare Wüste verwandelt.

"Einige dieser herrlich exotischen Primitiven hat man ja glücklicherweise noch im letzten Augenblick auf Videofilm dokumentiert."(Zitat)

Wir selbst waren seit Jahren "engagierte Umweltschützer", doch bis zu diesem Moment zu Füßen dieser Baum-Universen war uns nie wirklich bewußt gewesen, wofür wir kämpften, denn wir hatten nur darüber gelesen, ferngesehen und geglaubt zu "wissen", aber das Brennen und Morden war eigentlich immer weit weg. Erst jetzt begannen wir ansatzweise wirklich zu wissen, denn zum ersten Mal *fühlten* wir den Regenwald und *sahen* seine Größe original und drei- bis vierdimensional, und wir *rochen, schmeckten* und *hörten* sein jahrtausendealtes jugendfrisches *Leben,* jetzt und hier. Dies war ein Moment religiöser Erleuchtung, und zum ersten Mal fühlten wir, was "heilig" bedeutet.

"Noch klingt mir das Krachen der fallenden Baumriesen im Ohr, das Kreischen der sterbenden Kapuziner-Äffchen. Zu deutlich habe ich die Verwandlung von pulsierendem Grün zur öden Steppe in Erinnerung. Diejenigen die an der Zerstörung verdienen, wissen, was sie verbrechen. Jene, die es verhindern könnten, ahnen wenig von den Möglichkeiten, diesen Wahnsinn zu stoppen. 'Jene' sind wir alle! Glauben Sie mir: Gemeinsam haben wir die Macht, Nein zu sagen!" (Wolfgang Pekny, Greenpeace)

In diesem Sinne sind die "heiligen" Gesänge dieses Buches sehr "politisch". Und die Weltpolitk muß in gewissem Sinne "religiös" werden, wenn das Leben (nicht nur das Überleben) der Erde erhalten werden soll. Damit meine ich freilich nicht die "heiligen Kriege" religiöser Fanatiker und auch nicht eine bestimmte Religion. Wohl aber meine ich "Re-ligio", die "Rückbindung"unseres

Bewußtseins zum Ursprung des Lebens und zur Quelle des Friedens.

"Frieden zieht in die Seelen der Menschen ein, wenn sie ihre Verwandtschaft mit dem Universum wahrnehmen....und wenn sie wahrnehmen, daß in der Mitte des Universums *Wakan Tanka* wohnt, und daß diese Mitte überall ist, daß sie innen in jedem von uns ist."*Hehaka Sapa (Schwarzer Hirsch)*

Wie jeder Grashalm und jeder Mahagoni-Urwaldriese, jeder Buckelwal und jeder Wasserfloh, so sind auch wir Teil der Natur und hervorgegangen aus dem "Großen Geheimnis", von dem der *Wichasha Wakon,* der "Heilige Mann" der Oglala-Sioux spricht und das man auch "Gott" nennen kann. Aber wie immer wir Es benennen, selbst wenn wir Es verleugnen, Es lebt in allen Teilen dieser ungeteilten Schöpfung. Nur aus diesem spirituellen Wissen kann auch das notwendige Gefühl für unsere wesen-tliche Einheit mit allem und allen erwachsen, unabhängig davon, ob Es ein Stein, eine Pflanze, ein Tier oder ein Mensch ist und von welcher Rasse, Religion oder Gesellschaftsschicht dieser Mensch ist. Was wir einem anderen antun, das tun wir uns selbst an.

Wenn dieses neue alte, über jede Religion und politische Partei hinausgehende Bewußtsein um unsere Verwandtschaft, ja "heilige Geschwisterschaft" mit allem Lebendigen im Kosmos immer mehr Herzen und Hirne erleuchtet, kann sich jene Demut und tiefe Achtung vor der Natur entwickeln und kann die not-wendige universelle Liebe zu allen Wesen erwachen und kann sich ein entsprechend tolerantes und gewaltfreies, ganzheitliches und weises Welt-Ethos im Denken aller National-Regierungen und Einzelmenschen verankern als Voraussetzung dafür, daß - in Verbindung mit dem modernen Wissen um globale Systemzusammenhänge - unser politisches Handeln wirklich darin erfolgreich sein kann, allen Erdenbewohnern ein materiell verteilungsgerechtes und seelisch lebenswertes Dasein in Frieden und Freiheit zu ermöglichen.

Gerade was die Wertschätzung der Natur betrifft - und zwar nicht als profitabel ausbeutbare Biomasse, sondern als ein in seiner unversehrten Vielfalt lebenswichtiger Teil von uns selbst -, können wir "Zivilisierten" von den wenigen, noch in ihrer Tradition lebenden Naturvölkern viel lernen, und wenn es auch nur eines ihrer Lieder ist, das in unsere Herzen eine Ahnung der Einheit von allem, was ist, pflanzt.

Und wie immer wir zu dem eben Gesagten stehen, es muß uns klar sein: Die Erde mit ihrer gesamten Flora und Fauna kann auch sehr gut ohne den Menschen auskommen, nicht aber der Mensch ohne das intakte Biotop Erde bzw. das gesunde Lebewesen *Mutter Gaia.*

Save the Earth! We cannot recycle it!

Can You Hear My Heart Beat

2) |: Can You hear my drum beat, drum beat, drum beat :|
Mother Mother Earth Earth
3) |: Can You hear my feet beat, feet beat, feet beat :|
Mother Mother Earth Earth

Worte & Musik: nordamerikanische Indianer
Satz: Gerhard Lipold

Mc 1 B
mittleres Tempo
auch als mehrstimmiger Kanon möglich

Mutter Erde, kannst Du mein Herz schlagen hören?
Mutter Erde, kannst Du meine Trommel pulsieren hören?
Mutter Erde, kannst Du meine Füße stampfen hören?

Dieses Lied bietet sich an, um getanzt zu werden oder einfache Gesten dazu zu machen, z.B. am Boden sitzend oder im Kreis gehend,
bei *"heart beat"* mit der Faust auf die Brust klopfen;
bei *"drum beat"* in die Hände klatschen;
bei *"feet beat"* mit den Füßen stampfen;
bei *"Mother"* mit den Händen in der Luft einen Kreis formen;
bei *"Earth"* die Hände auf den Boden legen.

Das Lied *"Mutter Erde"* im Buch *ONE EARTH SONGS* (S. 154) eignet sich ebenfalls sehr gut für Kinder und Erwachsene, um dazu gemeinsam einen Kreistanz mit symbolischen Bewegungen zu erfinden.

Bei den Indianern werden die meisten Lieder und Gebete auch getanzt. Hier ein getanztes Gebet der Navajos in Arizona:

Glücklich möge ich wandern
Glücklich mit reichlichen schwarzen Wolken möge ich wandern
Glücklich mit reichlichem Regen möge ich wandern
Glücklich mit reichlichen Pflanzen möge ich wandern
Glücklich auf einem Pfad voller Blütenstaub möge ich wandern
Glücklich möge ich wandern

Alles sei schön vor mir
Alles sei schön hinter mir
Alles sei schön unter mir
Alles sei schön über mir
Alles sei schön um mich herum
In Schönheit
ist es vollendet

Das folgende Gedicht verwenden wir gerne in Tanz-Seminaren, um die Lust am pantomimisch-tänzerischen Spiel zu wecken. Angeblich ist es viele hundert Jahre alt und wurde von einem unbekannten Autor, der sich *König Enzio* nannte, in einem tiefen Burgverlies auf die Kerkerwand geschrieben.

König Enzio

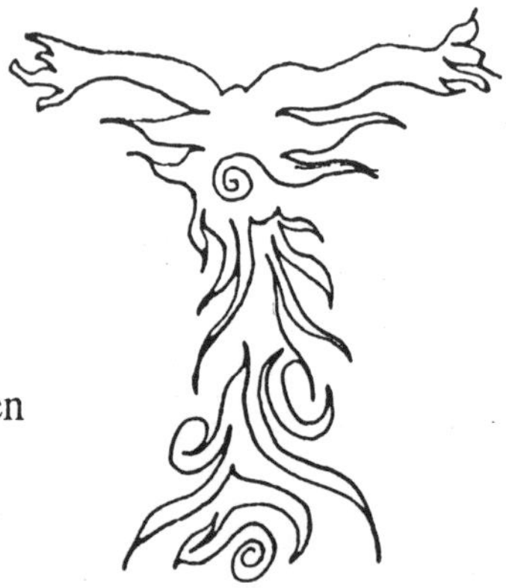

Bald ist es Zeit zu sinken
bald zu steigen
bald sich zurückzuziehen
bald zuzugreifen
bald weich zu werden
bald sich zu versteifen
bald sich zu offenbaren
bald zu schweigen
bald zukünftigen Dingen sich zu zeigen
bald zu weinen
bald zu lachen
bald einzuschlafen
bald zu erwachen
bald sich zu freuen am Spiel mit runden Reifen
bald sich zu binden
bald frei zu schweifen
bald Sonne, Mond und Sterne zu grüßen
bald dankend sich zur Erde zu neigen

Ein einfaches Gedicht über die wechselvollen Polaritäten des Lebens, über die Zeit und zugleich über die innere Gewißheit des Ewigen Lebens, das zwischen den Zeilen weht in der Gelassenheit der Worte, die beweist, daß der Autor zwar körperlich in einem Kerker saß, aber in Wahrheit frei war.

Dieser Text läßt sich sehr leicht als Gruppen-Pantomime darstellen. Es ist ganz einfach. Hier mein Vorschlag zur Vorgangsweise des/der Gruppenleiter/in:

1) den Text vorlesen; die Teilnehmer sitzen am Boden und hören zu.
2) die Gruppe in kleinere Gruppen zu je 3 - 6 Menschen unterteilen; z.B. bei 20 Teilnehmern 4 Gruppen zu je 5 Leuten. Jede der 4 Gruppen sucht sich einen eigenen Platz im Raum und bildet einen Kreis (ohne Händehalten).

3) Der Leiter liest den Text laut und langsam vor und macht nach jeder Zeile eine längere Pause (ca. 10 - 20 Sekunden), die den Teilnehmern genug Zeit gibt, um die eben gehörte Textzeile pantomimisch umzusetzen.
Die einzelnen Kleingruppen haben also die Aufgabe, den Inhalt jeder Zeile durch Körpersprache (Bewegung, Gestik, Mimik etc.) darzustellen,und zwar sofort und spontan, ohne vorher etwas zu vereinbaren. Dabei soll jede Kleingruppe eine kommunikative Einheit bilden und braucht nicht darauf achten, was die anderen Kleingruppen machen.
Es kommt nicht darauf an, daß dabei etwas besonders "Tolles oder Perfektes" herauskommt. Spielt einfach, was euch gerade zu der jeweiligen Textzeile einfällt. Wenn ihr wollt, könnt ihr auch eure "Clown-Power" zum Ausdruck bringen. Es ist aber wichtig, in jeder Ausgelassenheit immer behutsam miteinander umzugehen.
Nach der Darstellung des letzten Verses gibt der Leiter einen Applaus als ehrliche (!) Anerkennung.

4) Die Hälfte der Kleingruppen, in unserem Beispiel 2 der 4 Gruppen setzen sich auf den Boden und bilden das "Publikum". Die anderen beiden Gruppen bleiben auf der "Bühne".
Nun folgt dasselbe noch einmal. Der Leiter liest den Text langsam vor mit entsprechenden Pausen nach jeder Verszeile. Die beiden Gruppen auf der Bühne - und zwar jede Gruppe für sich auf einem eigenen Platz neben der anderen - stellen den Text wie zuvor pantomimisch dar, wobei sie entweder dieselbe Gestaltung wiederholen oder auch neue Ideen spontan improvisieren können.
Das Publikum sieht zu, ohne die beiden parallelen Darbietungen mit "Besser-Schlechter-Falsch" Bewertungen gegeneinander abzuwiegen. Dies ist kein Wettkampf. Jede Performance entsteht hier und jetzt in diesem Augenblick des Lebens und ist genau richtig und okay, so wie sie ist. Diese Situation ist eine gute Möglichkeit, um zu lernen, mit dem "Auge des Herzens" zu sehen, das nichts be- oder verurteilt, und um als Leiter in den zusehenden Teilnehmern ein entsprechendes Bewußtsein zu schaffen.
Die Aufführung endet mit dem Applaus des Publikums, und die Darsteller nehmen diesen Applaus mit Verneigung entgegen.

5) Rollentausch zwischen "Publikum" und "Darstellern". Es folgt die Performance der anderen beiden Gruppen, während der Leiter den Text ein drittes Mal liest. Schlußapplaus.

Navajo Stone Game

Worte & Musik & Spielregeln: Navajo-Indianer **Mc 1 B**

Bei diesem indianischen Steinspiel knien alle im Kreis am Boden und sitzen dabei auf den Fersen. Wir lernen zuerst das Lied und klatschen den Beat dazu:

He -	*ya*	*Heya*	*Eya*	*He -*	*ya a*	*He -*	*ya*	
X	**X**	**X**	**X**	**X**	**X**	**X**	**X**	(Beat)
1)	2)	3)	4)	5)	6)	7)	8)	

Nun zur Ausgangsposition für das Spiel:
Jeder hält einen Stein in der linken Hand, am besten einen abgerundeten Bachkiesel. Die Hände liegen auf den Oberschenkeln, und zwar die linke als Faust mit dem Stein darin, die rechte offen mit der Handfläche nach unten. Während des Singens wird der Stein zum rechten Nachbarn weitergegeben. Zugleich erhält man einen neuen Stein vom linken Nachbarn. Dabei wird folgender "Tanz" mit den Händen ausgeführt:

Auf 1) und 2) mit den Händen 2-mal auf die Oberschenkel patschen.
Auf 3) vor den Knien 1-mal auf den Boden patschen.
4) die Hände überkreuzt auf den Boden legen; d.h. die rechte Hand vor dem linken Knie, die linke Hand vor dem rechten Knie.
Dabei den Stein loslassen, sodaß er vor dem rechten Knie am Boden liegt.
5) Hände wieder parallel vor den Knien auf den Boden legen und dabei mit der rechten Hand den Stein aufnehmen.
6) und 7) mit den Händen 2-mal auf die Oberschenkel patschen. Dabei ist die linke leer, und die rechte hält den Stein in der Faust.
8) den Stein in die Hand des rechten Nachbarn weitergeben und zugleich mit der linken Hand einen neuen Stein vom linken Nachbarn übernehmen.

Dann wieder von vorne: Auf 1) und 2) 2-mal auf die Oberschenkel patschen.

Es ist gut, zuerst langsam zu singen und zu spielen, bis jeder die Griffe beherrscht, und erst dann allmählich die Geschwindigkeit zu steigern, wenn ihr wollt. Aber nicht zu schnell werden, denn das Ziel ist nicht ein Ausscheidungswettkampf, sondern es ist ein Spiel ohne Verlierer, bei dem die Freude am gemeinsamen Kunststück im Mittelpunkt steht, sodaß alle die Gewinner sind. Es kann sehr faszinierend sein, dieses Steinspiel über längere Zeit laufen zu lassen, bis ihr euch selber immer mehr zusehen könnt, wie eure Hände wie von selbst im Spielfluß tanzen, und bis gleichsam "Es spielt" und ihr die Zeugen dieses rhythmischen Kreislaufs seid.

Als ich durch den Wald spazierte
fand ich einen Stein am Wegrand
Ich hob ihn auf
Er war so schön
Weiß
mit grünem Schimmer
Oval
durch Wind und Wasser
Paßte genau in meine Hand
glitt seidenweich über die Finger

Ich sagte Danke
und legte ihn zurück
an seinen Platz am Wegrand
und ging zufrieden weiter

He Chalma Gulwaya

Worte & Musik: trad. indianisches Nomadenlied
Satz: Gerhard Lipold *"ch"* sprich "tsch"

Tetowa te tuma alem - Das Gepäck ist schwer
Hela he chalma - Wir haben noch einen weiten Weg
He chalma gulwaya - aber wir werden den Weg zu Ende gehen

Ein lustiges Lied, das in dieser Form zwar nicht mehr ganz "original indianisch" ist, aber es ist mit Sicherheit "traditionell", insofern es oft von Mund zu Ohr weitergegeben wurde über viele Länder hinweg. Und wahrscheinlich waren Kinder daran maßgeblich beteiligt, denn die Worte *"Gifgangora gillema gillema gifgangay"* könnten auch ein typischer Auszählvers unserer Breiten sein. Das Lied tauchte bei einem internationalen *Rainbow Gathering* auf und machte Alt und Jung großen Spaß. Es eignet sich auch gut für eine Tanz-Choreographie.
Es ist schön, immer wieder zu erleben, wie Menschen aus verschiedensten Ländern, obwohl sie die Sprache der anderen nicht können, miteinander kommunizieren durch Musik, und sei es durch ein einfaches Kinderlied wie dieses. Musik ist wohl die universellste Sprache der Welt, die jeder verstehen kann, weil sie das Innerste berührt.

Round and Round

Worte & Musik: trad. Kanon zu 3 Stimmen <u>*Mc 2 A*</u>
Satz und deutscher Text: Gerhard Lipold
Choreographie: Dagmar Steinbäcker & Gerhard Lipold

Deutsche Version:

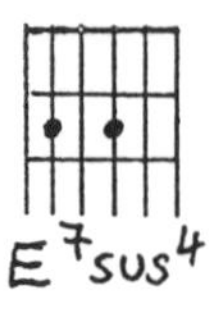

Wir gehn rundherum und halten uns die Hände,
weben im Kreis unsre Le-ben.
Unsre Liebe ist stark,
und weiter geht der Tanz.

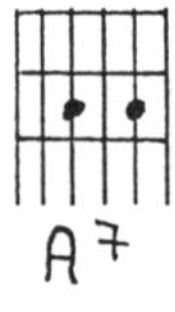

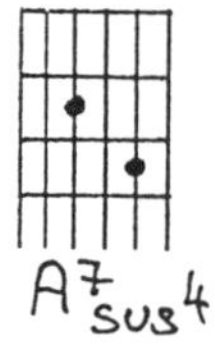

Tanz-Anleitung

Aufstellung im Kreis, Tanzrichtung gegen den Uhrzeigersinn.
"Round and round we go": 4 Schritte vorwärts, dabei die linke Hand aufs Herz (Brustmitte) legen.
"we hold each others' hands and": dem vorderen Nachbarn die rechte Hand reichen, dem hinteren die linke, und weitergehen.
"weave our lives": 4 Schritte zur Kreismitte, dabei die Arme hochheben.
"in a circle": 4 Schritte rückwärts wieder nach außen gehen, Arme senken.
"Our love is strong": Hände loslassen und beide Hände auf die Brustmitte (Herz) legen, dabei einmal nach rechts um die eigene Achse drehen.
"the dance goes on": Arme nach oben öffnen und Drehung nach links.

Für eine große Gruppe ist es ein schönes Erlebnis, in 3 konzentrischen Kreisen zu tanzen und dabei im Kanon zu singen. Eine solche Choreographie mit 3-stimmigem Gesang ist auch sehr gut geeignet für eine öffentliche Aufführung zu einem festlichen Anlaß.

Meister des Tanzes

führe euch, wo immer ihr auch seid, und ich

führ' euch in eurem Tanze heut'.

(2.) Ich tanzte für Priester und Schriftgelehrte,
sie wollten nicht tanzen und kratzten ihre Bärte.
So tanzte ich für die Fischer am Pier,
Andreas und Simon, sie folgten mir.
(Refr.:) Tanzt! Tanzt...

(3.) Ich tanzte am Sabbat für die Kranken im Lande,
die Pharisäer riefen: "Welche Schande!"
Sie schlugen mich an ein Kreuz so groß
und meinten, so würden sie mich los.
(Refr.:) Tanzt! Tanzt...

(4.) Der Himmel wurde schwarz in einem Augenblick!
Es tanzt sich schwer mit dem Henker im Genick.
Sie begruben meinen Körper und glaubten mich tot,
doch ich bin der Tanz, und ich lebe fort.
(Refr.:) Tanzt! Tanzt...

(5.) Sie wollten meinen Tod, doch ich tanz' unbeirrt.
Ich bin der Tanz, der niemals sterben wird.
Ich lebe in euch, wenn ihr in mir lebt
und eure Herzen zum Tanze hebt.
(Refr.:) Tanzt! Tanzt...

Worte & Musik: trad. Shaker-Hymne "Lord of the Dance"
deutscher Text: Gerhard Lipold

fröhlich beschwingt

"Lord of the Dance" bzw. *"Meister des Tanzes"* ist ein berühmtes traditionelles Lied der ***Shaker,*** einer christlichen Sekte im 18.Jh., die rüttelnde und schüttelnde **Trance-Tänze** als Hauptmittel zur Gotteserfahrung verwendeten. Und *Jesus* war ihr *"Lord of the Dance",* der "Gott des Tanzes".

Kupferstich eines ekstatischen Kreistanzes der Shaker in New York 1873

Das Alte Testament schildert noch Hymne, Musik, Rhythmus und Tanz als wesentliche Bestandteile des Gottesdienstes. Selbst im Urchristentum existierte noch das Wissen, daß die dem Rhythmus innewohnenden Kräfte den Kontakt mit spirituellen Ebenen erleichtern. Daher wurden die Psalmen auch getanzt und mit Händeklatschen begleitet, so wie es heute noch in den Kirchen der schwarzen Christen Amerikas geschieht, wo es meist sehr vital zugeht, obgleich diese Ekstasen sehr gezähmt sind im Vergleich zu ihren Wurzeln in den alten westafrikanischen Religionen. Aufgrund der mittelalterlichen Verbannung von "sündige Körperlust erzeugendem" Rhythmus und Tanz aus dem Gottesdienst ist auch die "religiöse Ekstase" als eine zentrale Gotteserfahrung weitestgehend aus den christlichen Kirchen verschwunden.

Trotzdem gibt es noch ein einzigartiges christliches Tanzritual, das sich seiner äußeren Erscheinungsform nach durchaus mit den Tranceriten des westafrikanischen bzw. afrobrasilianischen *Macumba* und *Candomblé* vergleichen läßt: die ***"Springprozession von Echternach"***, eine ekstatische Tanzwallfahrt zum Grab des Heiligen Willibrord in einem kleinen Städtchen an der luxemburgisch-deutschen Grenze, an der Jahr für Jahr am Dienstag nach Pfingsten Zehntausende teilnehmen.

Einem Außenstehenden mögen die veitstanz-ähnlichen Rüttel- und Schüttelbewegungen der Echternacher Wallfahrer verrückt erscheinen, und dieser hat recht, denn die Trancetänzer sind wirklich "ver-rückt". Ihre Wahrnehmung, ihr Bewußtsein ist von der alltäglichen Wirklichkeit in eine nicht-alltägliche gerückt, d.h. auf eine Ebene, die über die fünf Sinne und das logische Denken hinausgeht. Trance ist keine "sinnlose, primitive Dumpfheit" oder "heidnisch-animistische Regression", sondern eine ganz besondere, intuitive, umfassende Wachheit, die - auch wenn sie äußerlich manchmal "wild" aussieht - innerlich sehr fein ist und intensive spirituelle Erfahrungen ermöglicht. Beim Trancetanz wird der Körper zum Fahrzeug in die geistige Welt. Und für den Körper selbst ist das monotone Springen und Stampfen, Rütteln und Schütteln, das Vibrieren der Bioenergie und der rhythmische Atem ein großartiger energetischer Reinigungs- und Heilungsprozeß.

"Die Bewegungen mancher Individuen sind so intensiv und frenetisch, daß sie gefährlich ausschauen. Andere bewegen sich sanft und zart fließend. Manche atmen wie eine Lokomotive und verrenken sich zu unglaublichen Positionen, andere tanzen harmonisch, singen und sprechen in Sprachen, die sie nie erlernt haben. Die Yoga-Erklärung für diese Phänomene ist, daß *Shakti* (die Lebensenergie) die verschlossenen Energiezentren berührt, öffnet, auch reinigt. Karma, das sich in diesem oder anderen Leben angesammelt hat, wird abgetragen. *Kundalini-Shakti* strebt aufwärts, bis sie die höchsten Chakren (Energiezentren) im Menschen erreicht. Dann sitzt man still und läßt die Energie walten." Die vibrierende Energieerfahrung, die hier *Boadella* aus dem *Kriya-Yoga* beschreibt, ist nichts anderes als das von der abendländischen Theologie beschriebene *"Tremendum"* (von lat. *tremere* = zittern), das den Leib des christlichen Mystikers erschauern läßt, wenn seine Seele in der Meditation das unfaßbare Antlitz Gottes schaut.

"...Danach begannen einige junge Leute, Männer und Frauen, zu zittern und sich auf schrecklichste Art zu schütteln. Zuerst sah ich, wie sich ihre Köpfe langsam von einer Schulter zur anderen bewegten. Je länger sie sich bewegten, desto schneller und wilder schüttelten sie sich. Die Bewegung setzte sich vom Kopf zu den Händen fort und durch den ganzen Körper mit solcher Macht, als ob sich Glied von Glied trennen würde. Das Haus zitterte wie bei einem Erdbeben. Danach umarmten sich einige der jungen Frauen und reichten sich die Hände - zwei Männer umarmten sich und reichten sich die Hände, ein dritter umfing beide mit seinen Armen, ein vierter schloß sich an, bis ein Dutzend Männer sich in dieser Position befanden..." *Bericht des Gouverneurs von New Hampshire über einen Shaker-Tanz 1782*

Kaye Hoffman, internationale Fachfrau auf dem Gebiet des Trance-Tanz, meint, "daß das Shaking der Shaker in einzigartiger Weise in unserer europäischen Tradition schamanisches Wissen um die Heilwirkung des Tremendums fortsetzte und bewußt einsetzte."

Jiriba

Worte & Musik: trad.Westafrika
Satz: Gerhard Lipold

Mc 2 A
beschwingt

Wenn in einem Dorf ein alter Mensch stirbt,
ist es, wie wenn ein alter Baum stirbt.
Dann haben die jungen Vögel nichts,
worauf sie sich setzen können.

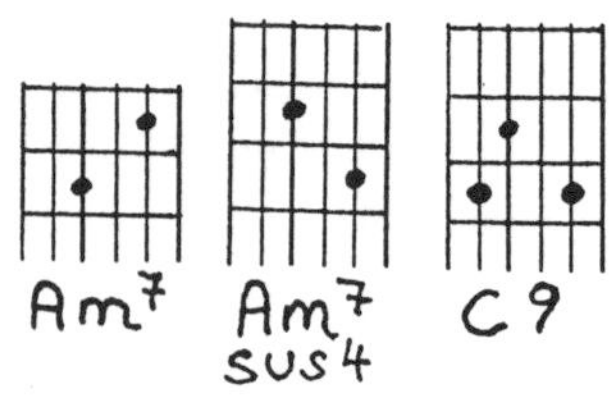

Dieses *Malinke*-Lied ist Ausdruck der Achtung und Wertschätzung gegenüber der Erfahrung und Weisheit der Alten, auf der jede junge Generation ihr Leben aufbaut.

Beim Singen können Männer und Frauen einander in folgendem Schema abwechseln:

nur Männer: *Jiriba eh Jiriba eh*
nur Frauen: *Jiriba benin coro mandi*
nur Männer: *a duggu tsche coro bale Jiriba eh*
Männer und Frauen: *Jiriba benin coro mandi*
dann umgekehrt: 1. Zeile Frauen, 2. Zeile Männer
3. Zeile Frauen, 4. Zeile gemeinsam

Tanz-Anleitung

Bei diesem traditionellen Tanz stehen die TänzerInnen im Kreis mit Blick gegen den Uhrzeigersinn. Die Tanzschritte sind genau am Beat des Liedes, das hier nocheinmal im 2/2 Takt notiert ist; also 2 Schritte pro Takt. Die Beats sind von 1 - 16 durchnummeriert; die Schrittanleitung bezieht sich auf diese Zahlen.

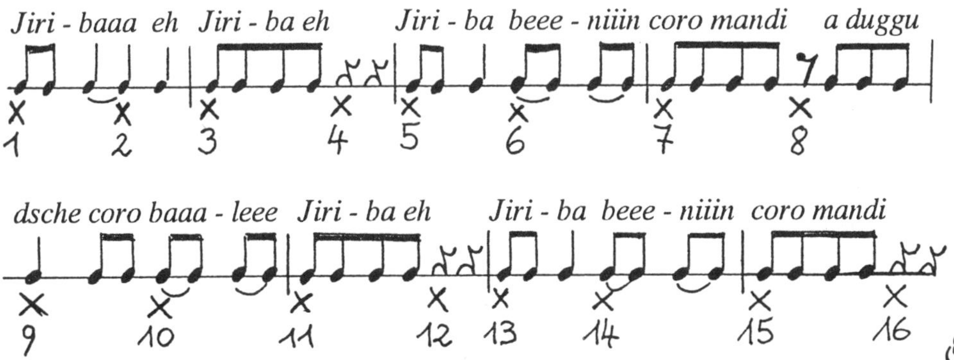

1) (=1. Beat) Gewicht am linken Bein; mit dem rechten Fuß neben dem linken am Boden auftippen.
2) Kleiner Schritt rechts zurück.
3) Gewicht am rechten Bein; mit dem linken Fuß neben dem rechten am Boden auftippen.
4) Kleiner Schritt links zurück.
5) Großer Schritt rechts zurück.
6) Großer Schritt rechts vorwärts.
7) Großer Schritt links vorwärts.
8) Rechts Schluß;d.h. rechten Fuß neben den linken stellen zum Schlußstand.

Dann von 9) bis 16) dasselbe wie 1) bis 8), aber seitenverkehrt, also:
9) Mit linkem Fuß auftippen > 10) links zurück > 11) rechten Fuß auftippen > 12) recht zurück > 13) links zurück > 14) links vorwärts > 15) rechts vorwärts > 16) und links Schluß. > wieder von vorne 1) usw.

Wenn ihr die Schritte beherrscht, könnt ihr auch den Kreis enger machen und dem vorderen Nachbarn die Hände auf die Schultern legen.
Dieser Tanz hat mehrere Schrittvarianten. Hier noch eine zweite Figur, die man gut mit der ersten kombinieren kann:
Alle wenden sich zur Kreismitte.
1) Schritt rechts zurück
2) links zurück
3) rechts zurück
4) kleiner Sprung in die Luft mit dem rechten Bein; wieder auf dem rechten Fuß landen und zugleich die Ferse des vorgestreckten linken Beines am Boden aufsetzen und die Arme seitlich hochschleudern.
5) Schritt links vorwärts
6) rechts vorwärts
7) links vorwärts
8) rechtes Bein vorne gestreckt hochschleudern und mit den Händen unter dem gehobenen Bein (Knie) klatschen.
9) - 16) ist gleich wie 1) - 8).

Wer diese Figur noch weiter ausbauen will, kann zu diesen Schritten ein Armkreisen vollziehen, und zwar
einen ganzen Kreis mit gestreckten Armen nach dem Klatschen (8),
sodaß die Arme bei 1) unten durch nach hinten pendeln > bei 2) hinten hoch steigen bis über den Kopf, > bei 3) wieder vorne nach unten sinken, sodaß diese Kreisbewegung der Arme bei 4) ins Hochschleudern mündet.
Dann kreisen die Arme in entgegengesetzter Richtung,
sodaß sie nach dem Hochschleudern im Sprung (4)
> bei 5) wieder hinten nach unten pendeln, > bei 6) vorne hochsteigen bis über den Kopf, > bei 7) wieder hinten runter kreisen > und bei 8) ins Klatschen unter dem hochgehobenen Bein münden.
Das hört sich hier am Papier vielleicht etwas kompliziert an, ist aber recht einfach, da es sich aus dem natürlichen Armkreisen ganz logisch ergibt.

Es ist aber auch sehr angenehm, nur die einfachen Grundschritte der ersten Version längere Zeit im Kreis zu tanzen. Sie paßt auch zur Musicassette, sowohl zu *"Jiriba"* als auch zum folgenden *"Tunamufa"*. Da die MC-Aufnahme in klare Abschnitte gegliedert ist, kann man auch leicht eine Choreographie dazubauen, die die angebotenen Formen mit eigenen Ideen verbindet. Mehr Freude macht es aber meist ohne Musik-Konserven aus dem Lautsprecher. Das Tempo auf der MC ist ziemlich gemütlich swingend. Beim Selbersingen und Mittrommeln kann das Tempo auch viel schneller sein, sodaß ein sehr dynamischer Tanz daraus wird.

Tunamufa

Worte & Musik: trad. Uganda
Satz: Gerhard Lipold

Mc 2 A
be-swingt

Als wir die afrikanischen Musiker fragten, was die Worte bedeuten, schmunzelten sie und antworteten: "It cannot be translated. Just sing and dance and have fun!"

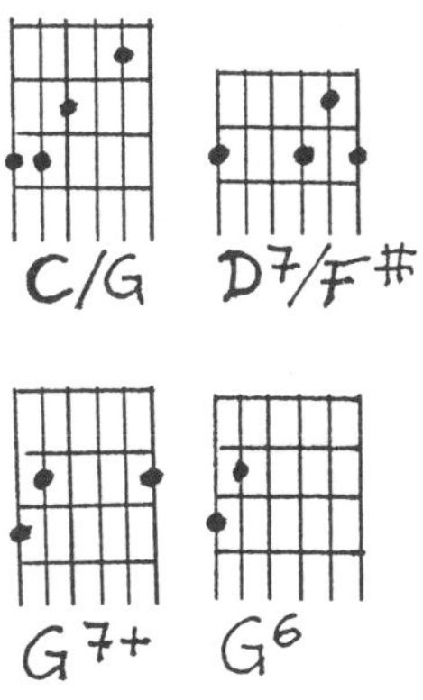

Yemaja

Worte & Musik: trad. Yoruba, Westafrika
Satz: Gerhard Lipold

Mc 1 A
langsam

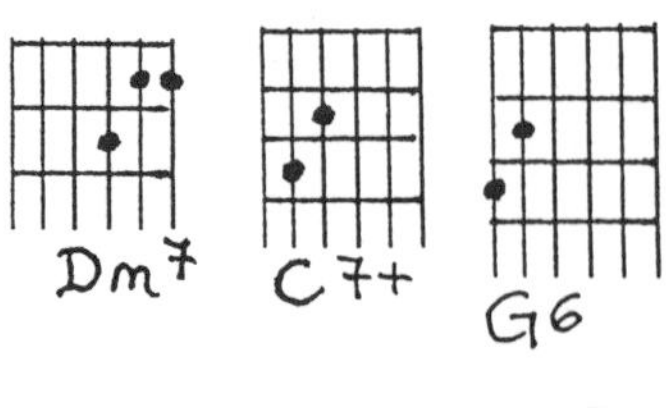

Yemaja ist eine zentrale weibliche Gottheit der westafrikanischen und afrobrasilianischen Religion des *Candomblé.* Sie ist die "Mutter aller Götter" und "Königin des Meeres". Sie lebt auf dem Meeresboden, manchmal auch in der feuchten Erde. Ihrem fruchtbaren Bauch entsprangen u.a.

Shangó, der Herr des Feuers; *Yansa,* die Göttin des Windes;
Akoro, der Gott des Ackerbaus und des Krieges; *Aziza,* der Heiler;
Eshu, der Herr der Kreuzungen; *Ochossi,* der Jagdgott;
Oshogbo, die Göttin der Schönheit, des Reichtums und des Glücks.

Die einzelnen Gottheiten sind Personifizierungen bestimmter Kräfte, die der Natur und den Menschen innewohnen, und als solche sind sie jeweils Ausdruck eines bestimmten Aspekts des Absoluten Einen, das alles umfaßt und durchdringt.

Jede dieser Gottheiten hat ganz bestimmte Trommelrhythmen, durch welche die Menschen mit ihnen in Kontakt treten, und entsprechende Tanzformen, welche die Attribute der jeweiligen Gottheit charakteristisch ausdrücken. Jeder dieser Rhythmen und Tänze ist also eine ganz spezifische energetische Erfahrung, in der sich die Menschen bestimmte Kräfte gleichsam "einverleiben", um sie später im Alltag zu nützen; z.B. die Schnelligkeit der Göttin des Windes, oder die ruhige Gelassenheit und Geborgenheit der Yemaja.

Nachdem Yemaja ihre Kinder geboren hatte, verwandelten sich ihre Brüste in zwei große Flüsse, um sie zu nähren. Einer dieser Flüsse versorgt die Nachkommen der westafrikanischen Sklaven, die vom 16. bis 19. Jh. nach Amerika verschleppt worden waren, wo heute besonders in Brasilien und Haiti *Candomblé* eine weit verbreitete Religion ist.

Yemaja hat auf den beiden Kontinenten viele wohlklingende Namen:

Yeggua (Cuba), *Dona Janaina, Dandalunda* (Angola),
Kaialá (Kongo), *Mamy Wata* (Togo).

Infolge christlicher Missionierung wird sie auch oft mit der Gottesmutter *Maria* synkretisiert. Sie behält dabei aber - im Gegensatz zum völlig vergeistigten Bild der Maria im Christentum - ihre erotische Lebendigkeit.

Es ist schön, das Lied *"Yemaja"* in einem Kreis am Boden sitzend zu singen und sich dabei mit geschlossenen Augen leicht hin-und-herzuwiegen. Dieses sanfte Schaukeln auf den eigenen Po-Packen (im "Schneidersitz") ist auch eine Art Trance-Tanz. Nach einer Weile kann ein wohliges Gefühl innerer Wärme und Geborgenheit entstehen, und das Singen geschieht zunehmend wie von selbst in einem immer wiederkehrenden Atemkreis. Das Schaukeln und Wiegen wird gleichsam zu den Wogen der *Yemaja*, der Göttin des Meeres, geborgen in den Armen der Kosmischen Mutter.

Trance-Tanz ist nicht immer "wild und ekstatisch", sondern kann auch sehr sanft und fein sein bis hin zu einem minimalen Vibrieren des Körpers. Dabei spielt nicht das Machen, sondern das *Lassen* die entscheidende Rolle, das "Sich-tanzen-lassen", bis man das Gefühl hat, "Es schaukelt mich, Es tanzt, Es atmet mich, Es singt..." In der Trance wird man gleichsam zum "Gefäß" einer bestimmten Form von Energie, sei sie mehr emotional-vitaler oder subtil-spiritueller Natur. Diesen spezifischen Energieformen des Kosmos kann man - wie der Stamm der *Yoruba* es tut - auch die Namen von Gottheiten geben als ein wirksames Mittel, um sie bei Bedarf bewußt "wachrufen" und in sich aktivieren zu können und danach als Erfahrung ins Alltagsbewußtsein zu integrieren - das natürlich stark vom Weltbild der jeweiligen Kultur geprägt ist.

Bei den Tänzen der Yoruba steht nie technische Perfektion im Zentrum, sondern der ureigene energetische und spirituelle Erfahrungsprozeß jenseits von Normen. Der moderne "Afro-Tanz", der bei uns als hart zu trainierende Technik unterrichtet wird, hat sich maßgeblich unter dem weißen Perfektionsanspruch entwickelt, der ein vorzeigbares Produkt fordert.

Wenn es in den ursprünglichen Trance-Tänzen der *Candomblé*-Rituale manchmal sehr "wild" und scheinbar "chaotisch" zugeht - z.B bei *Shangó,* dem Herrn des Feuers -, so ist diese Wildheit aber nie rücksichtslos oder gewalttätig, "sondern 'wild' etwa im Zusammenhang mit wilden Blumen, also wild im Sinne von wild und frei wachsend, unkultiviert, ohne Eingriff von Manipulation, Erziehung und Züchtigung"(Kaye Hoffman), also organisch natürliches, schöpferisches Chaos.

"Der im Westen bekannteste der magischen Rhythmen ist derjenige des Gottes ***Shangó,*** dessen musikalischem 'Geheimbund' nicht wenige farbige Trommler angehören: Wer *Shangó* wirklich echt spielt, gehört dem Bund an. Dieser komplizierte, mental unfaßbare Rhythmus baut auf einem durchgehenden 6/8-Takt auf, der in sich überlagernde 2er- und 3er-Einheiten unterteilt ist. Das Typische ist jedoch ein bestimmter Synkopenschlag, der in richtiger Ausführung sofort auf jeden wirkt. Der Bruchteil einer rhythmischen Verzögerung macht es aus und - *Shangó* ist da.....Diese akustischen Zeichen werden nicht mit dem Kopf, d.h. mit dem Verstand aufgenommen, sondern mit dem Bauch, oder besser: mit dem Zentrum des Unbewußten im Menschen."(Peter M. Hamel)

Trommelkraft

Hörst du sie quaken und bellen
mit straff gespannten Fellen
mit dumpfen, rauhen Kehlen
aus hohlen Stämmen und Pfählen?
Klingende Körper voll magischer Kraft

Im dicken Gebräu der Schatten
schütten die rhythmischen Tatzen
ihren Ruf in den Teich der Nacht
und schenken dem Wind ihre dröhnende Macht

He da! Hörst du die Trommeln?
Tanze! Denn sie kommen
dich aufzustacheln Stück für Stück
mit einem glühenden Dolch aus Musik

Hemmungslos holen die Trommeln
das Feuer des Lebens hervor
Die Götter des Tanzes, die Totems der Lust
die tausendundein Visionen
die in deiner Seele wohnen
drängen in deinem Körper empor

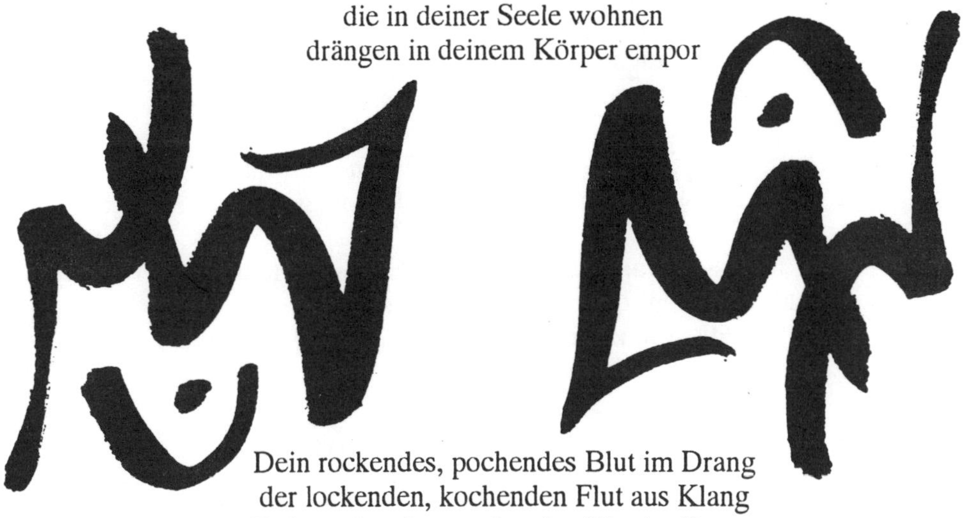

Dein rockendes, pochendes Blut im Drang
der lockenden, kochenden Flut aus Klang
Dein rockendes, pochendes Blut im Drang
der lockenden, kochenden Flut aus Klang
Und wenn dich die Trommel des Tanzes trifft
mit ihrem siedend heißen Beat
gerät deine innere Glut in Gang
dein rockendes, pochendes Blut in Zwang
der lockenden, kochenden Flut aus Klang
dann pulst das Leben in deinen Adern herum
bummbumm   bummbumm   bummbumm

Die Trommel der Schöpfung

Beat Offbeat
Beat Offbeat
Yang Yin
Beat Offbeat
ein Schlag auf die Trommel
der Klang entsteht und er verweht
ein Schlag auf die Trommel
der Ton erklingt und er verschwingt
ein Schlag auf die Trommel
das Fell vibriert und es ist ruhig
die Hand holt aus
und schlägt auf die Trommel und holt wieder aus
es spannt sich die Hand
im Schlag auf die Trommel entspannt geht sie hoch
und schlägt voll zu
im Beat auf die Trommel der Offbeat ist leer
der Atem strömt
das Herz schlägt den Puls
der Fuß stampft den Tritt die Erde hört zu
der Mann dringt ein
im Rhythmus der Trommel die Frau empfängt
es schreit die Geburt
im Rhythmus der Wehen
und es wird Herbst
der Mann verstirbt
das Kind schlägt die Trommel und läßt sie los

es dämmert der Tag ein Tautropfen fällt
und schlägt auf den Boden die Erde saugt auf
die Sonne erstrahlt die Frucht ist reif
ein Samenkorn fällt
in diese Welt
die Fülle erblüht die Hülle verglüht
im Feuer des Lebens

"Die Masken Gottes",
Bilder aus Seminaren
mit B. &. G. Lipold >

Wer Gott sehen will, der braucht nur in seinen Garten zu gehen
Oben ist Gott, unten ist Gott
Du kannst dich von Gott nicht trennen

Wo ist Gott zu finden?
Suche nicht im weit entfernten Himmel
Er wohnt in deinem eigenen Herzen

Die Seele des Menschen
des Göttlichen teilhaftig
ist die Wohnstätte Gottes

Selbst im Blatt eines Baumes
oder in einem zarten Grashalm
offenbart sich
die Ehrfurcht erregende Gottheit

Im klaren Himmel
und in dem Wind
der in den Tannen rauscht
offenbart sich das Herz Gottes

Viele Gotteskinder
zwischen Himmel und Erde
wissen nichts von dem Wunder

Lebe und genieße den heutigen Tag!
Das Wunder liegt in deiner Seele

Wer des Wunders gewahr wird
der arbeitet in Fröhlichkeit mit
an den Werken Gottes

Hör auf den Klang
mit dem die Welt sich neu öffnet
Und wach auf!

Schrein-Inschriften und Orakel-Sprüche des japanischen Shintoismus,
der aus vorgeschichtlicher Zeit stammenden und
wahrscheinlich ältesten lebenden Religion der Erde

INS ALLES
INS HERZ

Tief innen
die flamme tief
innen das Göttliche
        Herz

Geh immer weiter wirke immer
feiner den stoff aus dem
dein körper gewoben ...
und in deiner eigenen
tiefe treten die wände
zurück
        öffnet urplötzlich das tor
        sich zur unendlichkeit des all-
        erschaffenden Lichts
        woget der Ozean unauslotbar ...
in deinem innern ...
erklingt die Gewaltige Stille
erzeugt aus der Schöpfung
im immerwährenden einklang aller
den kosmos belebenden seelen
        die größe die kraft den grenzenlosen
        reichtum des göttlichen universums
in unablässigem jubilieren un-
ablässig lob-
preisenden harmonien

Rainer Taeni

We Are One

(Capo 2)
A (G) Asus4 (Gsus4) A (G) D (C)
(1.) Thou art the foun-tain, I am the
(2.) fo-rest, I am the
A (G) A9 (G9) A (G) C#m (Hm) F#m (Em) D (C)
stream, I am the ri-ver,
tree, I am the sweet fruit,
E (D) E9 (D9) E (D) Hm7 (Am7)
Thou art the sea. Thou art me,
Thou art the seed.
Esus4 (Dsus4) E7 (D7) A (G) A7+ (G/F#) F#m (Em) F#m7 (Em7) D (C) D/C# (C/H)
I am Thee, we are one
Hm (Am) Hm7 (Am7) Esus4 (Dsus4) E (D)
1.
eterna-Ly (2.) Thou art the

Worte & Musik: Gerhard Lipold

Mc 2 A

mittleres Tempo

Du bist die Quelle, ich bin der Bach
ich bin der Fluß, Du bist das Meer
Du bist ich, ich bin Du
Wir sind eins
in Ewigkeit
Du bist der Wald, ich bin der Baum
ich bin die Frucht, Du bist der Kern
Du bist ich, ich bin Du
Wir sind eins
in Ewigkeit
Ich bin der Sonnenstrahl, Du bist das Licht
Du bist der Adler, ich bin Dein Flug
Ich bin Du, Du bist ich
Wir sind eins
in Ewigkeit

Die Wörter "Thou, Thee" und "art" in dem Song *"We Are One"* sind alte Formen von "You" und "are" und drücken hier aus, daß sich die Anrede "Du" auf Gott bezieht, DAS Absolute.

Du bist ich, ich bin Du
Von welcher Art ist die Differenz?
Wie das Gold und das goldene Armband
Wie Wasser und die Woge
Ravidas, ein Weiser der Sikhs

Ich bin der Fluß, Du bist das Meer
Laß Deine Liebe durch mich strömen

Ich bin ein Vogel, Du bist der Himmel
Laß Deine Anmut fließen, während ich fliege

Ich bin die Planeten, Du bist die Sonne
Ich bin zahlreich, Du bist eins

Ich bin im Dunkel, Du bist das Licht
Gieß deine Weisheit in mein Leben

I Am the River

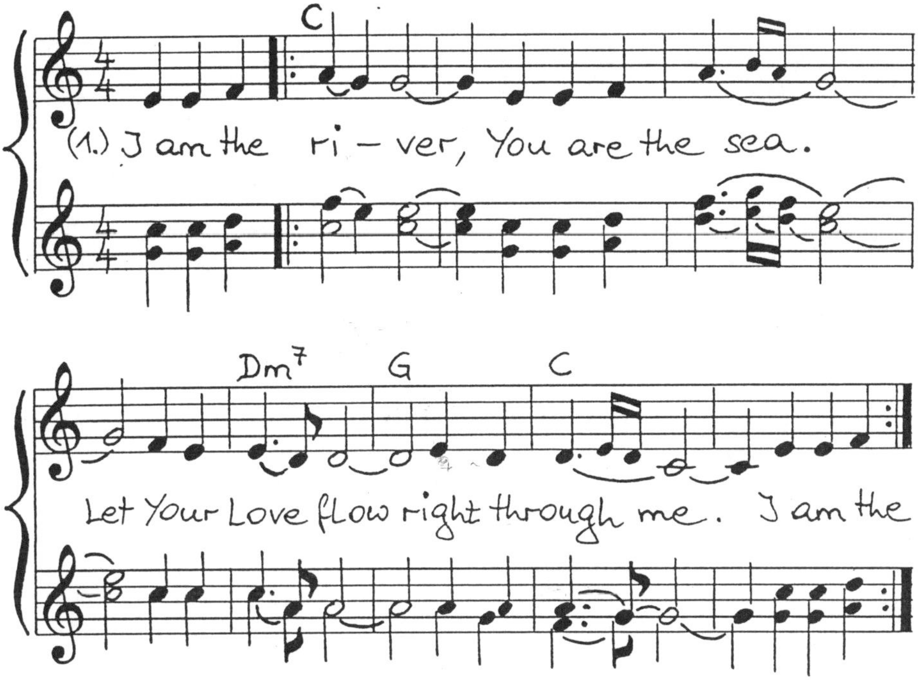

(2.) |: I am a bird, You are the sky.
Let Your grace flow as I fly. :|

(3.) |: I am the planets, You are the sun.
I am many, You are one. :|

(4.) |: I am in darkness, You are the Light.
Shed Your wisdom into my Life. :|

Worte & Musik: trad. via Satyananda
Satz: Gerhard Lipold

Mc 1 A
langsam

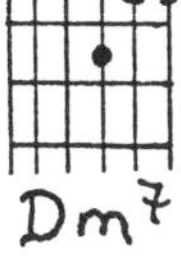

Jede Strophe wird zweimal gesungen, wenn möglich beim ersten Mal einstimmig, in der Wiederholung mehrstimmig.

Like My Flute's Bamboo

Worte & Musik: Gerhard Lipold

Mc 2 B
mittleres Tempo

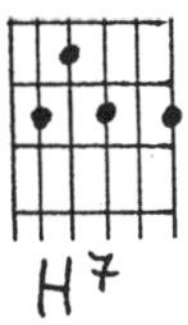

Laß mich hohl sein wie der Bambus meiner Flöte
ein offener Kanal für Deinen Atem
Laß Dein Lied in mir fließen, rein und wahr
und ich werde gesegnet durch Deine süße Musik

Du machst mich erbeben wie den hohlen Bambus meiner Flöte
Energie tanzt in meiner Wirbelsäule
Deine subtile Schwingung durchdringt mich
und göttliche Ekstase ist in mir

Laß mich still sein und auf Deine Stimme hören
mich hingeben Deiner Macht
Dein Heiliger Wille sei meine Entscheidung
Ich will Dein Diener sein zu jeder Zeit

Laß mich still sein und auf Deine Stimme hören
mich öffnen Deiner Gnade
Dein Heiliger Wille sei meine Freude
Ich bin Dein Instrument des Friedens

You Are My Polestar

Worte & Musik: Gerhard Lipold

CD/Mc ***Mandala***
mittleres Tempo

Dieses Lied befindet sich nicht auf den *SONGS OF THE HEART* -Mcs, aber die Musik ist sehr bekannt, weil sie in den meisten meiner Harfen-Konzerte der letzten 10 Jahre das Eröffnungsstück war und zu einer Art Kennmelodie geworden ist. Es ist zu hören auf der CD *MANDALA* unter dem Titel *"Albatros"*. Hier auch eine deutsche Version des Songs:

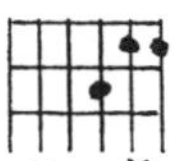
Dm7

Du bist mein Fixstern, mein sich'res Schiff auf
mei-ner Fahrt durchs Me-er des Le-bens.
Du bist mein Turm, Du bist meine Kraft, ich
zwei-fle nicht: Du bist meine Seele.

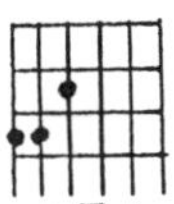
C 7+

Du bist mein Freund, mein innerer Friede
und meine Liebe überall allezeit.
Du bist mir Zeichen und klarer Pfad auf
mei-nem Weg

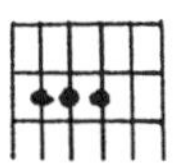
Esus4

Ich fühle Dein Licht auf mich strahlen,
heilende Energie, Heil'ger Geist.
Dein Wort in meinem Herz führt mich auf
||: meiner Reise durch die Ewigkeit :|| 3×

Home Is Where the Heart Is

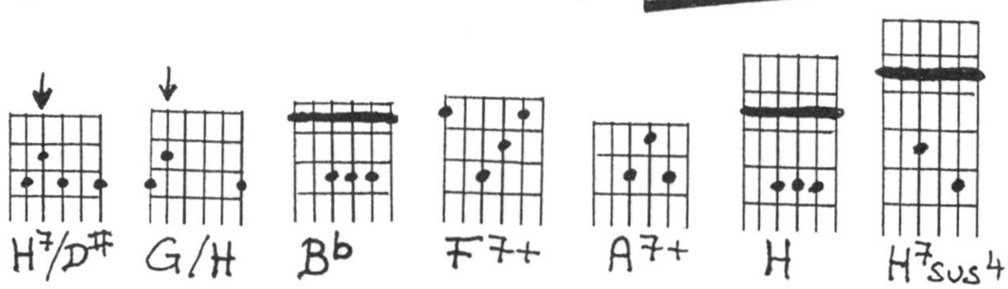

Worte & Musik: Osho International Foundation
Satz: Gerhard Lipold

Mc 1 A
langsam

Ich war einen Tag lang unterwegs
Ich war ein Jahr lang unterwegs
Ich war das ganze Leben auf Reisen
um meinen Weg in die Heimat zu finden
Daheim ist, wo das Herz ist
Daheim ist, wo das Herz ist
Daheim ist, wo das Herz ist
Mein Herz ist bei Dir

Wenn man will, kann man das "Du" in der letzten Zeile auch als Anrede an einen geliebten Menschen verstehen, denn ein Gefühl von "Heimat" entsteht natürlich auch dort, wo man Freunde hat. Der tiefere Sinn dieses Liedes meint aber eine Heimat, die an keine wie immer gearteten äußeren Umständen - wie bestimmte Orte oder Begleitpersonen - gebunden ist. Es geht um die wahre Heimat, die nirgends auf der Welt zu finden ist - und zugleich überall, sogar in einer U-Bahnstation während der Rush-hour. Sie liegt als der göttliche Wesenskern im eigenen Herzen.

Es ist eine schöne Erfahrung, diese Songs als sehnsuchtsvolle Liebeslieder zu singen, denn die Beziehung zum Göttlichen in allem und allen ist wohl die faszinierendste und tiefstmögliche "Romanze".

Die Meister des *Bhakti-Yoga* sagen, daß gerade diese Sehnsucht nach Gott eine wichtige Antriebskraft für den spirituellen Weg und das Erreichen des Zieles ist. Und ein Zeichen eines "Angekommenseins" kann das Gefühl innerer Ergriffenheit sein, und Tränen der Freude, die beim Singen in liebevoller Hingabe manchmal fließen. Wem einmal ein Blick in die Augen eines gottverwirklichten Menschen gegönnt war, hat gesehen, daß die Augen spiritueller MeisterInnen meist von Tränen gefüllt sind, Tränen voll Glückseligkeit und Mitgefühl.

Das großgeschriebene "Du" in diesen Songs meint immer *Gott*, DAS transzendente und immanente Absolute, das Höchste Bewußtsein, das man sich auch bildlich vorstellen kann; z.B. als *Licht* oder als eine bestimmte Gottheit oder als eine/n der vielen erleuchteten Meister und Meisterinnen, die im Laufe der Menschheitsgeschichte das Göttliche auf Erden vollkommen verkörperten.

Auch heute gibt es solche Menschen, manchmal in unserer direkten Nachbarschaft. Vielleicht jene alte Bäurin, die noch nie etwas von "Transpersonaler Psychologie", "Esoterik" oder "Yoga" gehört hat und trotzdem die Höchste Liebe in vollkommener Einfachheit und (unromantischer) Erdverbundenheit verwirklicht; eine Frau, die täglich betet und oft von anderen Bauern in Notfällen geholt wird, damit sie kranken Menschen oder Kühen ihre heilkräftigen Hände auflegt.

Wie immer das Gottesbild aussieht, das man sich erwählt - und sei es ein leerer Kreis -, es soll uns darin unterstützen, selbst mit dem Göttlichen eins zu werden bzw. zu erkennen und zu erfahren, daß wir immer schon eins mit dem Einen waren und sind. Es wäre ein Fehler, sich das Göttliche als weit weg und außerhalb von sich selbst vorzustellen. Denn im Grunde gibt es gar kein Ziel zu erreichen, weil wir längst da sind, daheim schon jetzt und hier. Der Weg hierher ins Zentrum ist "nur" ein Schritt des Bewußtseins, das glaubt, noch nicht hier zu sein, und sich durch diesen Irrtum vom Wahren Wesenskern abtrennt.

Doch diese Absonderung ist nur ein Irrtum, ist Illusion.
Trotzdem hat sie beträchtliche Folgen, die sehr "real" sind; z.B. Leid und Kampf, Krieg und Krankheit. Aber diese diversen Wirklichkeiten sind eben Wirk-lichkeiten, d.h. Wirkungen von Ursachen, die viel tiefer liegen und zurückgehen auf genau diesen Ur-Irrtum: nämlich, daß wir vergessen haben, wer wir in Wahrheit sind.

Manche Religionen bezeichnen diese selbstgewählte Abtrennung von der göttlichen Wahrheit als "Sünde". Wenn man aber diesen meist falsch verstandenen und oft mißbrauchten Begriff verwendet, muß man bedenken, daß die "Sünde" nur ein Irrtum ist; nämlich die Ab-Sonder-ung von unserem Wahren Selbst durch unser irrtümliches Denken, durch unsere illusionären und daher falschen Vorstellungen über uns selbst und die Welt. Da aber Illusion etwas ist, das gar nicht existiert, gibt es auch etwas wie "Sünde" nicht.

Egal, wie ein Mensch über sich selbst und die Welt denkt - ob erleuchtet oder in Illusionen verstrickt -, er/ sie ist und bleibt, wer er/sie in Wahrheit ist seit je: eine Verkörperung des Göttlichen, das im Innern völlig rein und unvergänglich bleibt, was auch immer außen geschieht.

Die erleuchteten MeisterInnen können dieses göttliche Wahre Selbst in jedem Menschen jederzeit "sehen", und sie machen keinen wesentlichen Unterschied im Umgang mit einem Schwerverbrecher oder einem frommen Mönch. Daher ist es eine "Sünde", jemanden überhaupt als "Sünder" zu bezeichnen, wie es manche Religionsvertreter allzu gerne tun. Wer einen anderen Menschen - d.h. einen Sohn bzw. eine Tochter Gottes und demnach eigene/n Bruder/Schwester - als "sündig" betrachtet, begeht selbst einen "sündigen" Irrtum, da er sich durch diese Sichtweise selber von der göttlichen Wahrheit abtrennt. Wer das Wahre Selbst eines anderen verleugnet, verleugnet dadurch auch sich selbst und zerstört (bewußtseinsmäßig) seine Einheit mit den anderen Menschen und der ganzen Schöpfung.

Ich persönlich verwende das Wort "Sünde" nicht, und wann immer ich in religiösen Schriften diesem, bei den meisten Menschen assoziativ allzu vorbelasteten Begriff begegne, ersetze ich ihn durch das Wort "Irrtum" oder "Illusion". Dadurch werden viele Zusammenhänge psychologisch klarer, und es wird möglich, alte Weisheits-Texte mit herkömmlichen Terminologien, die man aufgrund traumatischer Vergangenheitserfahrungen mit der üblichen kirchlichen "Schuld-Sünde-Sühne"-Praxis emotional ablehnte, wieder "richtig" zu verstehen und für sich zu nützen - besonders dadurch, daß man sich und andere von vornherein als prinzipiell "sündlos" bzw. unschuldig betrachtet und durch die damit verbundene Vergebung sich selbst befreit!

Take Me Away

(Capo 3)
E♭ (C)
B♭ (G)
Take me away, won't You carry me? Let me
A♭ (F)
B♭ (G)
Cm (Am)
B♭ (G)
rest in Your arms for a while.
E♭ (C)
B♭ (G)
Take me away, won't You carry me? Let me
A♭ (F)
B♭ (G)
Cm7 (Am7)
bathe in the sweetness of Your smile.
A♭ (F)
B♭ (G)
Cm (Am)
Won't You take me away?
B♭ (G)
A♭ (F)
B♭ (G)
Cm (Am)
won't You take me away!

Worte & Musik: trad. via Ananda Marga — *Mc 2 B*
Satz: Gerhard Lipold — *mittleres Tempo*

Nimm mich mit, trage mich!
Laß mich in Deinen Armen eine Weile ruhen
Laß mich baden in der Süße Deines Lächelns

Eine Bitte an einen geliebten Freund oder an einen spirituellen Meister oder an Gott, der als Innere/r Meister/in in uns selbst wohnt. Also auch eine Hinwendung an die ureigene innere Kraft und ein Loslassen in die Geborgenheit des eigenen Herzens, im Vertrauen darauf, jederzeit von Ihm/Ihr getragen zu sein.

Chela: Wenn das Göttliche in mir ist, wäre es dann nicht besser, sich nicht an ein "Du" zu wenden, sondern stattdessen gleich zu sagen: "Ich bin Gott"?
Vasudeva: Du hast prinzipiell recht, und die Vorstellung "Ich bin Gott" ist völlig richtig als geistiges Werkzeug zur Einswerdung. Allerdings ist dieser Satz, der zudem ein uraltes Mantra ist - SOHAM -, für viele Menschen nicht geeignet als Einstieg in den spirituellen Weg, weil für dessen richtige Verwendung Demut und geistige Klarheit erforderlich ist. Wenn die Demut noch nicht entwickelt ist, kann das Mantra auch mißbraucht werden, um das eigene Ego zum "Gott" zu machen und es aufzublähen zu einem "stolzen, machtgeilen Monster". So mancher faschistoide Despot glaubt, "ICH bin Gott" und alle anderen seien seine Untertanen.
Demut ist die Achtung vor allen Wesen der Schöpfung und die Anerkennung ihrer Gleichwertigkeit und essentiellen Ebenbürtigkeit, unabhängig von der äußeren Erscheinungsform. Indem ich mich innerlich ständig vor dem Göttlichen in allem und allen verneige, ehre ich auch das Wahre Selbst in mir. Es ist die Verneigung Christi, in der Er anderen Menschen - besonders jenen, die die Pharisäer als "unwürdige Sünder" betrachteten - die Füße wusch.
Diese Verneigung bedeutet freilich nicht, daß ich - salopp ausgedrückt - "mir auf den Kopf scheißen lassen muß" oder "anderen in den Arsch krieche." Im Gegenteil: In der Demut liegt meine wahre Größe und Würde, weil ich mir in jeder Situation des göttlichen Kerns in allen, inklusive mir selbst, bewußt bleibe und dadurch jene Klarheit und Kraft finde, die mich aus allen Ego-Verstrickungen befreit und Frieden schafft, zumindest in mir selbst.

Um die nötige Demut zu entwickeln, halten es viele Meister aus eigener Erfahrung für angebracht und praktikabel, sich zunächst an ein göttliches "Du" zu wenden und sich in tiefster Liebe davor zu verneigen. Im Laufe einer hingebungsvollen spirituellen Praxis (*Yidam-Yoga*) kann das Subjekt "Ich" mit dem Objekt der Meditation "Du" (Gott) immer mehr verschmelzen, sodaß am Ende weder ein "Ich" noch ein "Du" übrigbleibt, und nicht einmal mehr eine Übung wie "Meditation", sondern das *Sein* selbst.

Chela: "**Und wie ist das beim Sex?**" Diese Frage schoß so rasch aus Chela hervor, daß er selbst überrascht war. "Ich meine...., ich will sagen: Wenn wir hier von Ich und Du reden und von mystischer Verschmelzung mit Gott... wie ist das dann beim Sex?"

Vasudeva lachte, denn er kannte Chelas provokante Taktik, mit der er weise Worte immer wieder radikal "erden" wollte. Chela wartete gespannt auf die Antwort, aber Vasudeva schwieg, nahm einen tiefen Atemzug und schien für einen Moment in eine Erinnerung einzutauchen, wobei ein golden schimmerndes Schmunzeln über sein Gesicht wanderte, so als ob er im Ausatem den Duft eines Schlucks erlesenen Weines noch einmal auskostete, eines edlen Nektartropfens, den er eben erst über die Zunge und durch die Kehle hatte fließen lassen. Dann blickte er Chela an: "Und wie ist das bei dir mit dem Sex?"

Chela stutzte, als er die Frage wieder zurückerhielt, mit der Vasudeva aus der Reserve gelockt werden sollte. Sein folgender Seufzer war nicht so entspannt wie der genußvolle Atemzug, den er bei Vasudeva beobachtet hatte. Er begann zu erzählen, zunächst zögernd, dann freimütiger, über seine mehr oder weniger befriedigenden Erfahrungen. Was ihm dabei immer zu schaffen machte, war ein Gefühl der Leere, in das er und seine Partnerin nach jedem Höhepunkt stürzten, eine innere Unzufriedenheit trotz äußerer Befriedigung, ja sogar eine Art "Fremdheit" zwischen ihm und ihr. "Auf Lust folgt Frust" schien das "Naturgesetz" beim Sex zu sein.

Vasudeva: Es geht wieder ums Herz. Ihr könnt natürlich auch um des reinen körperlichen Lustgewinns miteinander schlafen. Das macht sicher Spaß, zumindest für eine Weile. Aber wenn unsere sexuellen Kontakte nicht auch von wirklicher Herzensliebe getragen, geleitet, durchdrungen werden, verkommen sie früher oder später zu mechanischen Phrasen, die trotz körperlicher Dosissteigerung am Ende immer nur Sinnleere hinterlassen, Abgründe, die von Mal zu Mal tiefer und dunkler werden. Warum? Weil wir ohne Herz die Heimat nicht finden. Sex kann wunderschön sein, ja er kann ein heiliges Wunder sein inmitten feurigster Lust-Ekstasen..., wenn die körperliche Vereinigung Ausdruck einer seelischen Verschmelzung ist, und wenn wir die sexuelle Energie als eine Form der göttlichen Energie betrachten und erleben, und wenn wir uns dessen bewußt sind, daß es bei diesem Kontakt im Wesentlichen um einen Koitus unserer Herzen und Seelen geht, egal ob dabei ein körperlicher Orgasmus entsteht oder nicht. *"Ein Herz und eine Seele"* heißt es in den alten Schlager-Schnulzen, die manchmal viel Weisheit enthalten. *"Ich bin von Kopf bis Fuß auf Liebe eingestellt. Das ist meine Welt und sonst gar nichts."* DAS! ist meine Welt. "Alles ist DAS", sagt das Mantra *Baba Nam Kevalam.* Und ich bin von Kopf bis Fuß, also vom Scheitel(-Chakra) bis zur Sohle auf Liebe eingestellt, nicht nur mit Penis oder Vagina.

Und wenn sich dabei ein Orgasmus entfaltet, dann ist danach nicht "alles vorbei, so, das war's", sondern wir gleiten entspannt in eine Leere, die zugleich Fülle ist, eine *Leere,* die schwingt und klingt, strömt und leuchtet, eine offene Freiheit, die birgt, weil die *wahre* Vereinigung immer noch da ist, selbst wenn sich die Körper voneinander gelöst haben; die seelische Verbindung, die der

Körper allein nie erreichen kann; die Einheit der Herzen in einer Liebe, die über erotische Anziehung und bloßes Begehren hinausgeht, und die auch mehr ist als ein Gefühl. Gefühle kommen und gehen und sind veränderlich. Solange Liebe nur ein Gefühl ist, ist es nicht wirklich *Liebe.*

Die Liebe, die ich meine, ist eine spirituelle Kraft, die im Zentrum unseres Herzens liegt und uns als unversiegbarer Fluß zur Verfügung steht, weil sie von der göttlichen Quelle in uns gespeist ist. Ja, das Göttliche *ist* diese Liebe, und wir *sind* Liebe in unserem innersten Wesen.

Wenn unsere erotischen Kontakte von dieser höchsten Liebe durchdrungen und getragen sind, in der wir weit mehr sind als ein Mann oder eine Frau, dann stehen auch nicht mehr so sehr der "ach so wichtige" sexuelle Koitus und diverse orgasmische Leistungen als (vermeintliches) Hauptziel aller ungeduldigen Vorspiele im Zentrum unseres Zusammenseins und Handelns, sondern wir haben auf einmal viel Zeit, einfach zu *sein*....und *einfach* zu sein. Es gibt nichts, wohin man eilen müßte oder was erreicht werden müßte, denn wir sind schon von Anfang an da,... hier,... daheim in unseren Herzen.

In diesem Raum des Vertrauens können wir werden wie Kinder und unsere Ansprüche, Masken und Urteile abfallen lassen. Eine zärtliche Berührung der Fingerkuppen kann ebenso faszinierend und intensiv sein wie ein Koitus, und ein zeitloser Kontakt der Augen, ein Blick ins "Tor zur Seele", im gleichschwingenden Rhythmus unseres Atems, kann erfüllender sein als 1001 Orgasmen. Und wenn wir dabei einen Orgasmus erleben, kann der *die* Ekstase sein, denn die Energie aktiviert nicht lediglich die untersten Vital-Zentren, sondern fließt auch durch den Wirbelsäulenkanal hoch in subtilere Seins-Ebenen,vielleicht bis zum Scheitel, was eine wundervolle Gotteserfahrung sein kann. Aber auch dies "muß" nicht sein. Nur die wahre Liebe zueinander ist das Ziel und zugleich der Weg, wie immer sie sich ausdrückt.

Da es hierbei um eine Verbindung unserer innersten Wesenskerne geht, ist die wahre Liebe, um die es im Leben geht, eine "religiöse" Liebe. Und Sex ist nur *eine* von tausenden Ausdrucksformen, wobei nicht jeder Sex zugleich Liebe ist. Um diese Liebe zu verwirklichen, braucht man auch nicht unbedingt eine Paarbeziehung zum anderen Geschlecht, sondern man kann sie in jedem Sozialkontakt und jedem Alleinsein, in jeder Handlung und jedem Nicht-Handeln manifestieren, und in jeder Lebenssituation, egal ob als Stadt-Single oder Landkommunen-Mitglied, als Familienmensch oder mönchischer Einsiedler.

Wenn man sich für eine Paarbeziehung entscheidet, ist es meiner Erfahrung nach eine zentrale Aufgabe, die Liebe zueinander zu transformieren und auf diese höhere, "seelisch-spirituell-religiöse" Ebene zu heben, wo wir wahrhaft eins sind. Wenn wir dies verabsäumen und uns auch die prinzipielle Lebens-Sinnfrage nicht früh genug stellen, dann ist, wenn die anfängliche "romantische Verliebtheit" abklingt, die Midlife-Crisis unausweichlich - wobei eine solche "persönliche Apokalypse" jedoch nichts Schlechtes ist, weil sie wachrüttelt und heilsam des-illusioniert und zur schöpferischen Neu-Orientierung (*Creative Refocussing*) genützt werden kann.

Die Liebe, um die es wirklich geht, fällt einem selten "auf den ersten Blick" in den Schoß und sicher nie, wenn wir glauben, daß "es für mich nur den einen vorbestimmten Traumprinzen oder die eine Ideal-Prinzessin mit ganz bestimmten Attributen gibt, die 'mich glücklich machen' kann, und kein anderer Mensch würde zu mir passen." Die wahre Liebe, um deretwillen wir leben, ist zwar sehr wohl ein Geschenk, und eines, das wir schon immer in uns haben, aber es will erst ausgewickelt werden - von uns selbst. Und zwar durch wirkliche *Beziehung,* welche nicht aus "locker-lässiger Unverbindlichkeit" erwachsen kann, sondern aus ehrlicher Offenheit und Verbindung und aus einem rückhaltlosen Sprung ins Vertrauen und in bedingungsloses gegenseitiges Wohlwollen, und: aus konsequenter, tiefgehender und selbstverantwortlicher Entwicklungsarbeit an der eigenen Persönlichkeit, wobei der Beziehungs-Alltag das optimale Lern-Freuden-Feld ist. Dies ist aber nicht "Arbeit" mit dem herkömmlichen, pervertierten Image von "unangenehm und beschwerlich, Last und Übel", sondern es ist ein Abenteuer, vielleicht das faszinierendste im irdischen Dasein.

Und es gibt für jeden Menschen nicht nur den einen, sondern viele Idealpartner, mit denen man das Geschenk der wahren Liebe auswickeln bzw. entwickeln und sich eine optimale Beziehung erschaffen kann.

"Trauma-Paar" oder "Traum-Paar", Einsamkeit oder All-ein-sein, **Angst oder Liebe:** *die Macht der Entscheidung und die Kraft der Kreation liegt allein bei uns selbst.*

Verwandle dich
Wandle dich!
Wage den Schritt aus der gewohnten Angst
hinein in die gewonnene Gegenwart der Liebe
Deine Wandlung Wunder wirkt
bei dir
und bei allen die dir begegnen
Durchleuchte deinen Widerstand
Leuchte durch deinen Widerstand
überlaß dich der Hingabe
entzünde die Flamme deines Herzens
erkenne das Geheimnis deines Wesens
überschreite die Schwelle
hinein
in das Wandlungs-Wunder
hinein
in den extatischen Tanz deiner Liebesflammen
Atme aus alle Wenn und Aber
Atme ein den Mut zum befreiten Leben
Steig hinauf den Wandlungspfad
Schritt für Schritt
die Entscheidung zum
JA
Wirf ab das schwere Gepäck voller Sorgen und Mühen
Deine Ausrüstung ist allein
dein Atem
Das ist deine Nahrung
Wohlan!
Die Wandlungsreise in das Wunderland der Liebe
beginnt
mit deiner Entscheidung
zum ersten Schritt

JA
den Schritt wagen das Feuer atmen
den Schritt wagen das Leben trinken
in Strömen von Honigfeuer
und sich durchglühen lassen
vom pulsierenden Tanz
vibrierender Liebe

aus: Brigitta Lipold, *Wenn die Zungen flammen*

Creator of My Life

Dare to trust and be the creator of your Life!

(III) I carry my courage like a flame in my hand,
I go the way my heart shows and know that I can.
Everything's possible for me when I trust.
Free is my choice, there ain't no must, ('cause)

(IV) I'm the creator of my Life.
I'm the creator of my Life. I am free!
I do trust 'cause I'm the creator of my Life.

Worte & Musik: Gerhard Lipold

Mc 2 A
beswingt

Deutsche Version: *Schöpfer des Glücks*

(I) Trag deinen Mut wie eine Flamme vor dir,
geh den Weg des Herzens und wisse: "Du kannst!"
Nichts ist unmöglich für dich, wenn du vertraust.
Du hast die Wahl, kein Grund zur Angst.

(II) Sei du der Schöpfer deines Glücks!
Sei du der Schöpfer deines Glücks!
Du bist frei! Trau dir selbst!
(*beim 2. Mal:* Trau dir selbst! Trau dich jetzt!)
Sei du der Schöpfer deines Glücks!

(III) Ich trag meinen Mut wie eine Flamme vor mir,
ich geh den Weg des Herzens und weiß, daß ich kann.
Alles ist möglich für mich, wenn ich vertrau.
Ich hab die Wahl, ganz ohne Zwang, (denn)

(IV) Ich bin der Schöpfer meines Glücks.
Ich bin der Schöpfer meines Glücks.
Ich bin frei und trau mir jetzt.
(*beim 2. Mal:* Ich bin frei und trau mich jetzt.)
Ich bin der Schöpfer meines Glücks.

Folge der Liedteile: 2x Teil I / 1x Teil II / 1x I / 2x II / 1x III / 2x IV.
Auf der Mc wird der Song in *Gis-moll* gespielt, mit dem Capodaster am 4. Bund und dem Grundakkordgriff *E-moll.*

Einer der affirmativen Schlüsselsätze des vorhergehenden Liedes lautete: *"Alles ist möglich für mich, wenn ich vertraue"*. Das bedeutet natürlich nicht, daß ich jetzt fest daran glaube, fliegen zu können, und beim Fenster runterspringe im Vertrauen darauf, daß ich aufgrund meiner Gedankenkraft nun wirklich durch die Luft segeln und sanft landen werde. Aber es ist eine Tatsache, daß uns - auch im Rahmen des materiell Möglichen - vieles im Leben nur deshalb nicht zugänglich ist, weil wir es in unseren fixen Vorstellungen für "unmöglich" halten und es daher gar nicht erst versuchen und so nie draufkommen können, daß es sehr wohl gelingen würde, wenn wir uns nur entscheiden, es einfach zu tun.

In jedem Menschen wohnt von Natur aus ein unbegrenztes Potential an schöpferischer Kraft und Liebe, das er/sie dafür einsetzen kann, um sich ein glückliches Leben zu erschaffen. Auf dem *Weg des Herzens* geht es aber nicht unbedingt darum, all das zu erreichen, was in unserer westlichen Zivilisation als "erstrebenswerte Leistungen und Reichtümer" geachtet ist, z.B. maximalen materiellen Besitz, Konkurrenzhärte und Macht über andere, totale Gefühlsbeherrschung und maskenhaft "schöne" Oberflächlichkeit, Workoholismus und ständiger Fokus auf den eigenen Vorteil, Karriere und Ruhm, viel "Freizeit" für maximalen Konsum, personifizierte Perfektion, Coolness und aalglatte Sinnleere...

...sondern es geht eher um eine Vollkommenheit der Liebe, Wahrhaftigkeit und natürlichen Einfachheit und um Inneren Frieden und Vertrauen, um gelöst fließende Lebensenergie und geistige Klarheit in jeder Situation. Die glückselige Zufriedenheit und Freiheit - egal ob in großem Wohlstand oder in bescheidenen Lebensumständen -, die erfüllenden Beziehungen und das angstfreie Sich-geborgen-wissen im Universum, sowie die innere und äußere Gesundheit, die daraus erwächst, sind der wahre Reichtum und "alles", was mein Herz wünscht und was von jedem Menschen erreicht werden kann.

Die Fülle des Lebens

Worte & Musik: Gerhard Lipold

4-stimmiger Kanon
fröhliches Tempo

Mosijamda

Worte & Musik: Gerhard Lipold

Mc 2 B
langsam, aber rhythmisch

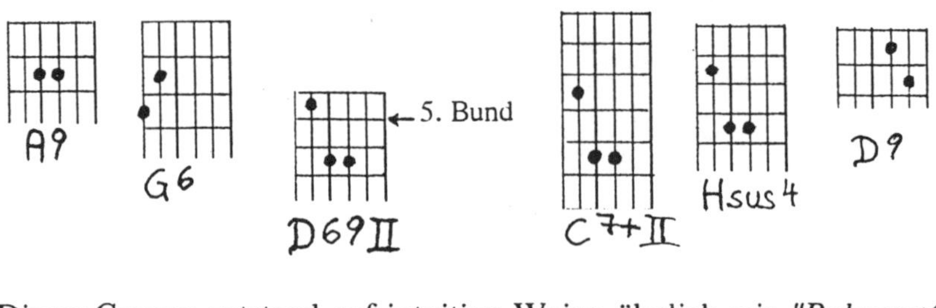

Dieser Gesang entstand auf intuitive Weise, ähnlich wie *"Bukawaté"*, das Lied des Raben (siehe *ONE EARTH SONGS*, S. 85), das für viele zu einem Kraft-Lied geworden ist. Wiederum weiß ich nicht, was die Worte bedeuten, aber es ist angenehm, sie zu singen. Sie kamen einfach zu mir mit dieser Melodie durch den "hohlen Bambus" einer Atem-Meditation an einem sehr schönen Kraft-Ort. Die Gitarren-Harmonien wurden später dazugesetzt.

"*Meinen Atem* - so will ich dieses Lied nennen", sagte *Orpingalik*, der große Schamane, Jäger und Dichter der *Netsilik-Eskimos* zu *Rasmussen*, "denn für mich ist es genauso notwendig, zu singen wie zu atmen. Lieder sind Gedanken, die der Atem singt, wenn starke Gefühle die Menschen bewegen und die gewöhnliche Sprache nicht ausreicht. Der Mensch wird ebenso bewegt wie die Eisschollen, die in der Strömung hierhin und dorthin treiben. Wenn er Freude oder wenn er Kummer empfindet, werden seine Gedanken wie eine flutende Gewalt hervorgetrieben. Gedanken können wie eine Flut über ihn hinwegspülen, sodaß sein Blut in Stößen pulsiert und sein Herz hämmert. Etwas wie eine milde Witterung wird ihn aufgetaut halten, und dann kann es geschehen, daß wir uns als klein empfinden. Und wir werden uns scheuen, Worte zu benutzen. Doch es kann geschehen, daß die Worte, die wir brauchen, von selber kommen. Wenn die Worte von selber hervorschiessen........, bekommen wir ein neues Lied.
Ich will jetzt singen diesen Gesang. Es ist ein Gesang von großer Kraft."

In dieser Berg-Einsiedelei wurden viele Lieder dieses Buches geboren.
Auch *"Bukawaté"*.

Spirit of the Wind

(2.) |: Spirit of the rain, wash away my pain,
Spirit of the rain, comfort me. :|
Spirit of the rain, carry me home to my Self.

(3.) |: Spirit of the river, blessed forgiver,
Spirit of the river, carry me. :|
Spirit of the river, carry me home to my Self.

(4.) |: Spirit of the ocean, deepest devotion,
Spirit of the ocean, swallow me. :|
Spirit of the ocean, carry me home to my Self.

(5.) |: Spirit of the fire, holy purifier,
Spirit of the fire, enlighten me. :|
Spirit of the fire, carry me home to my Self.

Worte & Musik: indianisch
Satz: Gerhard Lipold

Mc 1 A
mittleres Tempo

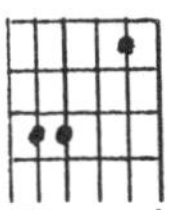
Csus4

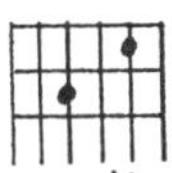
Am7

Geist des Windes, trage mich heim
Geist des Windes, trage mich
Geist des Windes, trage mich heim zu meinem Selbst

Geist des Regens, wasch ab meinen Schmerz
Geist des Regens, tröste mich
Geist des Regens, trage mich heim zu meinem Selbst

Geist des Flusses, gesegneter Verzeiher
Geist des Flusses, trage mich
Geist des Flusses, trage mich heim zu meinem Selbst

Geist des Meeres, tiefste Hingabe
Geist des Meeres, schlucke mich
Geist des Meeres, trage mich heim zu meinem Selbst

Geist des Feuers, heilige Läuterung
Geist des Feuers, erleuchte mich
Geist des Feuers, trage mich heim zu meinem Selbst

Let the Heavens Be Reflected

Worte & Musik: trad. via Sufi Islamia Ruhaniat Society
Satz: Gerhard Lipold *<u>Mc 1 A</u>, mittleres Tempo*

Laßt die Himmel sich auf der Erde widerspiegeln
auf daß die Erde zum Himmel werden möge

Einen spirituellen Weg zu gehen bedeutet nicht, "die schnöde Erde hinter sich zu lassen und in den 7. Himmel abzuheben", sondern die göttliche Energie hier auf der Erde zur Wirkung zu bringen und die kosmische Hochzeit zwischen Geist und Materie zu feiern, ein Fest, das im Herzen stattfindet, und das von den Sufis im Tanz der wirbelnden Derwische zelebriert wird. Der Derwischtanz wird u.a. *Sema* genannt, was wörtlich übersetzt bedeutet: "nach innen hören", oder auch *Mukabele,* was heißt: "von Angesicht zu Angesicht" mit Gott.

Die Spiritualität der *Sufis* ist der indianischen in vielem sehr ähnlich, und ein gegenwärtiger Meister hat die beiden Traditionen als "zwei Stimmen von einunddemselben Lied" bezeichnet. Die Sufis sind eine mystische Bewegung innerhalb des Islam, die sich von einem großen Teil der Moslems hauptsächlich durch ihre Toleranz gegenüber Andersdenkenden unterscheidet. Dies kommt daher, daß der Sufismus in seine Lehren auch die Philosophie der hinduistischen Veden sowie der jüdischen Mystik und des frühen Christentums miteinbezog. Seine Naturverehrung geht auf den Einfluß Zarathustras zurück (siehe auch *ONE EARTH SONGS;* S. 52). Sufis beten ebenso in Moscheen wie in Synagogen, in Kirchen wie in fernöstlichen Tempeln.
Das Wort *"Sufi"* leitet sich von *"suf"* (= Wolle) ab und bezieht sich auf die einfache Kleidung. Man sagt, daß dieses Wort auch "Bewußtsein" bedeutet. In der ganzen Geschichte des Islam standen die Theologen und die Sufis in Widerspruch zueinander. Vor allem die Musik war Gegenstand endloser Diskussionen: Ist sie eine Sünde oder ist sie es nicht?
Für die Sufis ist die Musik keine "Sünde", sondern das Gegenteil: Musik ist *Ghiza-i-Ruh,* "Nahrung der Seele". Deshalb stehen Musik und Tanz seit jeher im Zentrum der spirituellen Praxis der Sufis. Ihre wirkungsvollen Ekstase-Techniken in Verbindung mit bestimmten Mantras (*Wazifas*), intensiver rhythmischer Atmung und Bewegung, sowie ihre auf den zentralasiatischen Schamanismus zurückgehende Musiktherapie, bei der bestimmte Tonarten zur Heilung psychosomatischer Krankheiten verwendet werden, finden heute weltweite Anerkennung.

Bei den *Zikr*-Zeremonien der Sufis spielen zwei Instrumente eine zentrale Rolle: die Schilfrohr-Flöte *Nay,* Symbol für den spirituell erwachten Menschen, der so rein und durchlässig ist, daß der Göttliche Atem in ihm und durch ihn fließt und auf Erden wirkt; Kanal für den Höchsten Willen, den Heiligen Geist, die Universelle Heilungsenergie des Kosmos, -
und das *Bendir,* die schamanische Rahmentrommel, deren gespanntes Fell vibriert wie das Herz, das vor Freude erbebt durch die Schwingung des göttlichen Namens, *ALLAH:*

"Wer auf dem Pfade der Musik stufenweise voranschreitet,
wird am Ende die höchste Vollkommenheit erreichen",
weiß der Sufi-Meister, *Pir-o-Murshid Hazrat Inayat Khan* (1882-1927),
"Die Schöpfung ist die Musik Gottes."

Bismillah Ya Fatah

Worte & Musik: trad. via Sufi Islamia Ruhaniat Society *langsam*

Alles, was ein Sufi tut, beginnt er mit dem Wort *"Bismillah"*, was bedeutet: "In Gottes Namen",
oder: "Was immer ich tue, ich beginne es mit dem Gedanken an Gott."
"Ya Fatah" bedeutet: "Oh Öffner des Weges!", "Öffner der Tore!", "Öffner des Herzens", oder: "Wie stark und schön ist ein offenes Herz!"

Ohne Gitarrenbegleitung ist dieses Lied auch für einen Kanon geeignet.

Zum einstimmigen Gesang des vorhergehenden Sufi-Liedes gibt es einen sehr schönen, kraftvollen Tanz. Dabei sollte man in einem eher langsamen Rhythmus singen, damit die Figuren nicht zu hastig werden. Instrumental-Begleitung mit Gitarre und/oder Rahmentrommel ist hilfreich. Die Haupt-Power soll jedoch vom Gesang der Tänzer/innen ausgehen.

Tanz-Anleitung zu BISMILLAH YA FATAH

Es ist ein Tanz in Paaren, wobei die Partner dauernd wechseln. Aufstellung der Paare im Kreis mit Blick zum Partner, sodaß die Tanzrichtung von Partner A gegen den Uhrzeigersinn weist, jene des Partners B in den Uhrzeigersinn.

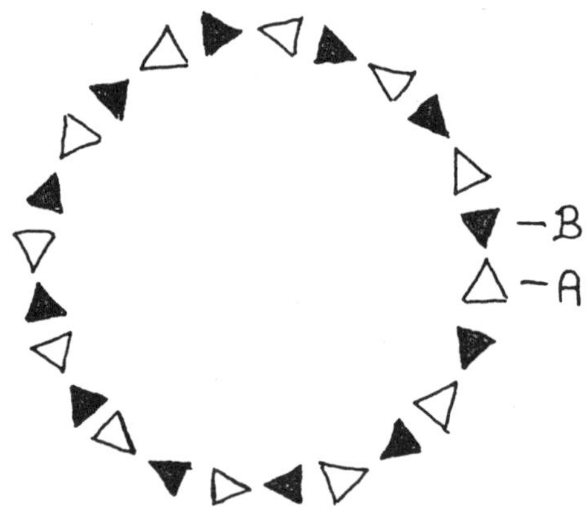

1) Beim 1. *"Bismillah"* reiche deinem 1. Partner die rechte Hand und gehe links an ihm vorbei, mit Blick in die Augen des Partners.
2) Beim 2. *"Bismillah"* reiche dem nächstfolgenden 2. Partner die linke Hand und geh rechts an ihm vorbei, wieder mit Augenkontakt !
3) Beim 1. *"Ya Fatah"* stehst du dem nächstfolgenden 3. Partner gegenüber; lege deine Hände bei *"Ya"* auf dein Herz (Brustmitte), mit Blick zum Partner, und bei *"Fatah"* breite die Arme seitlich aus als Zeichen für dein offenes Herz.
4) Beim nächsten *"Ya Fatah"* wende dich zurück zum 2. Partner (dem du zuletzt die linke Hand gereicht hast) und mache ihm gegenüber dieselbe Herzöffnungs-Geste (Hände auf die Brust bei *"Ya"*, dann Arme ausbreiten bei *"Fatah"*).
5) Bei *"Allah"* dreht sich jeder Tänzer einmal um die eigene Achse, und zwar eine 3/4 Drehung zunächst nach außen hin und weiter, bis er zur Kreismitte blickt.
   D.h. die eine Hälfte der Gruppe (die Partner A der Grundaufstellung), welche in der Hauptrichtung gegen den Uhrzeigersinn tanzt, dreht sich

auch hier gegen den Uhrzeigersinn, also nach links herum; die andere Hälfte rechts herum.

6) Beim letzten *"Ya Fatah"* erfolgt die Herzöffnungs-Geste zur Kreismitte.
1) Beim 1. *"Bismillah"* des nächsten Durchgangs ist der frühere "3. Partner" dein neuer 1. Partner, dem du mit Blickkontakt die rechte Hand reichst.

Wie bei allen derartigen Tänzen ist es wichtig, lange dasselbe zu tanzen und kraftvoll mitzusingen. Nur dann kann sich die spezifische Energie des Tanzes durch und in euch voll entfalten.
Am Schluß kann folgende Zeremonie mit dem Mantra *Ya Fatah* ausgeführt werden:

Der YA FATAH-Energiekreis

Alle stehen im Kreis mit Blick zur Kreismitte und rufen 4-mal laut *"Ya Fatah, Ya Fatah, Ya Fatah, Ya Fatah!"*. Die Betonung liegt immer auf der letzten Silbe *"-tah!"* Bei jedem *Ya Fatah* führen die Teilnehmer die Herzöffnungs-Geste aus, indem sie bei *"Ya"* die Hände auf die Brust legen und bei der Silbe *"-tah"* von *"Fatah!"* die Arme kraftvoll nach vorne öffnen und die Herz-Energie zur Kreismitte schicken. Dabei ist es wichtig, nicht die eigene persönliche Energie zu übertragen, sondern sich vorzustellen, daß man Kanal für die Universelle Göttliche Heilungsenergie ist und diese durch sich hindurch über das Herz zur Kreismitte strömen läßt.
Der "Kraft-Platz" in der Kreismitte wird abwechselnd von jeweils 1 bis 4 Person/en (je nach Gruppengröße) eingenommen, die sich gut "geerdet" und

mit geschlossenen Augen aufstellen, ohne jemand anderen zu berühren. Schweigend und ruhig stehend, aber herzoffen und bewußt atmend, empfangen sie die durch den Kreis "ge-channelte" Heilungs-Energie. Jeder bleibt nur vier *Ya Fatah*-Rufe lang im Zentrum stehen. Nach jeweils 4 lauten Rufen des Mantras mit der Herzöffnungs-Geste erfolgt eine kurze Pause für den Personen-Wechsel in der Kreismitte. Dann wieder 4 kraftvolle Rufe des Mantras mit der Herzöffnungs-Geste usw., bis jeder einmal als Empfänger im Zentrum des so geschaffenen Kraftplatzes gestanden ist.
Um die Energie während der Platzwechsel-Phasen nicht abbrechen zu lassen, kann die Gruppe in einem gemeinsamen Rhythmus das *Ya Fatah* zwischendurch etwas leiser und ohne die Armbewegungen weitersprechen und dann, wenn der Platz in der Kreismitte wieder besetzt ist, die 4 lauten Rufe des Mantras mit der Herzöffnungs-Geste umso kraftvoller zu dem/den Menschen im Zentrum senden.
Dies kann eine sehr ekstatische Schluß-Zeremonie werden. Am Ende erfolgt eine Verneigung mit gefalteten Händen zur Kreismitte als Zeichen des Dankes an Gott, das wahre Zentrum und die Kraft in allem und allen.

Ya Fatah ist ein *"**Wazifa**"*, eine mantrische Anrufung Gottes. Weitere Sufi-Mantras, die in traditionellen religiösen Gesängen und Tänzen oft zu hören sind, lauten:

Ya Ali	Oh Höchster
Ya Hay	Oh Lebendiger
Ya Azim	Der Große
Ya Ahad	Der Eine
Ya Vahid	Oh Einzigartiger
Ya Kayyum	Oh Aufrechter
Ya Kadir	Oh Allmächtiger
Ya Alim	Oh Allwissender
Ya Gaffar	Oh Vergebender
Ya Basit	Oh Unendlicher
Ya Baki	Der alles überdauert
Ya Samed	Oh Ewiger
Ya Hak	Oh Wahrheit
Ya Resit	Oh Führer auf dem rechten Pfad
Ya Fatah	Oh Öffner des Herzens

"Wer ein Herz hat, der werfe sein Auge weg, denn er wird sehen."

Mohammed

Ein Sufi nimmt die Welt mit dem "Auge des Herzens" wahr. Während die ausschließlich materiell orientierten Menschen nur die Hüllen sehen, erkennt er den Kern. Deshalb gilt den Sufis das Herz als das "religiöse Organ des Menschen, das Organ der Gotterkenntnis", als Sitz der geistigen Einsicht, der göttlichen Weisheit. Sie berufen sich dabei auf ein Wort des *Koran,* wo es heißt:

Und Gott sprach:
Erde und Himmel fassen Mich nicht
Wohl aber faßt Mich das Herz des Mir Ergebenen...
Ich bin sein Ohr, sodaß er durch Mich hört
und sein Auge, sodaß er durch Mich sieht
und seine Zunge, sodaß Ich durch ihn spreche
und seine Hand, sodaß Ich durch ihn handle

Hasbinallah ve nimel vekil
Mein Gott, ich glaube an Dich und gebe mich dir ganz hin

Was Hingabe an Gott im eigenen Herzen sein kann, zeigte ***Rabia al-'Adawiya,*** die im 8. Jh. als Einsiedlerin in einer Hütte im Gebiet des Euphrat und Tigris lebte und als die größte Mystikerin und Heilige des Islam gilt. Für sie war *Fana* - das Sufi-Wort für "Kosmisches Bewußtsein - alltägliche Realität. Sie handelte zwar in der äußeren Welt, war aber nie daran verhaftet, sondern bei allem, was sie tat, unbeirrbar in Gott verwurzelt.

Rabia: "Ich komme von der anderen Welt und kehre wieder dorthin zurück. Ich vollende mich in dieser Welt, indem ich hier für die andere wirke. Meinen Lohn für dieses Wirken aber empfange ich schon hier - in der Seligkeit der Gottvereinigung."

Täglich kamen Menschen zu ihr, um die einfache und klare Weisheit der Meisterin zu hören. Dabei war es ihr völlig unwichtig, welcher Gesellschaftsschicht und Religion jemand angehörte oder ob er überhaupt an Gott glaubte. Schon Rabias bedingungslos liebende Gegenwart und urteilsfreie Annahme aller Menschen war heilsam für jeden und offenbarte eine Kraft, die nicht allein ihre persönliche sein konnte.

Als sie von einem Schüler gefragt wurde, ob sie nicht manchmal Abneigung gegen die rein weltlich-materiell Gesinnten empfinde, antwortete sie: "Abneigung ist Mangel an Licht, ist Schatten. Wenn das Herz vom Licht der göttlichen Liebe erfüllt ist, ist für Schatten kein Platz." (...)
Schüler: "Ich wollte, ich wäre schon so weise."
Rabia: "Weisheit beginnt mit der Gewißheit der Gegenwart Gottes und gipfelt in der gänzlichen Hingabe an den göttlichen Willen."(...)
"Und wie finde ich zu Gott?"
"Indem du dich nach innen wendest und in dein Herz hineinschreitest. Im Herzen berühren sich Welt und Gott. Darum ist der kürzeste Weg zu Gott der über die liebende Hingabe des Herzens an Gott. Tauche hinab in die Tiefen deines Herzens, und du findest den Unerkennbaren. Reinige dein Herz von aller Haftensucht, damit es bereitet wird für die Entflammung und Erleuchtung durch Gott. Der Reinigung folgt früher oder später das Erwachen des Geistes."
"Was verstehst du unter dem 'Erwachen des Geistes'?"
"Kennzeichen des erwachten Geistes ist, daß er gänzlich an Gott hingegeben ist und von nichts Geringerem mehr fortgelockt und von Gott weggezogen wird. Er hat das äußere mit dem inneren Leben vertauscht und folgt nicht länger äußeren Stimmen, sondern nur mehr der inneren Stimme seines *Murshid*, des göttlichen Führers im Innern."
"Ist das der Sinn des Islam, der ja 'Hingabe' heißt?"
"Alle Liebe zielt auf Einssein. Die höchste Liebe zielt auf das ewige Einssein mit Gott. Sie sucht den Geliebten, nicht seine Geschenke, nicht Visionen, Wunder und Macht über die Materie. Liebe ist der Schlüssel zum Einssein, und Liebe heißt Hingabe: *Dein Wille geschehe!"*

Hei Dschanem

Worte & Musik: trad. Sufi-Lied aus der Türkei
Satz: Gerhard Lipold

Mitten im Meer auf einem Tisch steht eine Kerze
Der Grund, weshalb ich auf diese Welt gekommen bin, ist der Schönheit zuliebe
Hei, meine Seele, hei!
Auf den Wellen schäumt es
Wenn du dich in das Boot setzt, trägt es dich fort
Hei, meine Seele, hei!
So wie die Ameise ihren Weg zieht
so liegt der Weg auch in meinem Herzen
Hei, meine Seele, hei!

Allah Hu Akhbar

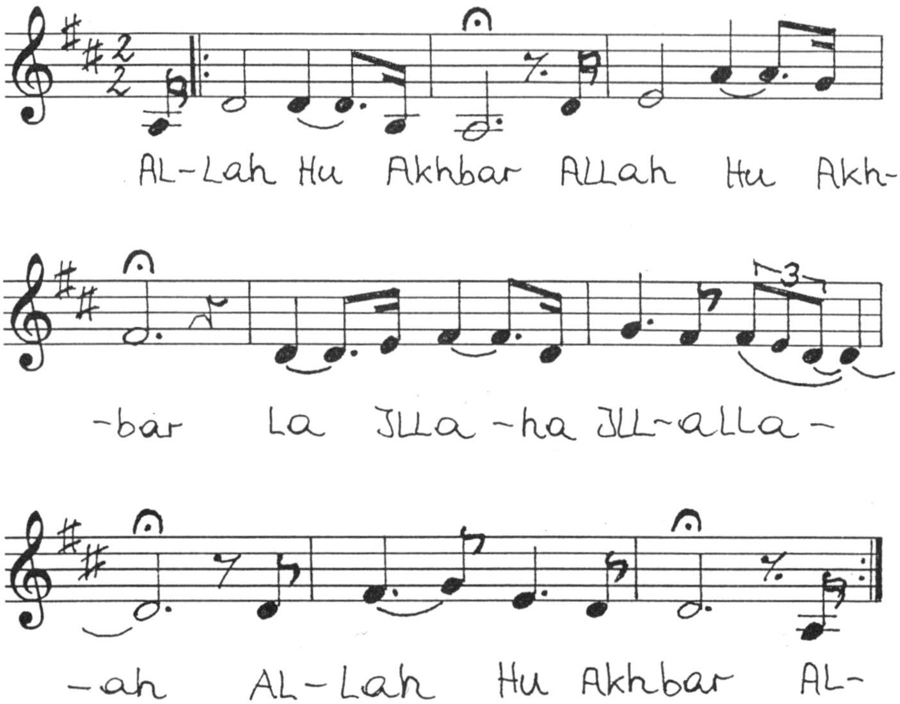

Worte & Musik: trad. islamisch *langsam & sehr gefühlvoll*
a capella

Dies ist die bekannteste aller mantrischen Sufi-Hymnen. Für die Sufis ist die Wiederholung des Namens Gottes in Gesang und Tanz der direkteste Weg zur Erleuchtung.

Allah Hu Akhbar - Gott ist groß
La Illaha Illallah - Es gibt keinen Gott außer Gott
D.h. es gibt nichts außer Gott. Nur Gott existiert wirklich.
Und alles in der Schöpfung ist eine Manifestation des Einen.

Baba Nam Kevalam, "Gott ist alles", ist ein Mantra der vedischen Tradition, und eines der wichtigsten Gebete des *Heiligen Franz von Assisi* lautete: "Gott ist in allen Dingen", was dasselbe bedeutet wie "Alles ist *Buddha"*. Alle Religionen meinen im Grunde dasselbe.

Hu

Die Keim-Silbe *HU* - in *Allah **Hu** Akhbar* - ist auch für sich allein ein zentrales Sufi-Mantra und wird - wie das *Om* der Hindus und Buddhisten - sowohl in stiller Meditation als auch in lauter, bisweilen sehr ekstatischer und mit kathartischem Tanz verbundener Rezitation zur Erlangung der mystischen Vereinigung mit Gott verwendet. *Bhagwan Shree Rajneesh*, *Jabrane Sebnat* und andere spirituelle Lehrer des 20. Jh. haben es in ihre "Dynamischen" bzw. "Aktiven" Meditationen eingebaut.
Man nennt das Mantra *Hu* auch *"Ismu'z Zat"*, d.h. "Name der göttlichen Essenz". Eine längere Version lautet:

Hu El-Haiy El-Quaiyum

"Er, der Lebendige, der Aus-Sich-Selbst-Seiende"

La Illaha Illallah

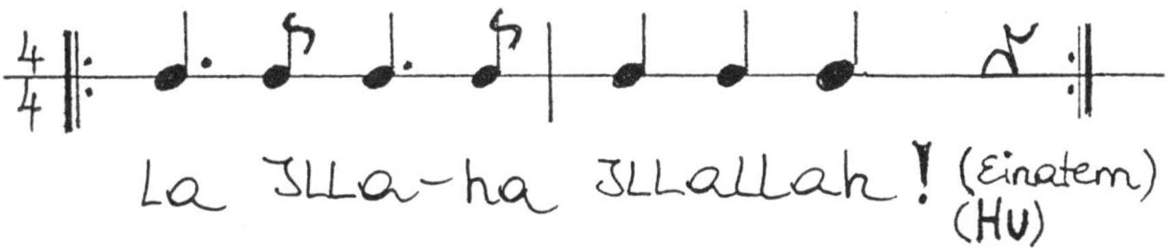

Worte & Musik: trad. islamisch *rhythmischer Sprechgesang*

Sowohl *La Illaha Illallah* als auch *Allah Hu Akhbar* und andere Mantras werden von den Sufis ebenso in ekstatischen Sprechgesängen rezitiert. Es gibt auch die Version ***La Illaha Illallah Hu***, wobei das *Hu* mit dem Einatem gesprochen wird. Die Teilnehmer sitzen meist am Boden, rufen das Mantra und bewegen dabei den Kopf hin und her, was das ständige Gedanken-Karussell zum Schweigen bringt und trance-induzierend wirken kann. Der auf diese Weise entstehende rhythmische Atem ist sehr reinigend. Da auch intensive Gefühle in Fluß kommen können - was an sich heilsam ist -, ist es immer gut, wenn eine in der Begleitung diverser energetischer Prozesse erfahrene Person anwesend ist. Die vorherrschenden "L"- und "A"-Laute wirken physisch angenehm spannungslösend im Unterkiefer-, Hals- und Brustbereich. Und der Name *ALLAH* ist ein großes Mantra in der ganzen vielschichtigen Dimension eines wirklichen *Mantra.*

Wer sich selbst erkennt, erkennt Gott.

Mohammed

Ihr seid mit der Anlage Gottes erschaffen.

Koran

"Der Mensch ist, seinem innersten Wesen nach, auf Gott hin angelegt. Darum hat sein Herz erst Ruhe, wenn er zu sich selbst erwacht ist, wenn sein göttliches Selbst die Führung übernommen hat." Das ist der Kern der Lehren des Theologen und Sufi-Meisters, ***Al Ghazali*** (11. Jh.), der im Islam als erste Autorität nach Mohammed gilt, besonders durch sein Hauptwerk, *Die Erneuerung der Religionswissenschaft,* wo er sagt: "Um zur Gott-Erkenntnis zu gelangen, müßt ihr vom Hirndenken zum Herzdenken weiterschreiten. Wenn das Licht im Herzen aufgeht, lösen sich alle Probleme. Das ist es, was ich euch bringe: keine neue Lehre, sondern ein neues Denken, einen neuen Geist; keinen neuen Glauben, sondern die Erneuerung und Verinnerlichung eures religiösen Denkens und Glaubens. Wenn ihr mir zuhört und folgt, lassen sich alle religiösen Gegensätze aus der Welt schaffen. Denn die ***Religion des Herzens***, des gottentflammten Herzens, spricht alle Menschen gleichermaßen an und eint sie alle, da ihre Wahrheit von jedem unmittelbar als Realität erfahren werden kann."

Diese, über jede Religion, Rasse und Gesellschaftsschicht hinausgehende All-Einheit ist auch der tiefe Sinn des großen islamischen Mantras *La Illaha Illallah.*

Viele fundamentalistische Muslime scheinen es jedoch auf folgende Weise mißzudeuten: "Es gibt keinen Gott außer *unserem* Gott. Daher sind die Glaubensvorstellungen aller anderen Religionen falsch, und deren Anhänger sind Ungläubige und müssen zu unserer 'einzig richtigen Wahrheit' bekehrt werden, wenn nötig, mit Gewalt."

Genau dieselbe Vorgangsweise praktizierte auch die Katholische Kirche jahrhundertelang gegenüber den "heidnischen" Religionen aller Kontinente, u.a. besonders bei den Indianern Nord- und Südamerikas. Doch menschenverachtende "Fundamentalismen" gab und gibt es in fast allen Weltreligionen. Eine Ausnahme ist wohl der Buddhismus, der Gewaltfreiheit als zentrale Tugend bis heute beinahe lückenlos verwirklicht hat, siehe *Dalai Lama.*

Was den islamischen Fundamentalismus betrifft, wäre es jedoch ein großer Fehler, ihn generell mit der Religion des Islam und allen Muslimen gleichzusetzen. Er ist eine radikal chauvinistische, politische Bewegung, die von einer Minderheit gelenkt wird, welche sich zur Durchsetzung ihrer Ziele eines dogmatisch fehlinterpretierten Religionsvokabulars und faschistischer Propaganda- und Terror-Methoden bedient, wobei sie völlig im Gegensatz zur essentiellen Botschaft ihrer Religion steht.

Wie in allen Religionen, so ist das zentrale Ziel auch im Islam die Einswerdung mit Gott und Seine Verwirklichung auf Erden durch Liebe und Frieden für alle Menschen. Daß dies sogar unter den jahrhundertelang verfeindeten Nachkommenszweigen des gemeinsamen Stammvaters *Abraham* möglich wäre, bewies die Toleranz und friedliche Koexistenz der Moslems, Juden und Christen in Spanien zur Zeit der *Mauren*-Kultur, welche die europäische Aufklärung vorwegnahm.

Dschelal-ed-Din-Rumi, der Gründer des Sufi-Ordens der *Mevlevi*-Derwische und der größte mystische Dichter Persiens (13.Jh.), dessen Werke eine geniale "Vereinigung der vier großen Weisheitsströme der islamischen Mystik, der indischen Theosophie, der griechischen Philosophie des Pythagoras und des Urchristentums darstellen"(K.O.Schmidt), antwortete den Theologen, die ihm oft sein Ja zu allen anderen Religionen und Sekten vorwarfen, da ihrer Meinung nach diese Toleranz eine Verkennung ihrer Gegensätzlichkeit sei, wie folgt:

"Du siehst nur das Trennende und Unterscheidende;
ich aber sehe dahinter das Gemeinsame und Einende und erkenne,
daß die Wege aller Religionen zum gleichen Ziele führen.
Darum bejahe und liebe ich sie alle.
Du vernimmst in den Lehren der Religionen nur den Laut der sich
schließenden Pforte zur Ewigkeit;
ich aber höre in allen den Laut der sich öffnenden Pforte...
Wir glauben alle an Gott und setzen unser Vertrauen in Gott.
Wir haben alle unseren Ursprung in Gott und kehren heim in Gott.
Wir schöpfen alle unsere Erdenfreuden aus Gott
und haben unser ewiges Sein in Gott.
Wir sind alle Kinder der Gottheit und werden einst - erwachsen und
vollkommen - Gott sein in Gott!
Wer nicht nach außen sieht und sich vom Schein nicht täuschen läßt,
sondern nach innen blickt, erkennt die Wahrheit gleich mir:
Ich sah empor und schaute allerwärts - den Einen,
hinab, in allen Wellenschäumen nur - den Einen.
Ich sah ins Herz: es war ein Meer, in dessen Grund - der Eine!
Ich sah ins All, das voller Welten, voller Träume -
und sah in allen Träumen nur - den Einen!"

Aufgrund meiner Begegnungen mit verschiedensten spirituellen Traditionen und den daraus gewonnenen Erfahrungen sprechen diese Worte *Rumis* auch mir aus der Seele. Sollten wir uns in einer Zeit, wo wir uns mit Lichtgeschwindigkeit durch konsum- und profitfördernde Daten-Highways vernetzen und gleichzeitig Zeuge nationalistisch-geistiger Regressionen ins tiefste Mittelalter sein müssen, nicht eher vermehrt um eine *Licht-Vernetzung unserer Herzen* kümmern? *Salaam aleikum* (islamisch) *Der Friede sei mit euch* (christlich) *Shalom aleichem* (jüdisch) *Om Shanti Shanti Shantihi* (Hindu)

Dona Nobis Pacem

Worte: aus dem "Agnus Dei" der christlichen Messe
Musik: trad. Kanon zu 3 Stimmen *Satz: Gerhard Lipold*

Dona nobis pacem - Gib uns Frieden!

Ein lateinisches Friedensgebet, das konkret für uns nichts anderes bedeutet als: "Laßt uns Frieden schließen!"
Wenn wir Gott um Frieden bitten, kann Seine Antwort nur lauten: "Wenn ihr Frieden wollt, dann macht selber Frieden - untereinander und in euch selbst. Jeder 'Unfrieden' ist nur die Folge eurer eigenen Werke und Sichtweisen. Bittet nicht Gott um Vergebung, denn für Gott existiert so etwas wie 'Sünde' nicht, daher braucht Er auch nichts 'vergeben'.
Vergebt einander und euch selbst.
Dann ist euch vergeben, und ihr habt Frieden."

Shalom Chaverim

Worte & Musik: trad. israelischer Kanon bis zu 8 Stimmen

Der Friede sei mit euch, Freunde!
Auf Wiedersehen! Friede, Friede.

Tanz-Anleitung

Paarweise Aufstellung im Kreis mit Blick zum Partner.

1) *"Shalom, chaverim! Shalom, chaverim!":* beide Hände des Partners halten und sich im Uhrzeigersinn um einander drehen, mit Augenkontakt.
2) *"Shalom, Shalom!":* Hände loslassen und sich mit erhobenen Armen gegen den Uhrzeigersinn um die eigene Achse drehen.
3) *"Lehitraot, lehitraot":* beide Hände des Partners halten und sich gegen den Uhrzeigersinn um einander drehen, mit Blick in die Partner-Augen.
4) *"Shalom, Shalom.":* Hände loslassen und sich mit erhobenen Armen im Uhrzeigersinn um die eigene Achse drehen.

Wiederholung mit einem neuen Partner, bis man den ganzen Kreis herumgewandert ist. Dabei entstehen 2 Gruppen, die in entgegengesetzter Richtung wandern. Ihr könnt das Lied auch im 2- bis mehrstimmigen Kanon singen. Das ergibt während des Tanzens mit wechselnden Partnern auch musikalisch sich ständig verändernde Begegnungen. Für dieses faszinierende Experiment müssen jedoch die Tanzfiguren anders mit dem Text kombiniert werden, damit alle Partner trotz versetzter Singstimmen dasselbe tanzen. Um dies zu schaffen, empfehle ich folgende Vorgangsweise: zuerst das Lied einstimmig singen und tanzen, bis es gut klappt; dann die Kanongruppen festlegen; und beim Einstieg mit derselben Tanzfigur beginnen, aber bei verschieden Liedstellen. Viel Glück!

Adonai Eloheinu, Adonai Echod - Der Herr, unser Gott, ist eins.
(altes hebräisches Mantra)

Ubi Caritas

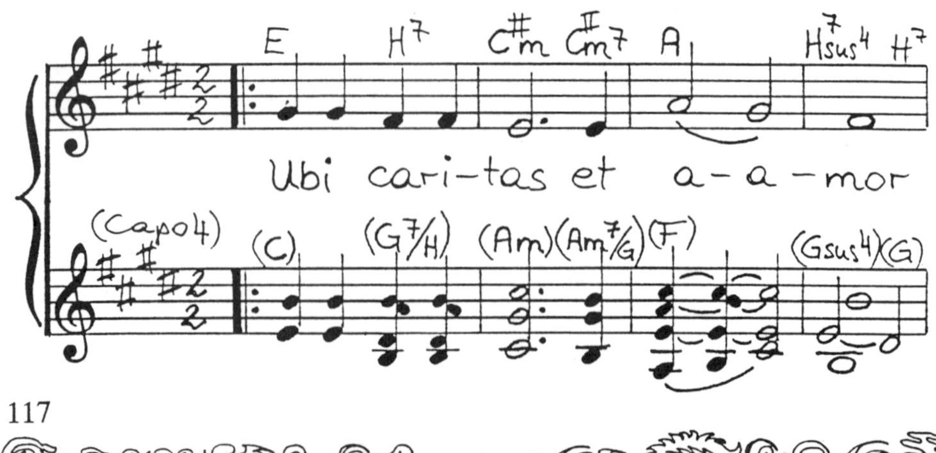

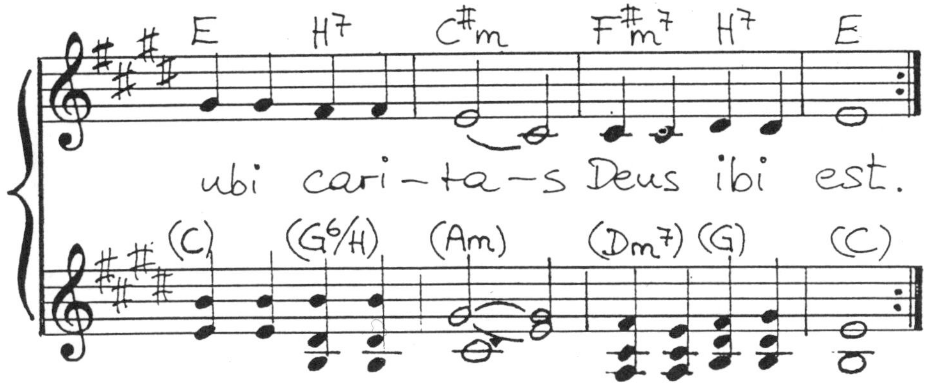

Musik: Jacques Berthier (Les Presses de Taizé) **Mc 3 B**
Worte: Bibel *Satz: Gerhard Lipold* *langsam & gefühlvoll*

Wo die Güte und die Liebe ist, da ist Gott

Dieses Lied stammt aus dem kleinen burgundischen Ort, Taizé, wo der Schweizer Geistliche, Roger Schutz, eine spirituelle Gemeinschaft gegründet hat, die sich auf den Ursprung des Christentums besinnt und dabei jede konfessionelle Spaltung zu überwinden sucht. Seit Jahrzehnten ist diese ökumenische Bewegung für Tausende, vor allem für junge Menschen aus aller Welt, ein Hoffnungsschimmer innerhalb der christlichen Kirche. In der täglichen Praxis der Gemeinschaft von Taizé ist das Singen von lateinischen Mantren ein zentrales Medium zur Gotteserfahrung und Zelebrierung der überkonfessionellen All-Einheit.
Bruder Roger sagt: "Gott ist zu blendend, als daß man Ihn schauen könnte. Das Auge erblindet vor Seinem Glanz. Christus fängt dieses verzehrende Feuer in Sich auf und läßt Gott in einer für uns faßbaren Weise durch sich selbst hindurchscheinen. Ob wir von Christus wissen oder nicht, Er ist da, bei jedem einzelnen. Er ist so unauflösbar mit dem Menschen verbunden, daß *Er in ihm wohnt,* selbst wenn dieser es nicht weiß."(Eröffnung des Konzils der Jugend, Taizé 1974). "Wenn die Kirche sich von allem trennt, was sie nicht unbedingt braucht, wenn sie nur der Gemeinschaft und dem Teilen aller Menschen untereinander dienen möchte, beteiligt sie sich am Heilungsprozeß der verwundeten Menschheit. Sie wird die Strukturen der Ungerechtigkeit ins Wanken bringen, die Wellen des Pessimismus brechen und uns aus der gegenwärtigen Vertrauenskrise in den Menschen führen."(Brief aus Kalkutta). "Und wenn eine Gemeinschaft ein Ferment der Versöhnung ist, wird das Unmögliche möglich."(Brief aus Lateinamerika)

Liebe deinen Nächsten
wo auch sein religiöser oder ideologischer Standpunkt sein mag
(Die Regel von Taizé)

Veni Spiritus Sanctus

Veni, Spiritus Sanctus, ignis vitae
Veni, Spiritus Sanctus, prana vitae
Veni, Spiritus Sanctus, vibratio Dei
Veni, Spiritus Sanctus, carmen mundi
Veni, Spiritus Sanctus, Lux mundi
Veni, Spiritus Sanctus, amor Christi

Worte & Musik: Gerhard Lipold — *choral-artig langsam*

Komm, Heiliger Geist, Feuer des Lebens
Komm, Heiliger Geist, Energie des Lebens
Komm, Heiliger Geist, Schwingung Gottes
Komm, Heiliger Geist, Lied der Welt
Komm, Heiliger Geist, Licht der Welt
Komm, Heiliger Geist, Liebe Christi

Eine Anrufung der göttlichen Heilungsenergie des Kosmos, die im Christentum "Heiliger Geist" genannt wird. Sie reinigt, verwandelt, erleuchtet wie das Feuer. In der Luft ist sie enthalten als *Prana,* ein Sanskrit-Name für die Lebensenergie des Atems. Im *Kriya-Yoga* und anderen Meditationsformen ist sie wahrnehmbar als Inneres Licht, Innerer Klang, Innere Energieschwingung. Sie ist die Höchste Liebe, die in unserem innersten Wesen wohnt, wo jeder Mensch Christus ist.
Im Kapitel über *"Hagia Sophia"* erwähnte ich die "Geschlechtsumwandlung" des Heiligen Geistes durch die Patriarchalisierung von einer ursprünglich als weiblich angesehenen Kraft in eine eher "männliche Instanz." Im alten Hebräisch, das - ähnlich wie Sanskrit - als eine heilige Sprache gilt, weil es viele echte mantrische "Keimsilben" enthält, gibt es noch einen weiblichen Namen für den Heiligen Geist, die Gegenwart Gottes: *Schechina.*
Wer im obigen Lied diese matriarchalen Wurzeln des Heiligen Geistes, der "ersten Tochter Gottes" berücksichtigen möchte, kann den grammatikalisch maskulinen Begriff *"Spiritus"* ersetzen durch den essentielleren Namen aus dem Hebräischen und singen: *Veni, Schechina Sancta, ignis vitae.....*
.....Veni, Schechina Sancta, amor Christi.

One in the Spirit

Worte & Musik: trad.
Satz: Gerhard Lipold

mittleres Tempo

Wir sind eins im Geist, wir sind eins in Gott
und wir wissen, daß unsere Einheit heute wiederhergestellt worden ist
und wir wissen, daß wir Brüder und Schwestern sind
durch unsere Liebe

Eine gerade Anzahl von TänzerInnen bildet einen Kreis mit Blick zur Mitte. Dem linken und dem rechten Nachbarn die Hände reichen; einer der Nachbarn ist der erste Partner für den Tanz.
Eine große Gruppe kann mehrere konzentrische Kreise bilden.

1) *"(We are) one in the spirit, we are...":* auf *"one"* beginnend, 4 Schritte zur Kreismitte und dabei die Arme hochheben.
2) *"...one in the Lord, we are...":* 4 Schritte rückwärts und die Arme sinken lassen.

Wiederholung von 1) und 2).

3) *"(and we) know that our unity has this day been restored, and ...":* die beiden Nachbarn an den Schultern halten und 8 Schritte seitlich nach rechts im Kreis gehen. (Konzentrische Kreise gehen in verschiedene Richtungen.)
4) *"we know we are brothers by our love, by our love":* sich dem ersten Partner zuwenden, beide Hände halten mit Blick in die Augen des Partners und Platzwechsel im Uhrzeigersinn, d.h. links aneinander vorbeigehen.
5) *"yes, we know we are sisters by our love":* Partnerwechsel und nocheinmal dasselbe mit dem nächsten Partner: Platzwechsel im Uhrzeigersinn und Händehalten mit Augenkontakt.

Stellt euch bei Punkt 4) und 5) vor, daß eure Liebe über die Augen zum Partner fließt und beginnt,diesen Energiefluß im Herzen und im ganzen Körper mehr und mehr zu spüren, je länger der Tanz dauert. Mit "Liebe" ist hier weniger die erotische Liebe gemeint als vielmehr die höhere spirituelle Liebe, die über Mann und Frau hinausgeht. Es geht um einen Herzens-Kontakt, um die Zelebrierung und Erfahrung einer seelischen Verbindung zueinander, die voll Liebe und zugleich völlig freilassend ist. Und eure Augen sind "Tore zur Seele".

Ich lobe den Tanz
denn er befreit den Menschen
von der Schwere der Dinge
bindet den Vereinzelten
zur Gemeinschaft

Ich lobe den Tanz
der alles fordert und fördert
Gesundheit und klaren Geist
und eine beschwingte Seele

Tanz ist Verwandlung
des Raumes, der Zeit
des Menschen
der dauernd in Gefahr ist
zu zerfallen
ganz Hirn, Wille
oder Gefühl zu werden

Der Tanz dagegen fordert
den ganzen Menschen
der in seiner Mitte verankert ist
der nicht besessen ist
von der Begehrlichkeit
nach Menschen und Dingen
und von der Dämonie
der Verlassenheit im eigenen Ich

Der Tanz fordert
den befreiten
den schwingenden Menschen
im Gleichgewicht aller Kräfte

Ich lobe den Tanz

O Mensch, lerne tanzen!
Sonst wissen die Engel
im Himmel mit dir
nichts anzufangen

Augustinus
(354 - 430)

Loka Samasta

Worte & Musik: trad. indisches Weltfriedens-Gebet <u>*Mc 3 B*</u>
langsam

Mögen alle Welten glücklich sein!

Bedeutungen der Sanskrit-Wörter: *loka* - Welt, Raum, Bereich, Universum
samasta - alles, ganz, vollständig *bhavantu* - sie mögen sein
sukhino - glücklich *sukha* - Glück, (spirituelle) Freude, göttlicher Segen

Thou Art the Strength

Worte & Musik: Gerhard Lipold *Mc 2 B*

schnell, kraftvoller Beat

Deutsche Version:

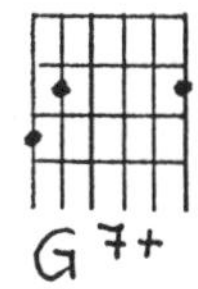

Du bist die Kraft, der ich vertrau' *(2-mal)*
Du bist das Licht, in dem ich seh' *(2-mal)*
Du bist die Liebe
in der ich vergebe

Goethe:"Es ist mir unbegreiflich, daß Abend für Abend Menschen zu Bett gehen ohne sich zu verzeihen."
Aus einer Rede Buddhas: "Wenn ein Mensch mir törichterweise etwas Böses antut, werde ich ihm mit dem Schutzschild meiner ganzen Liebe entgegentreten. Je mehr Böses von ihm kommt, desto mehr Gutes soll von mir ausgehen....Reinige dein Herz vom Bösen und hege keinerlei Haß, auch nicht deinen Feinden gegenüber. Umarme alle Lebewesen auf Erden mit Liebe und Güte."
Frage von Petrus: "Herr, wie oft muß ich meinem Bruder vergeben, wenn er sich gegen mich versündigt? Siebenmal?"
Jesus: "Nicht siebenmal, sondern siebenundsiebzigmal."(Mt 18, 21-22)
Und ein Hindu-Meister der Gegenwart weiß, "daß wir uns selbst und anderen das Leben zur Hölle machen, wenn wir keine Vergebung üben und Haß und Zwietracht unsere Gedanken beherrschen. Alle großen Weisen raten uns, entgegengesetzte Gedankenwellen zu erzeugen - Gedanken der Liebe und des Mitgefühls -, auf daß wir in Frieden mit uns und der Welt leben mögen. Warum fällt es den meisten von uns so schwer, Vergebung zu üben? Weil wir uns sofort verletzt fühlen, wenn uns jemand übel gesinnt ist. Und was wird dabei am meisten verletzt? Unser Ego.
Vergebung ist vielleicht die größte aller Tugenden, denn wenn wir anderen wirklich ihre Vergehen verzeihen können, dann erheben wir uns über das Ego, das uns die Schau Gottes verbaut."

Was ist Vergebung?

Einem Menschen eine "Schuld" zu verzeihen, bedeutet nicht so sehr, daß ich diesem "Schweinehund" etwas Gutes tun muß, sondern ich tue hauptsächlich mir selber etwas Gutes damit.

Vergebung hat in erster Linie meine eigene Befreiung zum Ziel. Diese Befreiung geschieht dadurch, daß ich aufhöre, den anderen für einen "Schweinehund" zu halten. Alte Konflikte lasten nur deshalb auf mir, weil ich selber mich geistig daran festklammere. Indem ich alle nachtragenden Groll-Gedanken und meine krankmachende Ärgersucht loslasse, schaffe ich Frieden und Heilung in mir selbst.

Das funktioniert selbst dann, wenn der andere sich entscheidet, die alten "Spielchen" weiterzuführen. Doch abgesehen von der Erlösung, die ich durch Vergebung in mir selbst erlebte, habe ich die Erfahrung gemacht, daß auch in meinen ehemaligen "Widersachern" manchmal eine wundersame Wandlung geschieht, wenn ich - gleichsam in einseitiger Abrüstung - aus den eingefahrenen Ego-Kampfspielen aussteige und nicht mehr gewohnheitsmäßig auf den kleinsten "Knopfdruck" hin als "beleidigter Verteidigungs-, Rechtfertigungs- und Angriffs-Roboter" re-agiere, zwanghaft und ferngesteuert.

Zu einem Kampf gehören mindestens zwei. (Wenn man ohne äußeren Gegner gegen sich selbst kämpft, ist dies auch eine zwie-trächtige Gespaltenheit.) Und jeder rechtfertigt den eigenen Kampf durch den Widerstand des anderen. Wenn ich also keinen Kampf-Widerstand mehr gebe und meine entgegenstemmende Kraft wegnehme wie eine Hand, gegen die der "Gegner" mit aller Gewalt drückt, verpufft die Energie des anderen ins Leere, und er hat weder eine Angriffsfläche noch eine moralische Rechtfertigung für seinen Kampf - besonders wenn ich ihm gleichzeitig mit ehrlicher Achtung und Würde begegne. Auf diese Weise hat *Mahatma Gandhi* den riesigen Subkontinent Indien von der englischen Unterdrückung befreit.

Vergebung ist der Schlüssel zur völligen Erlösung. Meine Erlösung von Leid kann aber nur dann total sein, wenn meine Vergebung allumfassend ist. Wenn ich mit 100 Ketten gefesselt bin und nur 99 durchschneide, bin ich noch immer nicht frei. Es nützt also wenig, wenn ich zwar "allen Menschen vergebe, aber nur nicht meiner Großtante, weil sie mich enterbt hat" oder "nur nicht dem Papst, weil er keine Frauen zum Priesteramt zuläßt, weil er Vergebung predigt und zugleich wiederverheirateten Geschiedenen die Kommunion verbietet, oder weil er sich in seinem neuen Buch beklagt, daß 'die Prediger und Katecheten den Mut verloren haben, mit der Hölle zu drohen.' "

Verständlicherweise ist es für viele Christen nicht leicht, mitansehen zu müssen, wie wenig die gegenwärtige Amtskirche in so manchen "Pastoral-Praktiken" mit Jesus Christus zu tun hat, den zu vertreten sie beansprucht. Doch egal, ob jemand einer Religionsgemeinschaft angehört oder nicht, ob er austritt oder dabeibleibt, seine völlige Freiheit ist nur durch totale Vergebung gewährleistet. Wann immer jemand grollt oder haßt, verbaut er sich den Zugang zum Göttlichen, zu allen MeisterInnen und besonders zu Jesus, der wie kein anderer die Erlösung durch Vergebung gelehrt und vorgelebt hat.

D.h. wenn ich eine einzelne Person oder eine ganze Institution wie den "Staat" oder die "Kirche" verachte - selbst wenn deren "Fehler" aus meiner Sicht noch so gravierend sein mögen -, blockiere ich damit die Entfaltung des Christus/Buddha in mir selbst.

Außerdem trage ich durch meinen Groll nichts zur positiven Veränderung bei, denn indem ich andere auf ein gewisses "Feind"-Bild festnagle, verwende ich meine ganze Gedankenkraft dafür, daß all das, was ich so sehr verachten zu müssen glaube, so bleibt, wie es ist. Jeder Mensch ist lernfähig. Und da Institutionen aus Menschen bestehen und jede "Kirche" nicht vom Dach, sondern von den Grundfesten - also von den Menschen der Basis - getragen wird, sind jederzeit Graswurzel-Revolutionen möglich. Auch *Jesus* und *Buddha*, *Rabia* (Moslem-Heilige) und *Anandamayi Ma* (Hindu-Meisterin) waren *radikal*; d.h. bei allem, was sie taten, setzten sie an der *radix* an, an der Wurzel, und sie lebten von ihrer eigenen Wurzel her, d.h. in ständigem Kontakt mit ihrem Wahren Selbst.

Wenn Jesus sagt: "Vergebt, dann wird euch vergeben", dann bedeutet das, daß *Vergebung nur relevant ist als etwas, das wir selbst ausüben.* Und mit Bezug auf eigene "Schuld" heißt das, daß uns erst dann vergeben ist, wenn wir uns selbst vergeben haben - was oft schwieriger scheint, als anderen zu verzeihen. Daher hat es auch keinen Sinn, Gott um Vergebung zu bitten oder einen Priester um Absolution. Wenn ich mich "schuldig" fühle, muß ich mir selbst vergeben, dann ist mir vergeben. Tue ich dies nicht, nützen auch tausend Beichten und Absolutionen nichts. Eine kirchliche Zeremonie, wie jedes andere religiöse Ritual, unterstützt einen zwar bei der Befreiung, welche aber ein geistiger Akt ist, den man selber vollziehen muß und der einem von keinem anderen abgenommen werden kann, nicht einmal von Jesus oder Buddha.

Gott oder Jesus oder ein anderer Meister braucht mir nichts zu vergeben, denn vom Standpunkt des Höchsten Bewußtseins aus gibt es so etwas wie "Sünde" nicht. Ein erleuchteter Meister sieht nur das Wahre Selbst in jedem Menschen, und die diversen Ego-Illusionen und entsprechend verfälschten Selbst- und Weltbilder haben für ihn keine Relevanz, weil sie nur Irrtum, nicht Wahrheit sind. Was manche als "Sünde" betrachten, ist nur die selbstgewählte geistige Abtrennung vom ureigenen göttlichen Wesenskern und eine Verleugnung der Einheit mit allen anderen Wesen durch Illusion und Irrtum. Da Illusion etwas ist, was in Wahrheit nicht existiert, gibt es auch keine "Sünde".
Ich weiß, das sagte ich bereits. Hier steht es noch einmal, denn zuviele Menschen halten sich oder andere für "schuldige Sünder."

Vom Standpunkt des Höchsten Bewußtseins eines erleuchteten Meisters aus gibt es auch kein "Gut und Böse", keine "gute und schlechte" Energie. Es gibt nur die Energie an sich, und sie kann vom Menschen durch seinen freien Willen verschieden gerichtet werden. Er kann sein Denken und Handeln und seine Gefühlswahrnehmung in Einklang mit seinem Wahren Selbst bringen und dieses im freien Fluß seiner Lebens- und Liebesenergie auf der Erde zur

Wirkung bringen, oder er kann sich entscheiden, all seine Energie in den Dienst von Irrtum und Illusion zu stellen und fehlzuleiten, indem er sie in fruchtlose Angst-Kämpfe und Ersatzbefriedigungs-Gier investiert. In beiden Fällen trägt er auch die karmischen Folgen selbst, und sein Weg zur Vollendung wird kürzer oder länger sein - wobei die damit verbundenen Raum-Zeit-Komponenten vom Standpunkt des Höchsten Bewußtseins (Gottes) aus wiederum irrelevant sind.

Diese Sichtweisen, die von vielen spirituellen MeisterInnen der Menschheitsgeschichte vertreten wurden/werden, bedeuten aber nicht, daß Erleuchtete über alles "allzu Menschliche" nur "lässig" drüberblicken oder stolz darauf herabschauen. Im Gegenteil, ihre große Selbsterfahrung und Weisheit, ihre Demut und mitfühlende Liebe zu allen Wesen läßt sie fundierte praktische Richtungsweisungen für den Alltag geben, um alle, die es wünschen, auf ihrem Weg zur Vollendung zu unterstützen. Auch sie wissen, daß für ein funktionierendes Zusammenleben im irdischen Dasein eine Ethik mit gewissen "moralischen" Orientierungs-Maßstäben von "Gut" und "Schlecht" (bzw. "schöpferisch" oder "einschränkend") notwendig ist. Und totale Vergebung bedeutet nicht, daß ein Mörder nicht nach "humanen Gesetzen" bestraft zu werden braucht. Doch für jeden, der je zum "Opfer" oder zum "Schuldigen" wurde, ist völlige Erlösung von allem Leiden nur durch allumfassende Vergebung gegenüber anderen und sich selbst möglich.

Einer der wichtigsten Lehrer von Brigitta und mir, der australische Psychologe, *Rainer Taeni*, der selbst jüdischer Abstammung ist, erzählte uns folgende wahre Geschichte, die sich Ende des 2. Weltkrieges zugetragen hat. Als die Alliierten die Insassen eines Konzentrationslagers befreiten, fanden sie unter den bis zum Skelett abgemagerten und seelisch gepeinigten Menschen einen, der zwar auch körperlich ausgehungert war, aber sich von den anderen dadurch unterschied, daß er auf eine Weise lächelte und einen inneren Frieden und eine Art Heilsein ausstrahlte, als ob er die KZ-Greuel nicht miterlebt hätte. Als die Befreier ihn fragten, wo er sich aufgehalten habe, erfuhren sie, daß er viele Jahre im Lager zugebracht hatte und in keiner Weise von den Schergen bevorzugt worden war. Um mit all dem fertig zu werden und ohne Erfolgsaussicht bei Kampf oder Flucht, hatte er für sich nur einen Weg gesehen:
Totale Vergebung. Bei allem, was ihm widerfuhr, hatte er sich darauf konzentriert, in allen Menschen den Göttlichen Funken zu sehen, selbst wenn dieser noch so sehr von Irrsinn und Gewalt verschüttet schien. Er sagte sich immer wieder: *"Sie alle sind Söhne und Töchter Gottes, auch wenn sie nicht wissen, was sie tun."*

Nelson Mandela praktizierte dasselbe, als er jahrzehntelang eingekerkert war und sich nach seiner Freilassung ohne Haß mit seinen ehemaligen Widersachern an einen Tisch setzte, um das neue Südafrika aufzubauen.

Wahre Freiheit und wahrer Friede ist immer zunächst eine geistige Freiheit und ein Innerer Friede. Wenn ich körperlich frei bin, aber in Gedanken an Vergangenheitsgroll und Zukunftsangst gekettet, bin ich nicht wirklich frei. Wenn ich in einer Gefängniszelle sitze, aber durch Vergebung und ständigen Kontakt mit dem Höchsten Bewußtsein in Innerem Frieden und geistig frei bin, dann bin ich frei, auch im Gefängnis. Gerade letzteres lebten Mahatma Gandhi, Nelson Mandela und jener unbekannte KZ-Häftling überzeugend vor.

Totale Vergebung, auch in widrigsten Umständen, wird uns möglich durch die *Sichtweise der Liebe,* die überall und jederzeit sich dessen bewußt ist, daß mein Gegenüber, so wie ich selbst, ein Sohn bzw. eine Tochter Gottes ist - auch wenn jene/r sich dessen nicht bewußt ist und nicht danach handelt.

Dies ist die Sichtweise des *"Heiligen Geistes".* So "sehe" ich mit dem "Auge des Herzens". In der Vergebung bin ich in Kontakt mit meinem *Wahren Selbst,* dem *Atman,* dem *Christus,* dem *Buddha-Wesen,* dem *Göttlichen Funken* in mir.

Auch wenn mein Körper vergänglich ist, so weiß ich: Das einzige, was mich (scheinbar) verletzen kann, sind meine eigenen Gedanken, Gedanken voll Schuld, Groll und Trennung.

Mit jedem Gedanken des Angriffs
greife ich meine eigene Unverletzbarkeit an,
während ich, wann immer ich vergebe,
das Licht Christi/Buddhas in mir entzünde.

Da Krebs in sehr vielen Fällen erwiesenermaßen die psychosomatische Wirkung von unverarbeiteter alter "Schuld" ist, ist Vergebung eines der wichtigsten Heilmittel unserer Zeit.

(Meine Initiation in die oben genannten "erleuchtenden" Sichtweisen, die durch das Leben zahlloser Menschen sowie auch durch das Leben von Brigitta und mir in Privat-Alltag und Seminar-Arbeit 1000-fach verifiziert sind und somit keinen "Glauben", sondern persönliche Erfahrung und Wissen darstellen, verdanke ich in erster Linie *Rainer Taeni* und dem *Course in Miracles.*)

Im Augenblick seines körperlichen Todes blickte Mahatma Gandhi ins Gesicht seines Mörders und hob seine gefalteten Hände zum indischen Gruß *"Namaskar",* der bedeutet: "Ich grüße das Göttliche in dir."

Vergebung ist ein Weg zur Auferstehung ins Ewige Leben
schon hier und jetzt
Vergebung ist ein Mittel zur und ein Zeichen von
Erleuchtung

Zu preisen wissen
noch in den nächten der bomben
zu singen im herzen
noch bei des geliebten verlust
weil nie verlust
ist Weil alle zerstörung
nichts ist Weil
nichts wahres vergeht ...
Dies wissend zu leben:
welch segen

gelassen zu verweilen an
den ufern der Liebe
singend noch im vergehn
preisend mit allen tränen
jubelnd in jeglichem tun
unbeirrbar zu sein in
der freude die ende nicht kennt
in jeder bedrängnis noch
im segen noch immer in-
mitten des Göttlichen Lieds

Geh nicht ein auf das leiden
SING FORT! Bleib
vertrauend ... im fließen ... sei
welle im ozean
Seiner das all durch-
schwingenden stimme
Sie ruft dich
immer
meint dich
allein

Dich selber in allem
im all verwurzelt mit
jedem herzen
vereint
im pochen des lebens
im sturm der natur-
gewalten im atem der winde im
unablässigen kreisen der sonnen
in allem klingend im lob-
gesang dem Göttlichen

HALLELUJAH !

Rainer Taeni

Oh Lord, I Thank Thee

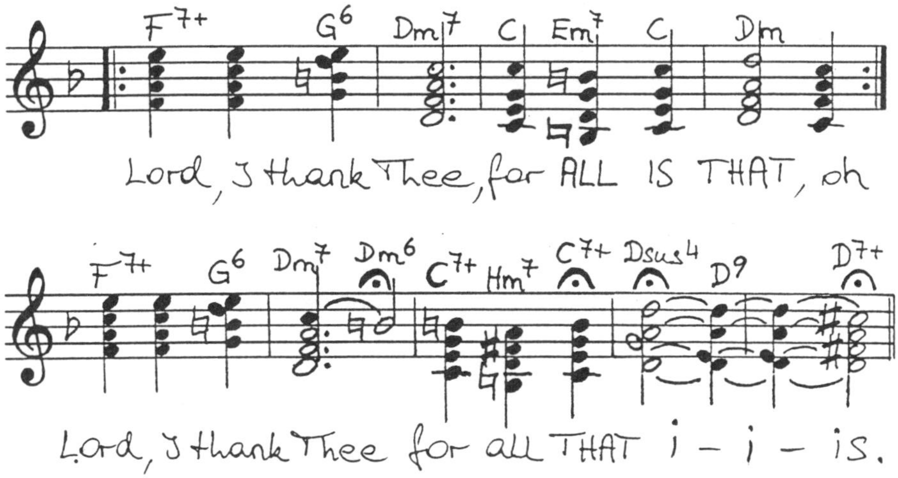

Worte & Musik: Gerhard Lipold

Mc 2 B

mittleres Tempo mit Blues-Feeling

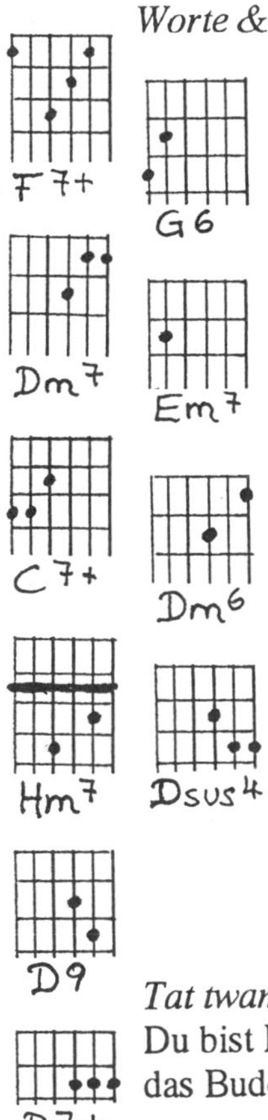

Oh Gott, ich danke Dir
für alles, was ist
Ich will Dich preisen in Gedanken, Worten und Taten
Ich verneige mein Haupt vor Deinen Lotos-Füßen
Oh Gott, ich danke Dir
für alles, was ist
Ich grüße Dich in Freude und Demut
Du bist das Wahre Selbst in jedem Wesen
Oh süßer Gott, Du bist alles, was ist
Oh schöner Gott, Du bist alles, was ist
Du bist DAS, *Tat twam asi*
Ich bin DAS, Du bist in mir
Oh Gott, ich danke Dir
für alles, was ist
Oh Gott, ich danke Dir
denn Alles ist DAS
Oh Gott, ich danke Dir für alles
DAS IST

Tat twam asi ist ein Sanskrit-Mantra und bedeutet: "DAS bist Du"
Du bist DAS, das Göttliche, das Absolute, das Brahman, das Tao,
das Buddha-Wesen, das Christus-Wesen,"Du bist das Licht der Welt."

Tva Meva

C C7+ F G
Tva meva ma-ta cha pita tva meva, tva
You are my mother, You are my father, You
(Capo5) (G) (G7+) (C/G) (D79/G)
Am F7+ G C
meva bandhu cha sakha tva meva. Tva
are my sister and brother in one. You
(Em) (C7+) (D) (G)

Worte & Musik: berühmter trad. Sanskrit-Bhajan **Mc 3 A**

langsam & gefühlvoll

Die englische Version entspricht nicht ganz dem Sanskrit-Text, der wörtlich übersetzt lautet:

Du bist meine Mutter, Du bist mein Vater
Du bist mein Verwandter, Du bist mein Freund
Du bist mein Wissen, Du bist mein Reichtum
Du bist mein Alles, oh Gott

mata - Mutter *pita* - Vater *bandhu* - Verwandter *sakha* - Freund
vidya - Wissen, Weisheit *dravina* - Reichtum *sarva* - alles *deva* - Gott
tva meva - du bist mein

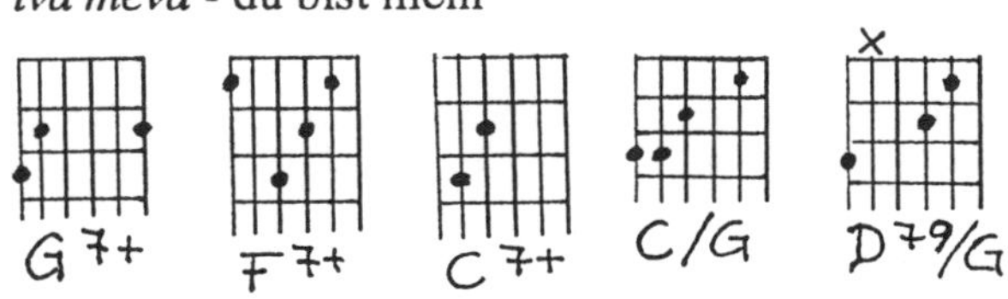

Asatoma Sadgamaya

Worte & Musik: trad. Sanskrit-Gebet aus den Upanishaden
mittleres Tempo, zwei starke Beats pro Takt

Der *"Shanti"*-Vers kommt erst ganz am Schluß nach beliebig vielen Wiederholungen der ersten 3 Verse. Dieser dreifache Friedens-Wunsch ist in Indien bei vielen Gesängen der traditionelle Abschluß und wird immer ohne Instrumente und ruhig gesungen, auch wenn das Lied vorher sehr dynamisch war.

Die Bedeutung der Sanskrit-Worte im einzelnen:
asat - das Unwirkliche, die Illusion
sat bzw. *sad* - Wahrheit, Wirklichkeit, das Absolute Sein, die unwandelbare zugrundeliegende Seinsrealität des Universums, auch das Wahre Selbst im Menschen
tamas - Finsternis, Unwissenheit, Nicht-Erkenntnis, Verblendung
jyotis - Licht, das spirituelle Licht des Höchsten Bewußtseins
mrita - der Tod
amrita - Nektar der Unsterblichkeit, das Wasser des ewigen Lebens
gamaya - führen
shanti - Friede

Om

OM ist eigentlich unübersetzbar (siehe auch: *ONE EARTH SONGS,* S. 120); es bezeichnet DAS, was durch Worte nicht ausgedrückt werden kann. Es ist eines der umfassendsten Symbole für das Absolute, die Repräsentation des Urklangs, der lautliche Ausdruck der ersten Schwingung der Schöpfung, aus der das Universum hervorgegangen ist, die Klang-Inkarnation und -Repräsentation des Göttlichen, die Lebensschwingung, die das Universum erfüllt und ohne Anstrengung aus der Stille kommt.
OM ist der Knotenpunkt zwischen dem formlosen Absoluten und der Form der relativen Welt.

OM iti ekasharam brahma
Diese eine Silbe *OM* ist *Brahman,* die Göttliche Wirklichkeit.

OM TAT SAT

OM, DAS, Absolutes Sein (Wahrheit)
Dieses Mantra steht für die Grundhaltung eines Menschen, der in der Göttlichen Realität seines Wahren Selbst gegründet ist. Es ist Ausdruck der Erkenntnis, daß diese vielheitliche Welt der Erscheinungen auf einem Absoluten Sein beruht, welches die eigentliche Essenz alles Seienden ist.

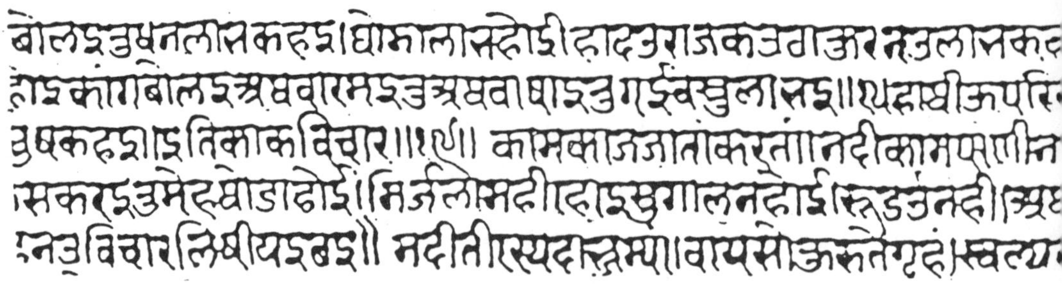

Sanskrit

Bevor ich auf die universelle Bedeutung von Sanskrit eingehe, möchte ich hier einige Regeln anführen, die die Aussprache betreffen:

c = "tsch" (kla**tsch**en) *j* = "dsch" (englisch: **j**oy) *s* = "ss" (Wasser)
sh = "sch" (ein Laut zwischen "sch" und "s" wie in **S**tein)
v = "w" (**W**ort) *y* = "j" (**j**eder)

Der Vollständigkeit halber sei noch das *h* in *bh, ch, dh, gh, jh, ph, th* erwähnt, das bei korrekter Aussprache als hörbarer Hauchlaut gesprochen wird. Dieses schwierig zu sprechende *h* ist jedoch speziell beim Singen ein eher unwesentliches Detail, das vernachlässigt werden kann, ohne den Klang zu beeinträchtigen.

Die Betonung der Silben richtet sich nach der Länge der Vokale. Auch dies ist beim Singen nicht so genau, weil sich Länge und Betonung durch die Melodie ergeben. In Lesetexten sind lange Vokale meist durch einen Querstrich gekennzeichnet. *ā, ī, ū, e, o* sind immer lang, wie in "Rat, Sieg, Zug, See, Dom".
Wir tendieren dazu, die vorletzte Silbe zu betonen. Das stimmt oft nicht.
Die Regel lautet: Wenn die vorletzte Silbe kurz ist, liegt die Betonung auf der drittletzten Silbe; also *Himálaya* (nicht "Hima**lá**ya")
sādhana (= spirituelle Praxis; nicht "sā**dhá**na")
Die vorletzte Silbe trägt den Ton nur dann, wenn sie
a) entweder lang ist; *ākāsha* (= der Raum, Klang-Äther); oder
b) mehrere aufeinanderfolgende Konsonanten dahinterstehen, wie in *ānánda* (= Glückseligkeit, Höchste Freude).

Das Herz aller Sprachen

Wenn jemand gefragt wird, was seine Muttersprache ist, müßte er eigentlich antworten: "Sanskrit", egal ob er Österreicher, Franzose, Engländer oder Grieche wäre, Inder oder Chinese, ein Eingeborener in Australien, Polynesien, Malaysia, oder ein Aymara-Indianer Perus.

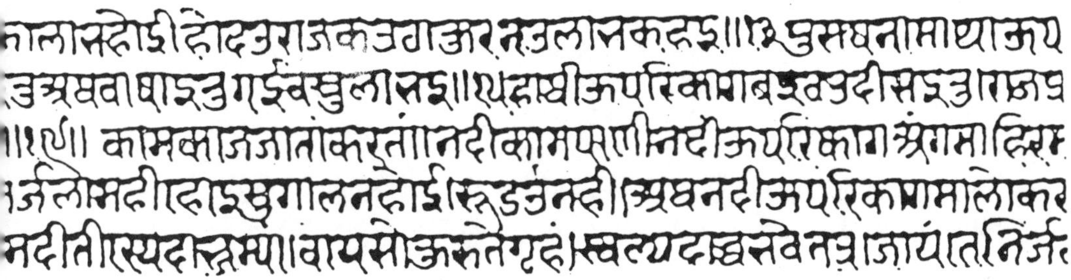

In fast allen Sprachen der Menschheit finden sich zahlreiche Wortstämme, die auf Sanskrit-Silben zurückgehen. Als Beispiel wurde im Buch *ONE EARTH SONGS* (S. 122) die globale Verbreitung der Wort-Wurzel *leg* beleuchtet. "Leuchten" kommt übrigens von *leg*. Bei allen Philologen gilt Sanskrit als ein zentraler Ausgangspunkt, als "Mutter, Wurzel, Kern, Herz, Urgrund" der Sprachen. Dieses ganze Buch hier, mit seinen vorwiegend deutschen und englischen Ausdrücken, ist seiner Wort-Essenz nach Sanskrit. Sanskrit ist also keine Fremdsprache für uns und auch keine indische Sprache, sondern eine universelle Ursprache der Menschheit.

Woher die Sanskrit-Silben selber kamen, ist ein Rätsel der Wissenschaft. Vielleicht kann uns der Name weiterhelfen. Er setzt sich zusammen aus:

sama = "vollkommen, vollendet, ganz" und *krita* = "gemacht",

also etwas "vollkommen Gemachtes". Und zweifellos ist Sanskrit auch heute noch eine der perfektesten und ganzheitlichsten Sprachen. Anders als unsere analytischen Sprachen, arbeitet Sanskrit weniger mit Worten als vielmehr mit Konzeptfeldern. Das Vokabular ist in etwa 2000 "Samenformen" konzentriert, die *dhatu* genannt werden. Mit bestimmten Vor-, Nach- und Zwischensilben (Affixe, Suffixe, Infixe) kann man aus diesen Samen die Worte ziehen, die man gerade braucht. Der Kommunikationsforscher und Sanskrit-Gelehrte, Eric Mayeur, zeigte, daß man damit genausogut eine Kommunikation über Computertechnologie oder moderne Teilchenphysik führen kann wie über Philosophie und Psychologie.

"Sanskrit ist die Sprache der Ganzheit, der Einheit. Sie ist ein Werkzeug, um die Einheit, die in uns ist, wahrzunehmen und zu verwirklichen. Die Übung des Sanskrit (auch beim Singen) führt uns dazu, unser Wahres Selbst auszudrücken, d.h. die *Wahrheit* zu sprechen. Nicht die 'Wahrheit' wechselnder und unterschiedlicher Standpunkte, sondern die Wahrheit, die alle Gesichtspunkte umfaßt, akzeptiert und versteht. Diese Wahrheit der Einheit signalisiert das Ende aller inneren und äußeren Konflikte. Da Einheit sich im Sanskrit ausdrückt, führt das Studium der Muttersprache Sanskrit zu Einheit, Ordnung, Harmonie und Klarheit im Geist und dadurch im Leben und im Körper."(Mayeur)

Vor vielen tausend Jahren verwendeten die Weisen des Himalaya, die *Rishis,* diese Sprache, um ihre tiefsten Erkenntnisse in Worte zu fassen. Dabei entwickelten sie eine fein differenzierte Terminologie für geistig-seelische Prozesse, welche in europäische Sprachen kaum übersetzbar ist.
Übrigens: von (skrt.) *rishi* = "weiser Seher" stammt unser Wort "richtig".

Einige der wichtigsten Weisheits-Schriften der Menschheit sind in Sanskrit verfaßt, u.a. die *Veden, Upanishaden, Bhagavad-Gita.* Besonders die Veden haben alle großen Weltreligionen beeinflußt. All diese Werke sind sowohl von wissenschaftlich- intellektueller Präzision, als auch von einem mystischen, intuitiv visionären Geist durchdrungen und inspiriert von den ureigenen Gotteserfahrungen der Verfasser. Die Texte sind nicht nur konzentrierte Meisterwerke höchsten Wissens aus erster Hand, sondern auch poetische Kunstwerke in Vollendung, welche nicht nur den Geist ansprechen, sondern durch ihre musikalische Schönheit und spezifische Klang-Kraft auch Gefühl und Körper berühren - selbst dann, wenn man die Bedeutung der Worte nicht versteht.

Sanskrit wird "die Sprache der Götter" genannt, nicht zuletzt deshalb, weil die Herkunft ihrer Keimsilben, der *Bhija*-Mantras, ein Rätsel ist, so geheimnisvoll wie der Ursprung des Universums. In diesen uranfänglichen Klang-Samen wohnt eine große Kraft, da sie spezifische Schöpfungsschwingungen gleichsam "eincodiert" enthalten, eine Kreativ-Energie, aus der sich auch die Materie manifestiert hat, deren Basis nach den Erkenntnissen der modernen Physik ein kontinuierliches, schwingendes "Feld" in verschiedenen Verdichtungsgraden ist. Das Mantra *OM* ist ein solcher Urlaut, ein "Wort Gottes", und vielleicht das universellste und essentiellste Wort für das Absolute, das ein Mensch hören und aussprechen kann.

ॐ

Im Anfang war das Wort
und das Wort war bei Gott
und Gott war das Wort
Alle Dinge sind durch dasselbe gemacht
und ohne dasselbe ist nichts gemacht, was gemacht ist
In ihm war das Leben
und das Leben war das Licht der Menschen
Und das Licht scheint in der Finsternis
und die Finsternis hat's nicht begriffen

Neues Testament (Joh 1,1-5)

MANTRAS
Praxis und Wirkung

Was sind *Mantras*? - Mantras sind uralt.
In den *ONE EARTH SONGS* habe ich bereits über Mantras und ihre Wirkungen geschrieben und einige wichtige Beispiele näher erläutert: *Om, Ah, Hum, Hrih,* das *Om mani padme hum, Om namah shivay, Amen* und andere aus dem asiatischen, abendländischen und indianischen Bereich. Anhand von Schöpfungsmythen und Zitaten aus den alten Schriften versuchte ich zu zeigen, daß das Wissen um die ***Macht des Gesungenen Wortes*** in allen Kulturen verwurzelt ist bzw. war. Dabei ist nochmals zu betonen, daß das Lesen darüber niemals die vieldimensionale Wirkung mantrischer Kraft vermitteln kann, welche nur durch eigene Praxis erfahrbar ist.

Es gibt verschiedene Arten der ***Mantra-Praxis***, deren wirkungsvollste zweifellos das Singen und laute Rezitieren ist. Dabei ist es wichtig, einunddasselbe Mantra lange genug zu singen, damit wir in einen tiefen und ruhigen, *kreisförmigen Atemrhythmus* finden und uns mit unserem ganzen Wesen einschwingen können in diesen spezifischen Klang-Raum, sodaß wir nach und nach die Töne immer weniger "machen", sondern sie mehr und mehr in und aus und durch uns *lassen* ... und uns ihnen hingeben, uns in ihnen weiten und entspannen ..., sodaß sie uns heilsam durchdringen und wir in ihnen geborgen sind auf eine Art, wo wir eine Ahnung bekommen können von dem Urgrund, aus dem das Universum und wir selbst hervorgegangen sind.

Besonders im Stadium des längeren "ich"-vergessenen Singens können sich die vielfältigen psycho-physischen Wirkungen von Mantras gut entfalten; ein großer Teil davon auch dann, wenn man nicht "gläubig" im religiösen Sinn ist. Schon allein die physikalischen Schwingungen der Klänge wirken auf den Körper, und zwar von innen her, als eine Art *Vibrationsmassage,* die bis in die Zellen vordringt. Einige Mantras sind von der Lautfolge her so aufgebaut, daß sie ganz bestimmte Körperteile zum Vibrieren bringen und ganz bestimmte innersekretorische Drüsen, sowie die damit korrespondierenden Vital-Energiezentren (*Chakras*) aktivieren.

Das Mantra *OM* zum Beispiel, das meist als *A-U-M* oder *A-O-U-M* gesungen wird, schwingt im ganzen Körper: das *A* im Brustraum, das *O* im Solarplexus, das *U* bis in den Bauchraum und das Becken, das *M* im Kopf und Hals.

Der OM-Atem-Kreis

Was in der Folge über die Praxis des *Om*-Singens gesagt wird, gilt auch für andere Mantras dieses Buches. Und für Gruppen wie auch für Einzelne.

Setze dich bzw. setzt euch auf den Boden. Wenn ihr eine Gruppe seid, formt einen Kreis. Wenn ihr wollt, reicht euch die Hände, und zwar mit der linken Handfläche nach oben (empfangend) und mit der rechten nach unten (gebend), sodaß sich ein Energie-Kreis bildet. Ihr könnt auch ohne Handkontakt singen, wenn ihr gefühlsmäßig mehr bei euch selbst bleiben wollt.

Ob allein oder in der Gruppe, sitzt mit möglichst aufrechtem Oberkörper, eventuell auf einem festen Kissen, im Schneidersitz (gekreuzte Unterschenkel) oder Lotos-Sitz, oder auch rittlings auf einem festen "Pferderücken" aus zusammengerollten Decken ..., oder auf einem Sessel, ohne dich anzulehnen. Die Augen schließen und mit einem genußvollen Seufzer alle Spannung abfließen lassen zur Erde. Den Atem beobachten, wie er von selbst kommt und geht.

Dann mit dem Ausatem einen Summ-Ton in die Stimme kommen lassen ... ihn ganz ausklingen lassen und dabei entspannt ausatmen ... ruhig und tief einatmen ... und von neuem singend ausatmen ... Wenn ihr eine Gruppe seid, findet euch zu einem harmonischen Grundton zusammen. Öffnet beim Singen den Mund und verwandelt das Summen in den Laut *AAA-OOO-UUU-MMM*. Und singt weiter, immer wieder von neuem ... *AAA-OOO-UUU-MMM* ...

Für den Atemrhythmus einer Gruppe gibt es 2 Möglichkeiten:
a) *Alle atmen gleichzeitig ein und aus.* Anfangs sind die Atemkapazitäten meist unterschiedlich, sodaß es vielleicht eine Weile dauert, bis sich alle an eine gemeinsame Atemfrequenz gewöhnen. Wenn dieser Punkt erreicht ist, sind die synchronen Atem- und Klangwogen der Gruppe sowie die immer wiederkehrende Stille der Einatemphasen eine sehr schöne Erfahrung.
b) *Individuell verschiedene Atemfrequenzen* ermöglichen größere Freiheit des Einzelnen, und es entsteht ein ununterbrochener Gruppen-Ton.
Während a) an immer wiederkehrende Meereswellen erinnert, ist b) ähnlich einem kontinuierlichen Fluß.

Für den richtigen **Atem** beim *OM*-Singen ist wichtig:
immer ganz ausatmen, bis die Lunge möglichst leer ist.... Dann ruhig und tief einatmen.....und wieder singend ganz ausatmen.....Es entsteht ein Rhythmus, wo sich Ein- und Ausatem zu einem *Kreis* verbinden.

Kraftvolles Singen ist gut, und es darf auch laut sein. Es geht aber nicht darum, etwas zu "leisten" oder sich wettkampfmäßig in der Gruppe durch besondere "Arien" hervorzutun. Und vergleicht euch nicht mit den anderen durch Gedanken wie: "Wer singt länger, lauter, schöner?" oder gar: "Wer ist spirituell am weitesten entwickelt?" Wer solche Fragen und Ansprüche stellt, versperrt sich durch seine Urteile die Erfahrung der Einheit und die Wahr-Nehmung dessen, was jetzt hier ist.

Zu Beginn kann es vorkommen, daß jemand das Gefühl hat, zuwenig Luft zu haben. Das macht nichts! Es geht von selbst vorüber. Beim Auftreten eines solchen Atem-Engpasses ist es am besten, nicht darüber nachzudenken, sondern einfach weiterzusingen und sich in die Töne des Ausatems hineinzuentspannen. Nach einigen Wiederholungen wird man feststellen, daß sich der Atemraum allmählich öffnet und weitet und die Töne immer voller und tiefer werden und der Atem immer freier wird. Was einem am Anfang des Mantra-Singens unmöglich schien, erlebt man am Ende als leicht und völlig selbstverständlich.

So lernen wir beim Singen, immer länger loszulassen und zu *entspannen* in den Ausatem hinein, und immer tiefer, voller und ruhiger einzuatmen. Unsere *Atemkapazität* vergrößert sich und damit unser gesamtes Lebenspotential.

Beim Ausatmen *reinigen* wir uns von Altem, Verbrauchtem, Krankem, und beim Einatem nehmen wir neue *Vital-Energie* (*Prana*) auf und *beleben* und verjüngen jede Zelle unseres Körpers. In regelmäßiger Mantra-Singpraxis ist es erwiesenermaßen auch möglich, daß sich alte Ängste und psychische Fixierungen an Traumatas der Vergangenheit auflösen und sich neue Räume des Selbstvertrauens öffnen.

Was diese heilsamen physiologischen und psychologischen Effekte betrifft, ist die kreisförmige Atmung beim Mantra-Singen verwandt mit der sogenannten *Rebirthing*-Atmung (Leonard Orr), die auch als *Holotropes Atmen* (Stan Grof) und *Intuitives Atmen* (Karl Scherer) bekannt ist - wobei gewisse, aber im Grunde unwesentliche Unterschiede zwischen diesen 3 verschieden benannten Ansätzen einundderselben Atemform bestehen.

Beim Singen generell, und bei gesungenen Mantras umso mehr, werden *beide Gehirnhälften* aktiv. Es hat sich gezeigt, daß aus diesem Grund Stotterer augenblicklich aufhören zu stottern, wenn sie singen.

Man könnte also das Mantra-Singen als eine Art *gesundheitsfördernde Technik* betrachten, unter dem Motto: "Wer singt, lebt länger." Aber dies ist nur ein Teil des mantrischen Potentials, der zwar angenehm und willkommen, aber nicht der wichtigste ist. Wer die ganze Dimension von Mantras kennenlernen will, muß sich auch voll und ganz auf ihre spirituelle Essenz einlassen. Dann können sie zu "Siebenmeilenstiefeln" werden auf unserem Weg zur Vollendung der Inneren Meisterschaft. Sie sind machtvolle ***geistige Werkzeuge der Einswerdung,*** die uns darin unterstützen, unser Wahres Selbst zu erkennen, uns damit bewußt zu verbinden und ES im alltäglichen Leben zu verwirklichen.

Eine der wichtigsten geistigen Funktionen eines Mantras ist die Beruhigung unseres "Monkey-Mind"-Denkens, das gewöhnlich rastlos umherspringt wie ein Affe im Käfig. Normalerweise ist der westlich zivilisierte menschliche Geist entweder irgendwo in der Vergangenheit, grübelt über Erinnerungen, plappert und argumentiert in "inneren Filmen" mit Personen, die gar nicht anwesend sind, oder er ist mit seinem Wollen, Planen und (vermeintlichen) Absichern gegen alle Eventualitäten des Lebens so weit voraus in der Zukunft, daß die meisten Menschen ihren Vorhaben immer nur nachhecheln, in ständigem Zeitmangel, und nie mit etwas fertig werden außer mit den eigenen Nerven. Und meist sind sie übersättigt von Ersatz, doch nicht zufrieden.

Falls sie die verdiente Pension erreichen, haben sie bis dahin nie wirklich gelernt, zu leben und können mit der plötzlich verfügbaren Zeit, die ihnen das ganze Leben fehlte, nichts anfangen. Sie "vertreiben" sie oder "schlagen sie tot". Sie wandern durch den Park, denken an die alte Zeit und sehen nicht das Gänseblümchen *hier* am Wegesrand. Manch einer stellt sich zum ersten Mal die Frage nach dem Sinn. Wenn er das tut, ist er schon einen großen Schritt weiter. Und der nächste wichtige Schritt ist, stehenzubleiben ... und *jetzt* einen Atemzug zu nehmen und ihn ganz wahrzunehmen als wacher Innerer Zeuge. Wie von selbst kommt sein Geist zurück in die Gegenwart, und er bemerkt plötzlich

das kleine Gänseblümchen
zu seinen Füßen,
das einfach da ist
und blüht,
wo es gesät worden ist.
Das Blümchen enthält
das ganze Geheimnis des Lebens
und zugleich alle Antworten.

Jede Blume ist ein Mantra, und jedes Mantra in Verbindung mit bewußtem Atem wirkt wie dieses Gänseblümchen. Es holt die Aufmerksamkeit in die Gegenwart und hält sie im ewigen Jetzt. Es konzentriert die Gedanken-Energie auf einen Punkt und macht den Geist *"einspitzig"*.

Wer seinen Geist auf einen Punkt zu sammeln weiß
dem ist kein Ding unmöglich
Buddha

Das Mantra ist der Pfeil, der Atem ist der Bogen
Das Mantra ist die Lenkung, der Atem ist das Fahrzeug
Das Mantra ist der Schlüssel, der Atem ist das Tor
Das Mantra und der Atem sind der Weg
das Ziel bist du Selbst

Wenn DU jetzt hier
DAS
bewußt BIST
brauchst du kein Mantra mehr

Bis zu einem gewissen Grad können Mantras mit einem modernen Terminus auch als "Mental-Programme" bezeichnet werden, die das Denken umorientieren, und zwar weg von der Illusion der Trennung und des Mangels, weg von Angst, Zweifel und Opfer-Mentalität, hin auf die Wahrheit der Schöpferkraft und Liebe, der Freude und des Friedens, die aus der Fülle und Einheit unseres göttlichen Wesenskerns entspringen. In diesem Sinne sind Mantras *Affirmationen* bzw. *Bejahungen,* ähnlich wie sie in der Humanistischen Psychologie zur Auflösung einschränkender Denkmuster verwendet werden.

Wer bei Alltagstätigkeiten ein Mantra im Geiste hat, wird allmählich den Sinn des Mantras in allem entdecken, was er ansieht und tut. Das ist heilsamer als eine Berieselung durch Massenmedien, die auf wohl geplante Weise den "Monkey-Mind" für ihre Profitzwecke dressieren und am Springen halten, indem sie ihm Ersatzbedürfnisse einimpfen und die wahren menschlichen Herzenswünsche verschütten, deren Erfüllung meist kein Geld kostet.

Die Affirmationen, wie sie in den westlichen Mind-Techniken vorkommen, sind keine *Mantras* im engeren Sinn. Echte Mantras wirken nicht nur mental, sondern auch auf subtilen *spirituellen* Ebenen, die weit über das Denken hinausgehen. Sie enthalten Samen-Silben, die man kaum in die gewöhnliche Sprache übersetzen, sondern nur annähernd sinngemäß umschreiben kann, weil sie rein begrifflich nicht voll erfaßbar sind. Trotzdem ist es gut, die Bedeutung eines Mantras einigermaßen zu kennen und bis zu einem gewissen Grad intellektuell zu verstehen, damit es auch mental orientiert.

Damit die Kraft eines Mantras sich voll entfalten kann und seine Bedeutung zu einer gelebten Erfahrung wird, ist zunächst eine Art "Glaube" erforderlich, ein tiefes Vertrauen, daß die Bedeutung des Mantras wahr ist. Nur durch einen solchen *Sprung ins Vertrauen,* wird das Erlebnis des Getragenseins vom Göttlichen im eigenen Herzen möglich, und man gelangt zu einem Wissen, das nicht mehr "glauben" muß.

"Wer's glaubt, wird selig!"
Diese Redewendung, die chronische Skeptiker oft ironisch verwenden,
meine ich völlig ernst.

Mit skeptischer Distanz und permanentem Zweifel bleibt uns das Ziel der Einswerdung bzw. die beglückende Erfahrung der bereits jetzt gegenwärtigen Einheit mit dem Göttlichen unzugänglich.

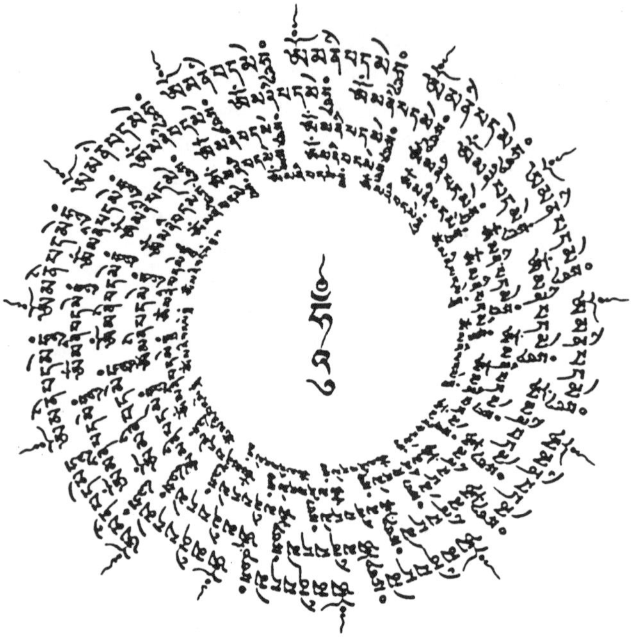

Shabda
Der Transzendente Klang

Die physikalischen Klangschwingungen, der Atemrhythmus, die mental verstehbare Bedeutung, die Art und Dauer der Praxis, all diese Komponenten eines Mantras haben konkrete psycho-physische Wirkungen im Menschen und auch in der Umwelt, wo das Mantra ertönt. Der wesentlichste Faktor aber ist seine *spirituelle Essenz.*

Um an sie zu gelangen, muß man das begriffliche Denken hinter sich lassen. Voraussetzung dafür ist die Stillegung der Gedanken-Karusselle. Auch dazu dienen, neben der Atembeobachtung, die Mantras.

Mantras sind nicht in unserer analytischen, linearen Alltagsprache mit ständigem Themenwechsel, sondern aus archetypischen und zyklisch wiederkehrenden Klangsymbolen aufgebaut, die das Denken früher oder später zum Schweigen bringen, aus Mangel an Abwechslung und intellektuell "Verstehbarem". Trotzdem kann der "Mind" nicht abschweifen, weil er durch das Mantra gebündelt bleibt in Richtung auf das Göttliche.

Nach längerer Praxis des meditativen Singens, Rezitierens oder der inneren geistigen Wiederholung - auch während normaler Alltagstätigkeiten - kann allmählich ein Stadium erreicht werden, wo man das Mantra nicht mehr gedanklich aufrechterhalten muß. Es trägt sich selbst und beginnt den Übenden zu tragen, sodaß er frei und offen wird für die intuitive Erfahrung der spirituellen Essenz des Mantras.

Daher ist es so wichtig, länger bei einem Mantra zu verweilen - vielleicht sogar ein ganzes Leben lang, bis man es so verinnerlicht hat, daß ES mitschwingt, bei allem, was man tut, sagt, denkt, fühlt, sodaß man mit dem Mantra eins wird und ES (das Göttliche) in allem sieht, was einem begegnet.

Gott sehen heißt, zu sehen, wie Gott sieht
Meister Eckhardt

In diesem Stadium bleibt das Mantra, auch wenn man es nicht laut intoniert, innerlich präsent als eine Art "Grundschwingung", die nicht mit den physischen Ohren gehört, sondern intuitiv wahrgenommen wird, gleichsam mit dem "Ohr des Herzens". Der große buddhistische Weise, Lama Anagarika Govinda, nennt diesen inneren Klang, der aus der Stille kommt und in tiefer Meditation (z.B. *Kriya-Yoga*) "hörbar" werden kann, die *"Subtile Schwingung"* eines Mantras.

Der akustische Laut ist nur ein Vehikel für diese spirituelle Energie-Essenz, den Transzendenten Klang, der im Sanskrit *Shabda* heißt. Jedes der großen alten Mantras hat eine spezifische *Shabda*-Qualität, besonders die sogenannten *Bhija*-Mantras, die "Samen-Formeln", die aus den uranfänglichen Keimsilben bestehen; z.B. ***Om Ah Hum,*** ein Mantra, das in Tibet unter anderem zur Reinigung des Geistes von Ego-Verstrickungen verwendet wird.

Auch das ***Amen*** der Christen und das ***Amin*** der Moslems, das sprachhistorisch direkt von der Keimsilbe *Om* abstammt, trägt in sich noch denselben *Shabda,* den heiligen subtilen Urklang, der in der Tiefe der Stille wohnt.

Für den Zugang zum *Shabda* eines Mantras ist der geistige Akt des unbedingten Vertrauens und des völligen Loslassens in die innere Gewißheit, daß das Göttliche existiert und jetzt hier in uns ist, weit wichtiger als eine akustisch perfekte Aussprache beim Rezitieren oder Singen.

Wenn man nicht die Gelegenheit hat, Mantras in einer Gruppe zu singen, sondern allein damit arbeitet und auch keinen direkten spirituellen Lehrer hat, dann ist es sehr beruhigend, wie die Tibeter zu wissen bzw. sich die traditionelle Überzeugung zu eigen zu machen, daß man beim Singen eines Mantras stets in spirituellem Kontakt steht mit allen Meistern und Meisterinnen und Heiligen, die dieses Mantra je gesungen haben und je singen werden. Die Bewußtseinskraft, Weisheit und Liebe all dieser erfahrenen, gottverwirklichten Menschen-Seelen ist jederzeit gegenwärtig und unterstützt uns auf unserem Weg, wenn wir uns vertrauensvoll der Göttlichen Wirklichkeit öffnen und hingeben.

Ob allein oder in einer Gruppe - beim Mantra-Singen befinden wir uns stets in der Geborgenheit eines großen Kreises von eingeweihten Freunden.

Kirtan
Der Nektar der heiligen Namen

Die Beschäftigung mit Mantras kann zu einem eigenständigen, spirituellen Weg werden, der *Mantra-Yoga* genannt wird und in allen Religionen vorkommt. Die am weitesten verbreitete Form ist das Singen von heiligen Liedern, die Namen Gottes enthalten. Diese Praxis muß nicht ernst und erhaben ausgeführt werden, sondern kann ein Fest voll ekstatischer Lebendigkeit und Freude sein. Sie heißt auf Sanskrit *"Kirtan"* oder mit einem englischen Begriff *"Chanting"*. Eine andere Art des Mantra-Yoga ist *"Japa"*, das rezitative mantrische Gebet. Jeder der traditionellen Gottesnamen ist ein Mantra.

Beim Kirtan verbinden sich die subtilen Schwingungen der mantrischen Worte mit Melodien, Harmonien und Rhythmen - oft auch mit Tanz -, welche besonders die Gefühle ansprechen und die SängerInnen innerlich ergreifen und erheben, ihre Liebe (*Bhakti*) zu Gott aktivieren und die Menschen so voranbringen auf dem Weg der Einswerdung mit dem göttlichen Selbst.

Dieses Buch enthält mehrere typische Kirtan-Lieder, z.B. *"Baba Nam Kevalam", "Sri Ram Jai Ram", "Om Namah Shivay", "Ubi Caritas"* u.a....
Auch die indianischen Chants und jene englischen Songs, die wenig Text haben und für einen längeren Wiederholgesang geeignet sind, kann man als Kirtans bezeichnen, sofern sie Gottesnamen enthalten.
Im Grunde sind ja die Worte *"Erde, Wasser, Feuer, Luft"* ebenso Namen für das Göttliche. Denn alles ist Gott.

Man sollte Gott nicht zu eng sehen!

Beim Kirtan kommt es darauf an, die zahlreichen Wiederholungen von Mal zu Mal mit wachsender Hingabe zu singen und sich auch mit dem Gefühl voll darauf einzulassen und die ganze Herzensliebe in das Lied zu investieren. Dann kann der "Göttliche Nektar" des Chanting wirklich gekostet werden, was ein großer Genuß ist.

Wenn ein Lied verklungen ist, ist es gut, einige Atemzüge lang mit geschlossenen Augen in der Stille nachzuspüren und das eben Erlebte wirken zu lassen wie einen aufgegossenen Tee, den man einige Minuten ziehen läßt, damit sich sein Aroma voll entfalten kann.

Am Ende aller Kirtans bringen wir gerne unsere Dankbarkeit durch eine Verneigung mit gefalteten Händen zum Ausdruck - Dankbarkeit gegenüber allen Anwesenden und der gemeinsamen Mitte, Gott.

Das Kirtan-Singen ist die zentrale Praxis des sogenannten ***Bhakti-Yoga,*** des Weges der Liebe und Hingabe an Gott in Form einer bestimmten Gottheit (*Allah, Shiva, Manitu, Mutter Erde* oder der christliche *Gott, Vater im Himmel* u.a.) oder einer Heiligen Person (*Jesus, Jungfrau Maria, Buddha, Krishna* u.a.) oder eines/einer gegenwärtig lebenden Meisters/Meisterin (*Dalai Lama, Sathya Sai Baba, Amritanandamayi* u.a.), der/die das Göttliche vollendet verkörpert. Ziel ist, durch liebevolle Anbetung mit dem erwählten Ideal eins zu werden. Die Mehrheit der Gläubigen aller Weltreligionen sind Anhänger dieses Weges, der unter den verschiedenen spirituellen Wegen als der einfachste betrachtet wird.

Das Objekt, das sich der Gläubige für seine Anbetung erwählt, weil es für ihn das Göttliche am besten repräsentiert und ihn am stärksten anspricht, wird in Sanskrit als ***Ishta-Deva*** bezeichnet, d.h. "Geliebter Gott" oder "Erwähltes Ideal". In der tibetisch-buddhistischen Terminologie gibt es dafür die Bezeichnung ***Yidam,*** d.h. "konzentrierter Geist".

Diese Begriffe haben hier nichts mit einer bestimmten Religion zu tun, sondern mit jeder spirituellen Tradition der Menschen. Ich verwende diese - für manchen Leser vielleicht "exotischen" - Bezeichnungen deshalb, weil es in der Vergleichenden Religionswissenschaft sehr hilfreich ist, mit der Sanskrit-Terminologie zu arbeiten, da sie für psychologische und geistliche Themen so extrem präzise ist, daß daneben jede europäische Sprache "primitiv und plump" erscheint. Allein für unser Wort "Geist" gibt es so viele fein nuancierte Sanskrit-Wörter, um all die verschiedenen "geistigen" Realitäten zu benennen, daß ihre Erläuterung viele Bücher füllt, z.B. die Werke von *Sri Aurobindo.*
Doch dazu ist anzumerken, daß es für die Erlangung der vollkommen Erleuchtung nicht nötig ist, viele Bücher zu lesen oder besonders "gescheit" zu sein.

Für die christlichen *Bhaktas* (= Gläubigen) sind *Jesus* und *Maria* die am meisten verehrten und durch *Kirtans* besungenen *Yidams* bzw. *Ishta-Devas.*

Ave Maria
Kyrie Eleison, Christe Eleison

Zu den schönsten Kirtans der Welt gehören zweifellos die christlichen Lieder von Taizé (siehe Anmerkungen) und die Gregorianischen Choräle.

Im 19.Jh. lebte in Bengalen ein Heiliger namens ***Ramakrishna,*** der zu den größten Lehrern der Menschheitsgeschichte zählt und in Indien eine Bedeutung wie Jesus und Buddha hat. Jesus wird von den Hindus als die "Göttliche Inkarnation (*Avatar*) der Liebe zu allen Menschen" angesehen, und Ramakrishna gilt als der Avatar, der am selbst vorgelebten Beispiel bezeugte, daß alle Religionen den Menschen zur Gottverwirklichung führen können. 12 Jahre lang unterzog er sich unter der Leitung mehrerer Meister nacheinander den spirituellen Disziplinen verschiedenster Religionssysteme, darunter auch des Christentums, des hinduistischen Vedanta und des Islam. Auf jedem dieser Wege erlangte er Erleuchtung und erklärte daher aus eigener Erfahrung, daß die Anhänger *aller Religionen* die Letzte Wirklichkeit erfahren und das Höchste Bewußtein erlangen können, wenn ihre Hingabe an das Göttliche intensiv genug ist.

In seinem Buch über das *"Jesusgebet"* zitiert der Benediktiner-Pater, Emmanuel Jungclaussen, Worte von Sri Ramakrishna, wo dieser über die Kraft der Wiederholung des göttlichen Namens in *Kirtan* und *Japa* spricht:
"Wer in unserer Zeit die vom Irrtum geschmiedeten Fesseln abstreifen will, soll unaufhörlich den heiligen Namen Gottes wiederholen und gleichzeitig seine Gedanken auf Gott richten ... Wer den inbrünstigen Glauben an die Macht des heiligen Gottesnamens in seinem Herzen trägt und diesen Namen Tag und Nacht wiederholt, bedarf keiner geistlichen Übungen mehr. Er überwindet alle Zweifel, sein Herz wird rein, und er erkennt den Herrn durch die Macht Seines heiligen Namens."

Ramakrishna hatte sich die Göttliche Mutter in Gestalt der *Kali* als sein Ideal für die Anbetung erwählt, und es gibt zahlreiche authentische Berichte über die Ekstasen, die der Heilige in seiner permanenten "geistigen Kommunion" mit Ihr erlebte. Viele Leute hielten ihn für verrückt. Als seine Schüler ihm das erzählten, lachte er und sagte: "Auf dieser Welt sind alle Menschen verrückt. Die einen sind verrückt nach Geld, die anderen sind verrückt nach Macht, ich bin eben verrückt nach Gott. Mir ist meine Verrücktheit am liebsten."

Mahatma Gandhi sagt: "Die Lebensgeschichte des Ramakrishna ist die der gelebten Religion. Sein Leben ermöglicht es uns, Gott von Angesicht zu Angesicht zu sehen. Niemand kann seine Schriften lesen, ohne die Überzeugung zu gewinnen, daß allein Gott wirklich und alles andere Trug ist. Seine Worte sind nicht einfach die Worte eines bloß gelehrten Mannes; es sind Worte aus dem Buche des Lebens; es sind Enthüllungen seiner Erfahrungen."

Ramakrishnas Glaube an Kali war so stark, daß sich die Göttliche Mutter auch physisch wahrnehmbar manifestierte, ähnlich wie es wohl der Heiligen *Bernadette* in der Grotte von *Lourdes* mit der christlichen Gottesmutter Maria widerfahren ist. Doch im Zustand des höchsten *Samadhi,* der vollkommenen Einswerdung mit dem Göttlichen, löste sich auch Kali in **Licht** und **Leere** auf. Denn ihr Bild war nur ein Hilfsmittel zur Vollendung, das überflüssig wird, wenn das Ziel des spirituellen Weges erreicht ist.

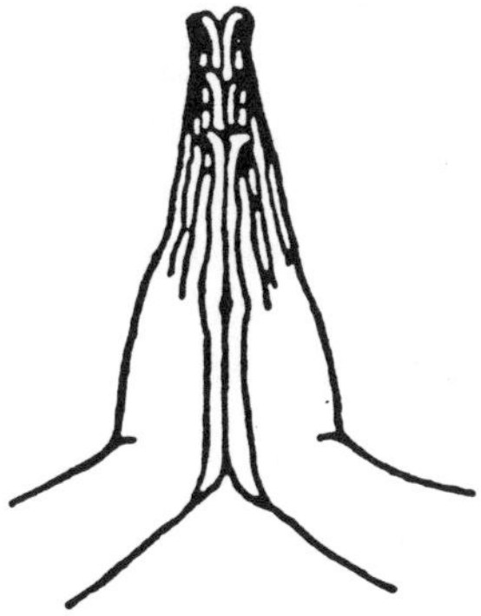

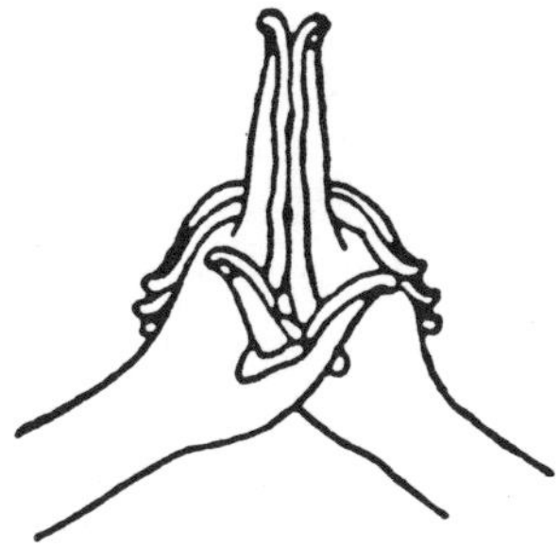

Japa
Das mantrische Gebet

(Abb. links: Gruß- und Gebets-Geste; rechts: Geste der Höchsten Erleuchtung)

Japa ist eine Mantra-Yoga-Praxis ohne Musik, wobei das Mantra über längere Zeit ohne Unterbrechung wiederholt wird, entweder in lauter Rezitation oder schweigend im Geiste. Während der *Kirtan* sehr lebendig und bewegt sein kann und besonders auch die Gefühlsebene stark anspricht - wobei er emotional entspannend und harmonisierend wirkt -, ist *Japa* nüchternder und konzentrierter und wirkt läuternd, klärend und ausrichtend auf den Geist.

Meiner Erfahrung nach, ergänzen sich diese zwei Mantra-Yoga-Formen sehr gut als Pole von Einunddemselben. Beide beruhigen das Denken und öffnen den Geist für die Intuition. Ich kenne einige Menschen, die bei Kirtan oder Japa ihre erste lebendige Gotteserfahrung hatten. Eine Rolle spielt dabei natürlich für viele das Erleben von spiritueller Gemeinschaft und Geborgenheit im singenden oder gleichschwingend rezitierenden Kreis. Aber auch allein ist Mantra-Japa segensreich. Einige Formen des christlichen Gebets, in denen häufige Wiederholungen bestimmter Schlüsselsätze vorkommen, kann man im weiteren Sinn ebenfalls als Japa bezeichnen.

In Asien gehört die meditative Rezitation heiliger Texte und Mantren als fixer Bestandteil zur religiösen Praxis; sogar im Zen-Buddhismus (*Herz-Sutra*), wo schriftliche Lehren sonst eher wenig Wertschätzung genießen. Auch bei allen Hindu-Festen spielen Mantras eine wichtige Rolle. In der 9 Tage dauernden vedischen Zeremonie *Navarati* zu Ehren der Göttlichen Mutter *Kali Durga* (Zerstörerin aller Ego-Illusionen und -Verstrickungen) singt eine große Gruppe von Frauen ununterbrochen Sanskrit-Verse aus dem *Markandeya Purana.* Durch die Kraft dieser Mantras werden die Atmosphäre und alle Anwesenden gereinigt.

Auch wenn man als "aufgeklärter Westler" zunächst nicht an soetwas "glaubt", kann man - falls man trotzdem bleibt - sich schon allein wegen der Zeitlosigkeit einer solchen Zeremonie der Kraft nicht entziehen, die sich hier manifestiert. Schon nach Stunden ist das Gefühl des Geläutert- und Angekommenseins in sich selbst und im ewigen Jetzt, sowie die innere Zufriedenheit und ruhige Gelassenheit inmitten des pulsierenden Lebensflusses eines solchen Rituals und das Empfinden von Einheit und Verbundenheit (trotz eventueller Fremdsprachenprobleme) so großartig, daß man an der Heilkraft mantrischer Rezitation nicht mehr zweifelt.

Bei einer anderen Gelegenheit werden die *"1000 Namen Gottes"* rezitiert, allesamt wundervolle Sanskrit-Begriffe, welche das gesamte schöpferische Potential des Wahren Selbst benennen, das jeder Mensch als Schatz in sich trägt. In den tantrischen Zweigen von Hinduismus und Buddhismus bekommen die Adepten solch ein schön klingendes Sanskrit-Wort als "spirituellen Namen" verliehen, der sie wie eine Art "persönliches Mantra" als Kraftquell und Orientierung durch das Alltagsleben begleitet.

Auch die nordamerikanischen Indianer wissen um die mantrische Kraft des Namens. Sie erhalten einen spirituellen Namen im Rahmen des *"Vision Quest"*, wo sie versuchen, ihre Lebensaufgabe auf intuitivem Weg zu finden.

Zu den Mantras, die weltweit am häufigsten gesungen, gebetet, im Japa rezitiert und gedanklich memoriert werden, gehören: ***OM, Om Namah Shivay, Baba Nam Kevalam, Om Namo Amithabaya, Om Kali Ma, Allah Hu Akhbar, La Illaha Illallah, Hare Krishna Hare Rama, Kyrie Eleison Christe Eleison, Ave Maria, Amen, Hallelujah,*** das *Gayatri-Mantra,* ***Om Tare Tu Tare Svaha*** (das Mantra des weiblichen Bodhisattva *Tara*), ***Om Mani Padme Hum*** ... sowie sämtliche Gottesnamen aller Religionen und Sekten.

(Anmerkung: Der Begriff "Sekte" war vor seiner Pervertierung durch westliche Massen-Medien und Amtskirchen etwas völlig Wertungsfreies und bedeutete einfach "eine kleinere spirituelle Gemeinschaft oder Untergruppe innerhalb oder außerhalb der großen Religionen", z.B. die *Shingon-Sekte* innerhalb des Buddhismus. Im Grunde sind alle Mönchs- und Nonnen-Orden sowie auch die Kirche der Katholiken, die Evangelische Kirche, die Orthodoxen Kirchen und die vielen anderen christlichen Kirchen allesamt echte *Sekten* im ursprünglichen Sinn. Und das Urchristentum wurde von den Amts-Pharisäern im verurteilenden Wortsinn zweifellos als "gefährliche Sekte eines Irrlehren-Gurus" betrachtet, ebenso wie viele der heutigen nicht-katholischen spirituellen Gemeinschaften, die von der "pragmatisierten Angst" ohne differenzierte Auseinandersetzung pauschal verteufelt werden, obwohl einige von ihnen auf gottverwirklichte Meister vom Range eines Jesus Christus zurückgehen.

Trotzdem sollten wir selbst tolerant, gewaltlos und liebevoll bleiben, auch gegenüber einheimischen Formen von religiösem Fundamentalismus. Denn Angst, Ignoranz und Intoleranz können nur mit dem Gegenteil besiegt werden. Ende der Anmerkung.)

Das Ishta-Mantra

Wenn man sich intensiver mit Mantra-Japa befassen möchte, ist es wichtig, sich für ein *Ishta-Mantra,* d.h. für ein "Erwähltes Mantra", ein "Lieblings-Mantra" zu entscheiden; am besten für jenes, das einen besonders anspricht und innerlich berührt, vom Klang her oder von der Bedeutung oder nach dem Gefühl oder einer intuitiven Eingebung. Mit diesem einen Mantra sollte man eingehender und ausdauernd "arbeiten". Wenn man zu seiner Essenz vordringen will, braucht man schon eine gewisse Konsequenz in der Praxis,...

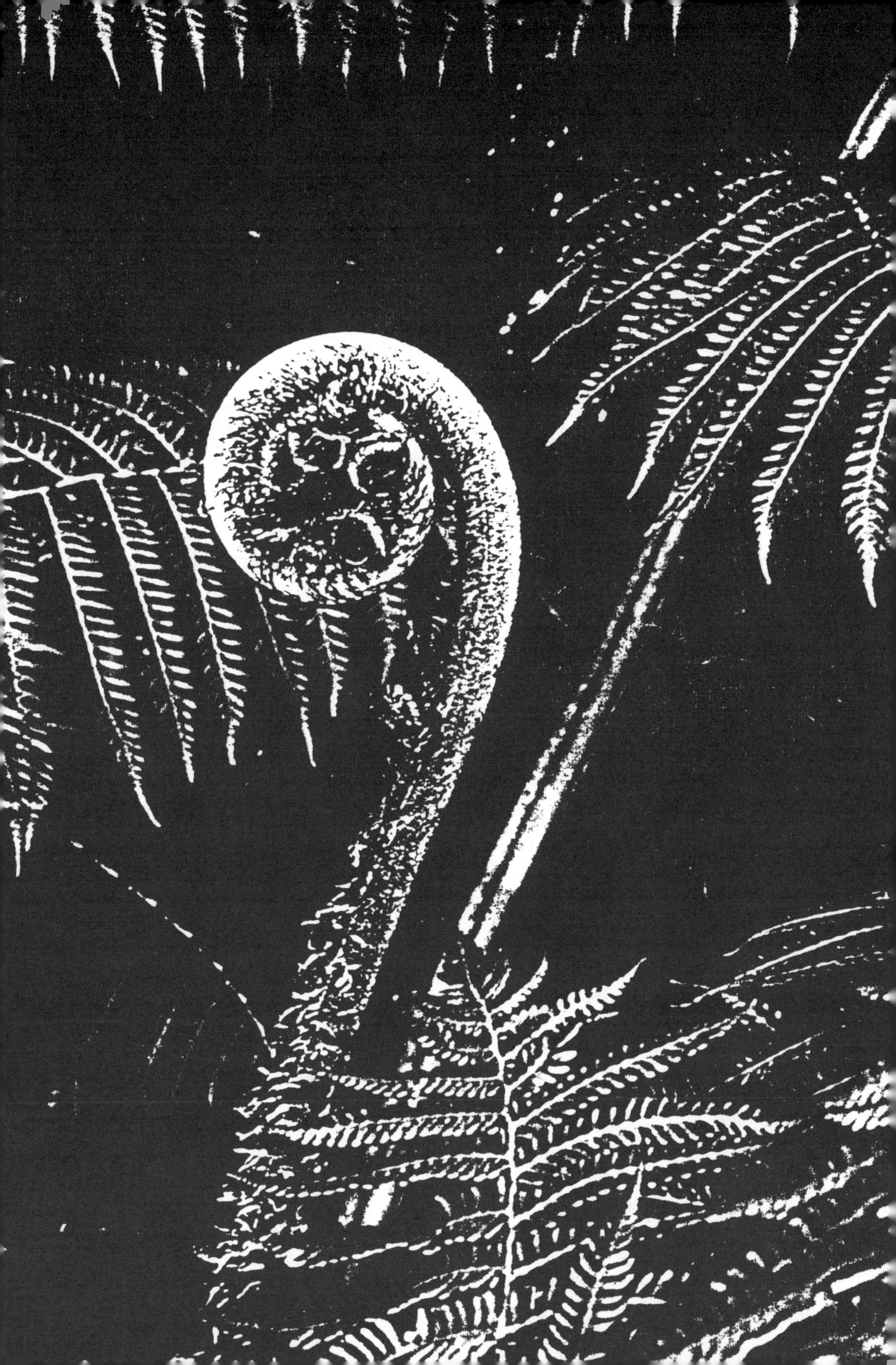

was aber nicht heißt, daß "Arbeit, Übung, Disziplin" automatisch etwas Unangenehmes ist. Im Gegenteil, für viele Menschen ist die regelmäßige Meditationszeit, wie immer sie konkret aussehen mag (Stilles Sitzen, Japa, Kirtan-Singen, Yoga, Tai Chi, Tanzen, etc.), auch wenn sie nur 15 Minuten dauert, der schönste und wichtigste Teil des Tagesablaufs, den sie am wenigsten missen möchten.

Eine Methode, um sein ***Ishta-Mantra*** zu finden, ist folgende:
Schreib die Mantras auf, die du kennst oder die dir "gefallen", vielleicht ca. 5 verschiedene. Verbinde dich mit dem Höchsten Bewußtsein, wie es im Kapitel über die *"Licht-Meditation"* empfohlen wird. Dann nimm das erste Mantra deiner Liste und mach einige tiefe Atemzüge ..., schließ die Augen und lege deine rechte Hand aufs Herz (Brustmitte)..., dann sprich das Mantra langsam und hörbar ca. 7-mal oder öfter. Laß die begriffliche Bedeutung dabei außer acht und konzentriere dich mehr auf den Klang der Silben; laß diese während des Sprechens gleichsam "auf der Zunge zergehen" wie Honig ... und spür genau hin zum Herzen, wie es sich anfühlt ..., ob du vielleicht eine Art innere Freude empfindest, ein wohliges Kribbeln oder ein warmes Leuchten, eine angenehme energetische Schwingung im Körper ... oder wie immer sich deine Innere Stimme meldet, wenn sie dir sagen will, ob etwas für dich "stimmig" ist oder nicht.

Laß dir genug Zeit dabei und vergleiche auf diese Art die gegenwärtige Wirkung der Mantras auf dich. Mach dir nach jeder Probe eine kurze Notiz auf deiner Liste, vielleicht in Form eines Notenwertes zwischen "0"(nichts) und "10" (sehr stark). Dies ist natürlich keine Beurteilung des "objektiven Werts"(falls es soetwas überhaupt gibt) eines Mantras, sondern eine subjektive Aussage über die Wirkung, die du jetzt spürst - was nicht heißt, daß dies die ganze Wirkung ist, die das Mantra tatsächlich auf dich hat oder haben kann, weil man das erst nach längerem Üben besser wahrnimmt. Aber deine gegenwärtige Empfindung ist zumindest ein Anhaltspunkt, nach dem du eine Wahl treffen kannst. Und wenn die Methode wirklich in Kontakt mit deiner *Stimme des Herzens* durchgeführt wird, d.h. auch in Kontakt.mit deinem göttlichen Wesenskern, hat die Antwort gewiß eine Richtigkeit.

Danach sollte man längere Zeit bei diesem Haupt-Mantra bleiben. Wenn man ein solches *Ishta-Mantra* hat, mit dem man sich ausgiebiger beschäftigt, darf man natürlich auch weiterhin alle anderen singen, wie es einem gefällt. Aber es wäre kontraproduktiv, sich jeden Tag mit der obigen Prozedur ein neues Lieblings-Mantra als "Tages-Motto" auszuwählen, denn in der Mantra-Praxis geht es weniger um rasche und vielfältige Abwechslung, sondern um die Kraft der Mono-Tonie, Kontinuität und Einfachheit, und letztlich um die *Leere.*

Wer sich für kein *Ishta-Mantra* entscheiden kann, dem empfehle ich das ***OM,*** denn es enthält alle Mantras und Musiken der Welt.

Wer sich für kein *Ishta-Mantra* entscheiden will, der kann natürlich ebenso nach Lust und Laune verschiedene Mantras in beliebiger Reihenfolge singen oder meditieren und wird sicher auch etwas Positives daraus gewinnen, denn einen bunter Strauß aus Mantra-Blumen ist auf jeden Fall eine Zelebration der universellen Einheit aller Wesen und Wege.

Methoden des Mantra-Japa

1) *Laute Wiederholung durch Rezitation,* eine Art monotoner Sprechgesang auf einem mehr oder weniger gleichbleibenden Grundton, der von der Stimmlage her eher im tieferen Bereich ist. Manche Mantras gehen an bestimmten Stellen traditionellerweise einen Ton hinauf oder hinunter, z.B. das *Gayatri.* Der Grund dafür liegt weniger in einer musikalischen Ornamentik als vielmehr in der bewußten Betonung einzelner Silben.

2) *Tonloses Wiederholen mit Lippenbewegung und Übereinstimmung zwischen Mantra- und Atem-Rhythmus;*
z.B. *SOHAM, "So-"* beim Einatem und *"-Ham"* beim Ausatem.

3) *Wiederholung in Gedanken,* wobei aber weniger die begriffliche Bedeutung im Mittelpunkt der Aufmerksamkeit steht, sondern die mantrischen Silben an sich und die Beobachtung des Atems. Ziel ist die Beruhigung des Denkens, sodaß der *Shabda,* die subtile Schwingung des Mantras wirken kann. Die Zeit während des Geschirrabwaschens oder auf langen Autobahnfahrten ist eine gute Gelegenheit dafür. So kann das ganz normale Leben zur Meditation werden und durchdrungen von göttlicher Energie, ohne daß man sich extra Zeit zum Üben nehmen muß. Die obengenannten Alltagstätigkeiten sind auch gut zum *Kirtan*-Singen geeignet. Abwaschen und Holzhacken mit Mantras macht mehr Spaß als dabei irgendwelchen Ärger-Gedanken nachzuhängen.

4) *Visualisation.* Im Tantrischen Buddhismus und Hinduismus haben alle Mantras auch spezifische Farben und Formen mit archetypischer Symbolik und werden meist mit bestimmten Gottheiten assoziiert, die dem Adepten als *Ishta-Deva* bzw. *Yidam* dienen. All diese Attribute können vor dem Geistigen Auge als Inneres Bild bis ins Detail visualisiert werden. Für diese diffizile Technik ist jedoch eine Initiation und ausführliche Schulung durch einen erfahrenen Lehrer der jeweiligen Tradition nötig.

5) *Schriftliche Wiederholung.* In Tibet wird das *Om Mani Padme Hum* oft und oft auf Gebetsfahnen geschrieben und in Steine gemeißelt. Und die Kunst der Kalligraphie wird sowohl in Ostasien als auch im Vorderen Orient für das meditative Schönschreiben von Heiligen Textstellen und Mantras verwendet. Auch das Schreiben von Affirmationen, eine Mind-Technik der westlichen Psychologie zur Aktivierung und Programmierung unserer kreativen Gedankenkraft, gehört im weitesten Sinn hier dazu.

108 Perlen

Bei einem *Mantra-Japa* spielt die Anzahl der Wiederholungen traditionell eine gewisse Rolle. Die häufigste Wiederholungszahl einzelner Mantras beim Japa ist 108 Mal. Warum gerade 108 ?

In allen Kulturen der Erde ist die Zahl Ausdruck der dem Universum zugrundeliegenden Harmonie und ein immer wiederkehrendes Ordnungsprinzip in der Natur wie in der Musik, der Dichtung und den bildenden Künsten. Zahlen sind nicht nur Quantitäten, sondern haben auch archetypische Qualitäten. Es gibt zahl-reiche Bücher über "Zahlensymbolik". Um den mystischen Gehalt der *108* ein wenig zu erläutern, will ich einige Beispiele anführen. Die folgenden Deutungen sind bei weitem nicht umfassend, sondern öffnen nur ein kleines Fenster in die Faszination der Zahlenmystik.

Null 0: der *Bindu,* das Formlose, das unmanifestierte Absolute; das Ewige;
in der *Kabbala* ist sie das Unbegrenzte, grenzenloses Licht, das *Ain;*
für *Pythagoras* ist die Null die vollendete Form, das Vollständige;
das, wovon alles ausgeht, worin alles enthalten ist und wo alles mündet;
als ein leerer Kreis stellt sie sowohl das Nicht-Sein als auch die Totalität des Lebens dar; "Form ist gleich Leere, und Leere ist Form"(*Herz-Sutra*)

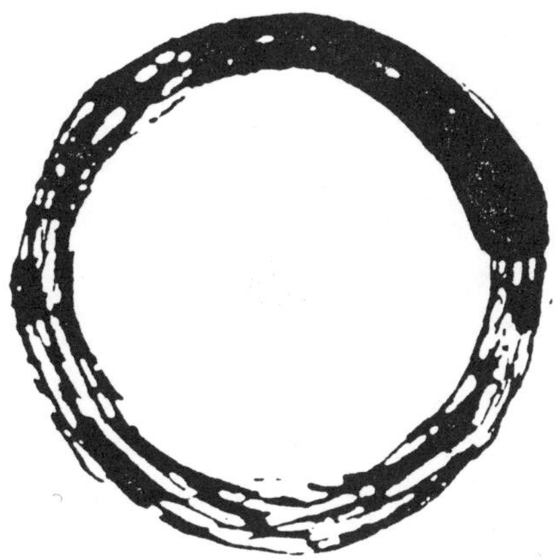

Eins 1: uranfängliche Einheit; Schöpfer-Gottheit; der Geist; absolutes S
das Prinzip, das zur Dualität führt und von dort zur Vielfalt u
zurück zur endgültigen Einheit.

Zwei 2: dynamisches Wechselspiel der beiden Energiepole *Yin & Yang,* das Weibliche und das Männliche Prinzip, beide hervorgegangen aus der Eins und wieder dorthin zurückkehrend.

Drei 3: Wachstum, das die Dualität überwindet; Synthese der beiden Pole; eine "himmlische" Zahl, die die Seele darstellt, während 4 für den Körper und die Erde steht; "Die Triade ist die Zahl des Ganzen, insofern sie einen Anfang, eine Mitte und ein Ende hat"(*Aristoteles*).
In der jüdischen *Kabbalistik* steht sie für die Vereinigung der männlichen, weiblichen und göttlichen Intelligenz. In fast allen Religionen gibt es Trinitäten von Göttern bzw. dreieinige Gottheiten, welche verschiedene Aspekte des Einen darstellen, z.B.
die *Heilige Dreifaltigkeit* im Christentum; die *Trimurti* im Hinduismus: *Brahma* (Schöpfer) - *Vishnu* (Erhalter) - *Shiva* (Zerstörer).
Die *Drei Welten:* die *physische,* die *astrale,* die *kausale* Welt.
Für *Pythagoras* bedeutet die *Drei* Vollendung, symbolisiert durch das Dreieck.

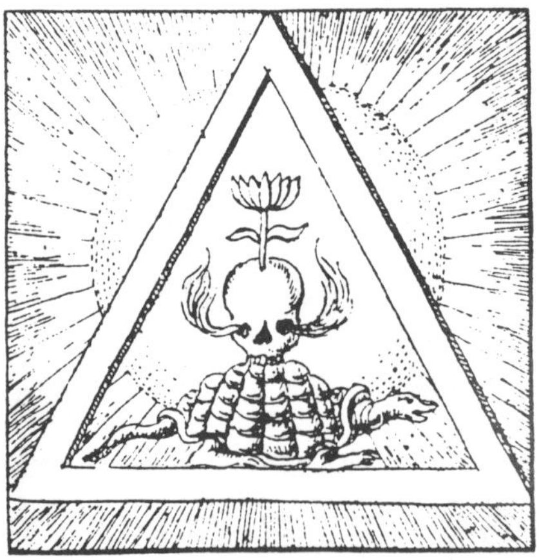

Das Bild zeigt eine alte indische Darstellung der *Trimurti.* Die Schildkröte symbolisiert *Vishnu,* den Erhalter der Welt; der Totenkopf mit dem heiligen Feuer der Auflösung, Transformation und Erleuchtung ist *Shiva,* und im Hintergrund *Brahma,* die Schöpfergottheit in Form der strahlenden Sonne. Die Lotos-Blüte, die aus dem Scheitel des Schädels wächst, ist das Wahre Selbst. Das Dreieck symbolisiert Vollkommenheit. C.G. Jung sieht darin "eine Entsprechung zum alchemistischen 'opus', wo die Schildkröte die 'massa confusa', der Schädel das 'vas' der Verwandlung, die Blume das 'Selbst' bzw. die Ganzheit symbolisiert."
Lateinisch *massa confusa* = verwirrte Masse, unbewußter Materie-Klumpen
opus = Werk, Entwicklungsprozeß
vas = Gefäß; der Körper als das "Haus der Seele" und Ort ihrer Transformation

Vier 4: Erde; der Körper; die Ordnung der materiellen Manifestation; 4 Himmelsrichtungen, 4 Elemente, 4 Jahreszeiten ...

Fünf 5: der menschliche Mikrokosmos; die Zahl des Menschen, der mit ausgestreckten Armen und Beinen ein Fünfeck bildet; das Fünfeck, das ohne Ende ist, hat teil an der Symbolik der Vollendung und der Kraft des Kreises; die *Fünf* ist eine Zirkularzahl, da sie sich, wenn sie potenziert wird, in der letzten Stelle immer wieder selbst erschafft; die Zahl des Zentrums, wo die 4 Himmelsrichtungen ausgehen bzw, zusammentreffen, und Symbol Gottes als der zentrale Schöpfer; u.v.a. (siehe auch das Kapitel "Medizinkreis" in: *ONE EARTH SONGS;* S.66)

Sechs 6: Gleichgewicht, Harmonie, die Einheit der Polaritäten, die mystische Verschmelzung zwischen dem Männlichen und dem Weiblichen Prinzip, symbolisiert durch die beiden ineinander verflochtenen Dreiecke, das aufwärts weisende als das *Yang,* auch Himmel, Feuer, das abwärts weisende als das *Yin,* auch Erde, Wasser. Dieser "David-Stern" ist im Tantra Symbol für das Herz-Chakra; die Sechs bezeichnet auch die Liebe.

Die Abbildung zeigt ein Symbol des "alchemistischen Werkes (1752)..., das zur Vereinigung der Gegensätze in der archetypischen Form des *Hierosgamos* (Heilige Hochzeit) führt....In dieser werden die supremen Gegensätze in der Gestalt des Männlichen und des Weiblichen (wie im Chinesischen *Yang* und *Yin*) zu einer Einheit verschmolzen, welche keine Gegensätze mehr enthält und damit inkorruptibel ist. Die Voraussetzung dazu ist allerdings, daß sich der 'artifex' (Meister) nicht mit den Gestalten des 'opus' (Werks) identifiziert."(Jung)

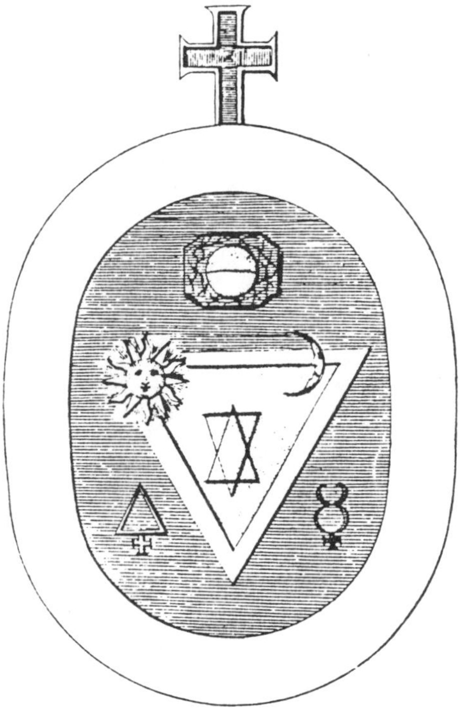

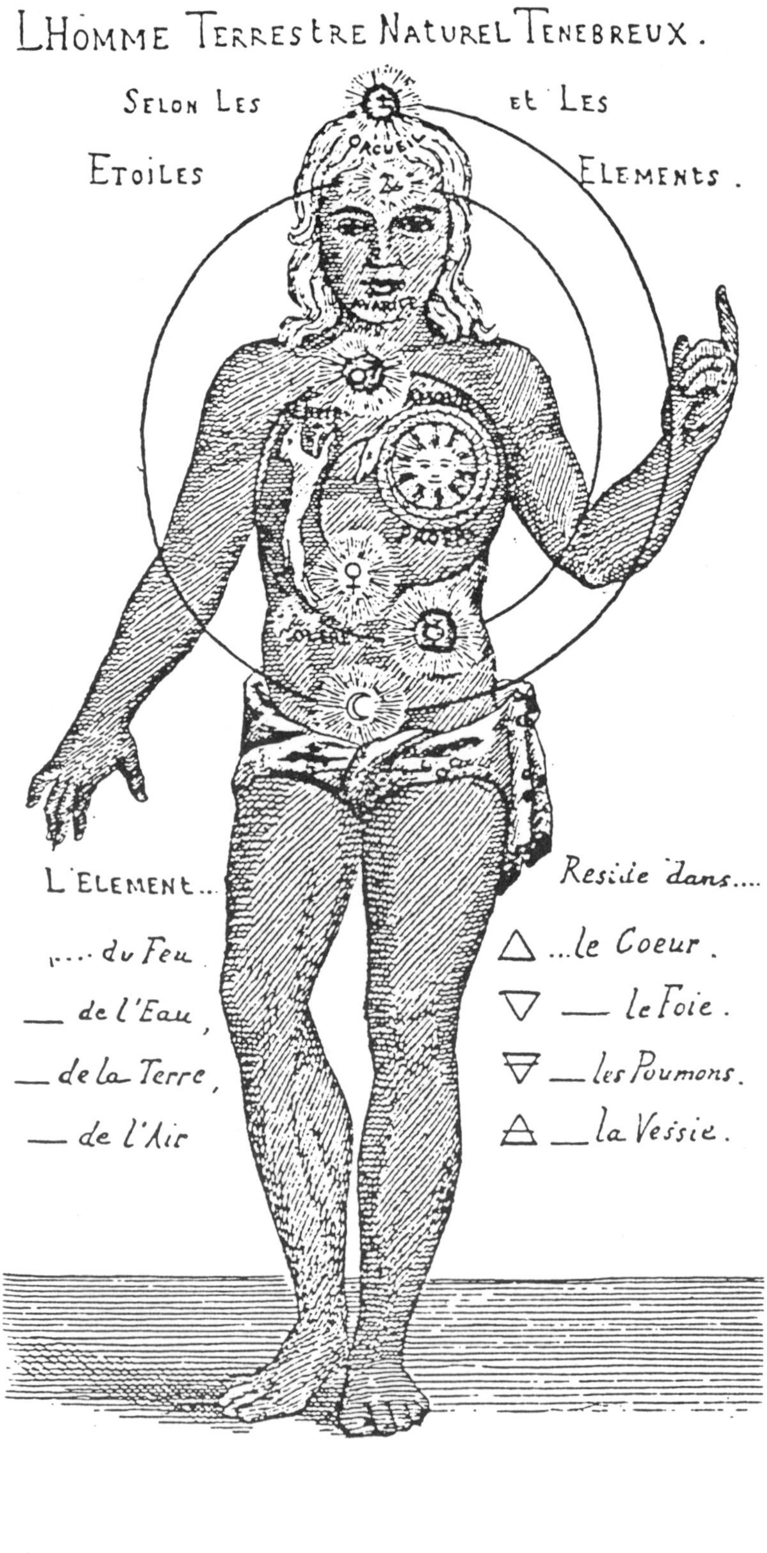
L'HOMME TERRESTRE NATUREL TENEBREUX.
SELON LES
ETOILES
ET LES
ELEMENTS.
ORGUEIL
AVARICE
COLERE
L'ELEMENT...
.... du Feu
— de l'Eau,
— de la Terre,
— de l'Air
Reside dans....
△ ...le Coeur.
▽ — le Foie.
▽ — les Poumons.
△ — la Vessie.

Sieben 7: Zahl des Universums, Makrokosmos;
3 + 4, sie umspannt sowohl das Geistliche (3 = Seele) als auch das Weltliche (4 = Materie); die 7 Chakras, das 7. Chakra (Scheitel) bedeutet Erleuchtung, Vollkommenheit;
eine der heiligsten Zahlen in allen spirituellen Traditionen.

Die Abbildung zeigt den "Natürlichen Erden-Menschen" mit den 7 feinstofflichen Energiezentren (*Chakras*) und der "Kosmischen Spirale" mit ihrem Zentrum im Herzen. Die Darstellung stammt aus der *Theosophica Practica* von J.G. Gichtel, einem Schüler des christlichen Mystikers, Jakob Böhme (17. Jh.)

Acht 8: das Ziel des Eingeweihten, der auf seinem Weg durch die 7 Stufen gegangen ist; die Zahl des wiedergewonnenen Paradieses, der Erfüllung, der Glückseligkeit; Auferstehung, Wiedergeburt;
das christliche Taufbecken ist achteckig;
die Oktave in der Musik als Zahl des Wiederbeginns.

Neun 9: 3 mal 3, die Dreifache Triade, höchste spirituelle Macht

Zehn 10: die Dekade enthält alle Zahlen und Möglichkeiten;
das Allesumfassende;
der *Tetraktys* 1+2+3+4=10 symbolisiert Göttlichkeit und wird als Dreieck dargestellt.

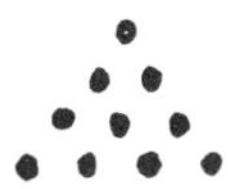

Zwölf 12: 3 mal 4; die kosmische Ordnung sowohl geistlich als auch weltlich.

Einhundertacht 108: ergibt sich aus 9 mal 12 und ist eine der heiligsten Zahlen. Die am meisten verwendete Mantra-Wiederholungsanzahl bei *Japas* in aller Welt. Die Kürbisrasseln vieler indianischer Schamanen enthalten genau 108 Steinchen.

Allgemein möchte ich zur Zahlenmystik folgendes sagen:

Sie kann so manchen richtigen Hinweis auf kosmische Gesetzmäßigkeiten enthalten, aber trotzdem sollten wir sie nicht allzu wichtig nehmen. Denn die intensive Beschäftigung damit kann auch zu einem faszinierenden Spiel werden, das uns letztlich davon abhält, *DAS* konkret zu verwirklichen, wofür die Zahlen stehen. Allzu viele "New-Age-Esoteriker" haben im Dschungel der verschiedensten mystischen Symbolsysteme und unterschiedlichen Interpretationen in Bergen von Büchern und Orakel-Karten das Wesentliche aus den Augen verloren!

Ziel jedes spirituellen Weges ist die Erkenntnis der Göttlichen Wahrheit und deren Verwirklichung durch Liebe und Mitgefühl, Wahrhaftigkeit und Einfachheit. Und dazu braucht man im Grunde keine Zahlen und Symbole. Ja man muß nicht einmal lesen können, wie mehrere Meister/innen bewiesen haben.

Also *niemand muß* beim Mantra-Japa eine bestimmte Wiederholungszahl einhalten. Man kann auch ganz nach Gefühl vorgehen. Irgendwann kommt einfach das letzte Mal, und wenn die Gruppe gut zusammengeschwungen ist, spüren es auch meistens alle.

Viele spirituelle LehrerInnen empfehlen, ein Mantra mindestens 3-mal oder 9-mal oder ein Vielfaches von 9-mal zu rezitieren. Und es ist wirklich eine wundervolle Erfahrung, das *OM* genau 108-mal zu singen. Je nach Atemrhythmus der Teilnehmer dauert eine solche "Klangreise nach Innen" bis zu 1 Stunde.

Um nicht mitzählen zu müssen, gibt es ein praktisches Hilfsmittel,

die Mala

eine Kette mit 108 Perlen - meist *Rudraksha*-Baumsamen oder duftendes Sandelholz oder auch Halbedelsteine - und einer mit den Fingern fühlbaren, kleinen Quaste als Zeichen, daß die Runde der 108 vollbracht ist. Dieselbe Funktion erfüllt der *Rosenkranz* beim christlichen *Japa-Gebet.*

Rosenkranz und Mala sind genau dasselbe. Bei jeder Wiederholung des Mantras läßt man eine Perle durch die Finger gleiten. Auf diese Weise kann man mit geschlossenen Augen rezitieren und sich ganz in das Mantra versenken, weil der Geist frei vom Zahlendenken bleibt, welches die linke Gehirnhälfte zu stark aktiviert und die Intuition blockiert. Ohne das aufmerksame Zählen kann man sich besser öffnen für die subtilen Wirkungen des Mantras auf beide Hirnhemisphären und den *ganzen* Menschen.

Eine Mala an sich hat noch nichts mit einer bestimmten Religion oder einem *Guru* zu tun. (*"Guru"* ist eine völlig wertungsfreie Sanskrit-Bezeichnung für "Lehrer".) Der Mala-Rosenkranz ist einfach ein universelles Gebets-Rezitations-Meditations-Hilfsmittel, das man sich auch selbst anfertigen kann, z.B. aus aufgefädelten Bohnen, Maiskörnern und anderen getrockneten, bunten Samen oder Spielzeug-Holzperlen. Durch die Mantra-Praxis wird auch eine solche Mala mit der Zeit energetisch "aufgeladen", und wahrscheinlich hat man durch den schönen Prozeß des Selbstbaus sogar einen besseren emotionalen Bezug dazu als zu einer gekauften 108-Perlen-Kette.

Wenn man in einer Gruppe beim Mantra-Japa die 108 einhalten möchte, genügt es, wenn eine Person eine Mala betätigt. Diese sollte ab und zu einen Blick auf die Kette werfen und kontrollieren, wie weit der Fortschritt ist, damit sie in der Einatempause vor den letzten 3 Wiederholungen klar ansagen kann: "Noch dreimal."

Ist die letzte Wiederholung des Mantras verklungen, ist es gut, wenn die Teilnehmer nicht sofort unruhig "herumwetzen" oder zu reden beginnen, sondern eine kurze Stille Meditation anschließen. Diese Minuten des Nachspürens gehören zum Mantra-Japa und sind vielleicht sogar der wichtigste Teil, wo noch so manches Heilsame geschehen kann. Höre die Stille ...

Die Bambusflöte

Zur Arbeit mit Mantras gehört auch eine "Bambusflöte". Diese Flöte befindet sich im eigenen Körper, und zwar im Innern der Wirbelsäule. Es ist der Rückenmarks-Kanal, in dem die Lebensenergie zwischen Wurzel- und Scheitel-Chakra in feinen Strömen fließt.

Dies ist nun keine Einführung in *Kriya-Yoga* oder diverse *Kundalini*-Erweckungstechniken, sondern ein ganz einfacher Hinweis, der *Reiki*-Praktikern vertraut sein wird und auch für die Arbeit mit Mantras wichtig ist.

Wenn wir Mantras singen oder rezitieren oder still meditieren, sollten wir so durchlässig werden wie "hohler Bambus", damit die Heilungsenergie des Mantra durch uns fließen kann und eventuelle innere Hindernisse leicht "fortspülen" kann, sodaß wir als *Kanal* immer reiner werden, um dem Göttlichen Atem als Instrument zu dienen, sodaß ***der Große Ton*** in uns zu schwingen beginnt und sich durch uns im Erden-Leben manifestiert.

Um diese Durchlässigkeit zu erreichen, ist es hilfreich, sich selbst als diesen "hohlen Bambus" vorzustellen, der oben am Scheitel offen ist, damit die Universelle Heilungsenergie in den Wirbelsäulenkanal fließen kann.

Dabei müssen wir uns bewußt sein: nicht "wir" heilen oder "ich" heile, sondern "ES heilt", und wir sind nur der Kanal für die Göttliche Energie.

"Nicht mein Wille, sondern Dein Wille geschehe".

Das ist das Mantra der Demut.

In diesem Zusammenhang möchte ich noch folgendes hinzufügen, was im Prinzip für jede Form von Meditation gilt. Wenn man Mantra-Japa oder Kirtan regelmäßig betreibt, was meiner Erfahrung nach ganz wunder-voll sein kann, sollte man beachten, daß die spirituelle Praxis nie zu einer "geheim gehaßten Pflichtübung" oder zu einer verbissenen Verfolgung eines Zwecks wie "Erleuchtung" wird. Je mehr wir die Erleuchtung krampfhaft zu erhaschen versuchen, umso mehr entzieht sie sich unserer Reichweite.

Ich kann die Göttliche Energie nicht durch ein besonders starkes persönliches Wollen dazu zwingen, daß "ich" erleuchtet werde. Das Ziel jeder Meditationspraxis, so auch des Mantra-Japa, ist, daß wir uns vom Ego lösen und uns ganz der *Großen Gegenwart* öffnen, sodaß die erleuchtende Kraft von selbst in uns einfließen kann und uns in das Ziel bringt, wo wir ohnehin jetzt schon sind, auch wenn es uns nicht ganz bewußt ist.

Das Mantra führt zum Ziel, wenn wir "zwecklos" üben
und im Vertrauen darauf, daß wir schon da sind, wo wir immer hinwollten.
Das ist sehr beruhigend.

Für uns "Normal-Verwender" heißt das, daß die Mantra-Praxis des Singens oder Rezitierens auch *Freude* machen soll. Nur wenn wir es gern und mit unserer ganzen Liebe tun, können sich auch die Heilwirkungen voll entfalten. Daher dürfen wir - bei aller Achtung vor der langen Tradition - mit Mantras auch *spielen wie Kinder,* in dem Sinne, daß wir einem Mantra offen und unvoreingenommen begegnen und mit ganzem Herzen dabei sind, wenn wir es singen, und uns dem Spiel ganz hingeben und darin aufgehen ... und Zeit und Raum dabei vergessen bzw. transzendieren.

Nur aus diesem genuß- und gefühlvoll "spielenden" Umgang mit Mantras konnten die vielen schönen Melodien entstehen, in denen sie als *Kirtans* vertont sind.

Letztlich geht es ja auch in der Mantra-Praxis um die Hingabe an den Lebensfluß und die Manifestation der Höchsten Liebe auf Erden. Und jeder noch so kleine Lernschritt in diese Richtung ist eine "Erleuchtung". Wahre Selbsterkenntnis und Gottverwirklichung ist freilich auch ohne Mantras möglich, nicht aber ohne den konsequenten spirituellen Kontakt zur Göttlichen Quelle des Lebens, der Liebe, des Höchsten Bewußtseins. Mantras unterstützen uns auf genußvolle musische Art dabei, diesen Kontakt zu finden und aufrechtzuerhalten.

Es ist eine belegte Tatsache, daß es zahlreiche spirituelle Meister und Meisterinnen gab, die starben mit einem für alle Anwesenden deutlich hörbaren *OM*-Laut im letzten Ausatem - z.B. ***Shriman Tapasviji Maharaj.*** Sich am Sterbebett ganz dem *OM* hingeben zu können, erfordert lebenslange Praxis. Doch wer in diesem entscheidenden Augenblick des Übergangs zwischen den Welten sich selbst und allen anderen vergeben hat und voll Vertrauen in *OM* ruht, dem ist die vollkommene Erlösung und endgültige Einswerdung gewiß.

Die Photographie auf der nächsten Seite zeigt *Shriman Tapasviji,* im Alter von 175 Jahren. Im Jahre 1770 wurde er als Prinz Krishna Singh von Patiala und Sohn einer nordindischen Fürstenfamilie geboren. Seine Ausbildung war auf eine militärische Laufbahn ausgerichtet, da die politischen Verhältnisse im Punjab damals unsicher waren. Er wurde im *Granth Sahib* unterrichtet, dem heiligen Buch der *Sikhs* (eine Glaubensrichtung, die Elemente des Islam und des Hinduismus verbindet). Dieses Buch enthält die Essenz der *Upanishaden.* Im Anfangsvers wird der *OM*-Laut erklärt und gesagt, daß *OM* der Name Gottes ist. Die alte heilige Schrift empfiehlt, daß man das ganze Leben über dieses Mantra meditieren sollte.

Im Alter von 55 Jahren war Krishna Singh in Kriege verwickelt, da starben seine Frau und sein Sohn. Als er dies erfuhr, kehrte er nicht mehr in den Fürstenpalast zurück, verschenkte sein Pferd und seine Waffen und wurde Wandermönch, später ein berühmter spiritueller Meister des 20. Jahrhunderts.

Am 12. Oktober 1955 verließ er **185**-jährig seinen Körper, nachdem er den Zeitpunkt seines physischen Todes genau vorausgesagt hatte. Obwohl er in seinen letzten Wochen sehr krank war, bestand seine abschließende irdische Handlung darin, daß er die Meditationshaltung des Lotos-Sitzes einnahm (wie am Photo) und mit dem letzten Atemzug das Mantra *OM* laut und kraftvoll sang. Dann verschied er und ging in ein in *Mahasamadhi,* die Große Einheit.

Shriman Tapasvijis Lebensgeschichte ist sowohl ein Beweis für die Wunder-Wirkung spiritueller Praxis und Kraft auf das körperliche Leben, als auch für die Richtigkeit des Heil-Wissens, das in den *Veden* überliefert ist. Mehrmals in seinem Leben hat Tapasviji seinen Körper durch die *ayur-vedische Kaya-Kalpa*-Methode revitalisiert, indem er ihn durch mehrmonatige Kräuter-Kuren und strenge Meditations-Disziplin so sehr verjüngte, daß ihm z.B. im Alter von 100 Jahren, wo er bereits zahnlos, taub und gebeugt war, neue Zähne und Haare wuchsen, sich sein Körper wiederaufrichtete und kräftigte und seine Sinne sich neu schärften.

Diese Fakten sind kein Märchen, sondern wissenschaftlich dokumentiert und mögen meinen Worten über die Wirkung von konsequenter spiritueller Praxis eine gewisse "Erdung" verleihen.

Shriman Tapasviji Maharaj im Jahre 1945 im Alter von 175 Jahren

Der Eine ist im Vielen ausgebreitet und alles füllend
Wohin ich sehe, da ist Er
Namdev (Sikhismus)

Wen soll ich den Zweiten nennen?
Es gibt keinen
In allem ist jener Höchste
Guru Nanak

Du bist in dem Baume, Du bist in seinen Blättern
Du bist in der Erde, Du bist im Firmament
Dein Name wird überall und immer wiederholt
Dein Name ist im Menschenherzen eingegraben
Du bist der Raum, Du bist die Zeit
Du bist der Bewohner, Du bist der Ort
Du bist ungeboren, Du bist furchtlos
Du bist unfaßbar, Du bist unzerstörbar
Du bist Enthaltsamkeit, Du bist das Fasten
Du bist Erlösung, Du bist Weisheit
Du allein bist, Du allein bist
Guru Gobind Singh

Ein Gott und Vater unser aller
der da ist über euch allen und durch euch alle und in euch allen
Epheser IV, 6 (Neues Testament)

Möge Er immer in meinem Herzen wohnen
der Eine Gott der Götter
das Höchste Selbst
Jenseits aller diesweltlichen Dinge stehend
ist Er erreichbar
in der Tiefenschau
Die, welche entsagt haben den Argumenten
allen Zweifeln und falschen Bindungen dieser Welt
nur sie können in Reinheit schauen das Höchste Selbst
und in Ihm versinken
Die ihre Zuflucht in jenem Höchsten Selbst suchen
fleckenlos
jenseits aller Besonderheiten
die ihren Geist darauf richten
hingegeben
sie gewinnen unfehlbar Seine Glückseligkeit
Amita Gati (Jainismus)

Om Namah Shivay

Worte & Musik: trad.
Satz: Gerhard Lipold

<u>*Mc 2 A*</u>
beschwingt

Das am weitesten verbreitete Mantra in Indien. Seit gut 3000 Jahren wird es in zahllosen musikalischen Varianten gesungen. Wörtlich übersetzt bedeutet es: "OM, ich verneige mich vor Shiva."
Shivas häufigste Darstellung ist *Nataraja, der Meister des Tanzes.* In den *ONE EARTH SONGS* (S. 116) findet sich eine detailierte Erläuterung dieser wunderschönen und symbolträchtigen Allegorie.

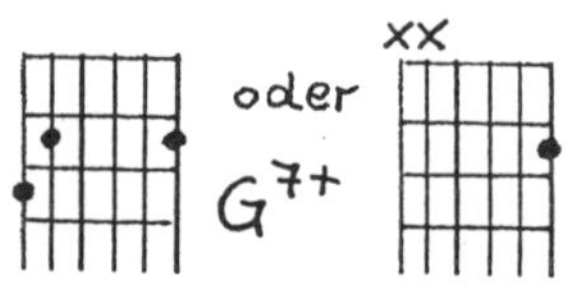

Om Namah Shivay

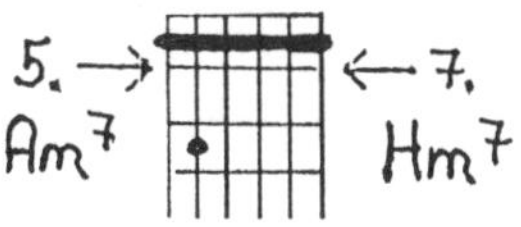

Worte & Musik: trad.
Satz: Gerhard Lipold

mittleres Tempo

ॐ नमः शिवाय

Om namah Shivāya

Wie im Christentum, so gibt es im Hinduismus eine Trinität an der Spitze: *Brahma* (Schöpfer der Welt) - *Vishnu* (Erhalter) - *Shiva* (Zerstörer).
Diese drei Gottheiten sowie alle anderen zahllosen Hindu-Götter stellen verschiedene Aspekte des Einen dar, das als das *Brahman* bezeichnet wird oder auch nur als *DAS.* Wenn man diese Trinität mit der christlichen *Dreifaltigkeit* vergleichen will, so steht *Shiva* für den *Heiligen Geist.* Er hat die Funktion der Reinigung, der Auflösung aller Ego-Verstrickungen und Irrtümer, der Verwandlung, Erneuerung, Erleuchtung. Deshalb ist *Shiva* der *Ishta-Deva* (das Erwählte Ideal) für viele Menschen, und er gilt auch als "der erste Yogi".
Om Namah Shivay stammt zwar aus dem hinduistischen Kulturkreis, hat sich aber zu einem überkonfessionellen Mantra entwickelt, das weltweit verbreitet ist, weil seine zentrale Bedeutung zu jeder Religion paßt und auch ein Hauptziel der Christen ist:

Herr, Dein Wille geschehe

Das allgemein gebräuchliche Wort "Herr" meint hier nichts "Männliches", sondern Gott, DAS Göttliche, das auch das Wahre Selbst ist.
(Zumindest sollte man sich aus dem Begriff "Herr" kein "Problem" machen, solange er nicht für Unterdrückung mißbraucht wird.)
Om Namah Shivay bedeutet also auch:
"OM, ich verneige mich vor dem Wahren Selbst in jedem von uns."

Ein berühmter Meister, der bis vor 10 Jahren im Himalaya lebte und als *Avatar* galt, sagte zu diesem Mantra, das er hauptsächlich lehrte und vollendet lebte:

"Menschlichkeit ist die wichtigste Eigenschaft im Leben, und sie ist die einzig gültige Religion: das Vorleben von Toleranz und Verzeihung. *OM NAMAH SHIVAY - DEIN WILLE GESCHEHE* - ist das große Mantra des Weltanfangs, das Gott der Menschheit gegeben hat. Jede/r sollte es wiederholen, jede/r kann es empfangen, und alles kann durch dieses Gebet erreicht werden. Die Kraft von *OM NAMAH SHIVAY* ist unendlich stärker als die Atombombe ... Es reinigt euer Herz und euren Geist, und dann werdet ihr Gott in euch finden." *Babaji*

Allgemein muß hier angemerkt werden, daß das Singen von Sanskrit-Mantras und die Beschäftigung mit dem großartigen Weisheitsschatz der indischen Kultur nicht bedeutet, daß man alles "Indische" unkritisch gutheißt. In den Gesellschaftsstrukturen und alten Sitten des Subkontinents gibt es zweifellos vieles, was unserem Verständnis von Gerechtigkeit völlig widerspricht. So sind trotz modernisierter Staatsgesetze das Kastenwesen und die Frauenunterdrückung in der Bevölkerung noch tief verwurzelt.
Heute arbeiten mehrere spirituelle Meister/innen mit ganzem Einsatz für die Auflösung von traditionellen Ungerechtigkeiten und diskriminierenden Vorurteilen, z.B. ***Mata Amritanandamayi*** und ***Sathya Sai Baba,*** der sagt:

Es gibt nur eine Religion - die Religion der Liebe
Es gibt nur eine Kaste - die Kaste der Menschheit
Es gibt nur eine Sprache - die Sprache des Herzens
Es gibt nur einen Gott - Er ist allgegenwärtig

जय श्री राम

Sri Ram Jai Ram

Worte & Musik: trad
Satz: Gerhard Lipold

Mc 2 A
mittleres Tempo, gefühlvoll

Sri = Ehrentitel, der einer Person Heiligkeit und Höchste Erkenntnis zuschreibt; bedeutet auch Majestät, Würde, Anmut, Schönheit.
Ram = Kurzform für *Rama*
Jai = häufig gebrauchter Ausruf zur Preisung Gottes

Dies ist eines der wichtigsten Mantras des indischen *Bhakti-Yoga.* Wie die spirituellen Meister, *Moses* und *Jesus*, im Christentum, so waren - lange vor ihnen - *Rama* und *Krishna* zentrale historische Persönlichkeiten im Hinduismus. Beide gelten - wie Jesus - als *Avatar,* d.h. als vollendet geborene Göttliche Inkarnationen, und zwar als Verkörperungen von *Vishnu,* des Erhalters der Kosmischen Ordnung. *Buddha* wird von den Hindus ebenfalls als eine Inkarnation *Vishnus* angesehen.

Rama steht für die Entwicklung der edlen Eigenschaft von *Sattva* im Menschen: Friedfertigkeit, Gerechtigkeit, Rechtschaffenheit, Ausgeglichenheit, Gelassenheit.
Sein Leben wird in dem monumentalen Epos *Ramayana* erzählt, wo er durch seinen jahrelangen Kampf um die Befreiung seiner Frau *Sita* auch zum Symbol für Liebe und Treue wurde. Die Zeichnung zeigt das Göttliche Paar.

सीताराम — Sitā-Rāma

हरे कृष्ण — Hare Krishna

Krishna lebte in einer Zeit, in der die Hindus den Nordwesten, wo heute die Moslems leben, noch nicht verlassen hatten. Er ist der gefeiertste *Avatar* in Indien und wird in vielen Schriften erwähnt; besonders im Epos *Mahabharata,* welches auch die *Bhagavad-Gita* enthält, den "Gesang des Erhabenen". Letztere wird in aller Welt und von allen Religionen als eines der größten Meisterwerke geistlicher Literatur geschätzt. Darin vermittelt *Krishna* die Essenz des Höchsten Wissens und eine Einführung in den praktischen Weg dahin, und er selbst ist dessen vollendete Personifizierung.

Krishna steht aber auch noch für einen anderen Aspekt des Göttlichen, der vom Volk noch weit mehr verehrt wird: die schelmische Verspieltheit, Lebensfreude und Leichtigkeit des Göttlichen Kindes, als das er in *Brindavan* die Kühe hütete und alle Menschen durch sein Flötenspiel bezauberte.
Das Lied *"Gopa"* besingt diese Zeit und die Beziehung zwischen *Krishna* und *Radha,* welche für tief empfindende Liebe und Hingabe steht und Symbol ist für die Vereinigung der individuellen Seele mit Gott, ihrem Wahren Selbst. Somit steht sie auch für die Transformation der weltlichen, persönlichen Liebe und der vergänglichen Gefühle in die Höchste Liebe, die allumfassend und ewig ist.

Gopa bzw. *Gopala* = ein Name für den jungen *Krishna* als der flötespielende Kuhhirte

Govinda = *Krishna* als Beschützer der Kühe, der Erde

Unser Wort "Gott" ist ein Sanskrit-Wort. Es ist eine Kurzform des Namens *Govinda,* der sich zusammensetzt zum einen aus *"go",* das "Lichtstrahl, Stern" aber auch "Erde" und "Kuh" bedeutet und oft in der Symbolik von "Lebensspenderin, Mutter Erde, Kosmische Mutter" gebraucht wird (z.B. die hochverehrten Heiligen Kühe in Indien) und auch die Wurzel ist von "gehen" , engl "go";
zum anderen aus *"vinda"* = "sehen, beobachten", das weiterlebt in der "Vision" und jeder "Video"-Cassette.

Was also ist Gott? Dem Wortstamm nach "eine Licht-Vision; ein Stern, ein Himmels-Licht, das man sehen, beobachten kann, wie es auf der Erde geht als lebensspendende Mutter."

Gopa

Worte & Musik: trad.
Satz: Gerhard Lipold
fröhlich beschwingt

1-mal durch bis 𝄋 dann von vorne 𝄋 bis 𝄌
bei 𝄌 Sprung nach hinten zu 𝄌

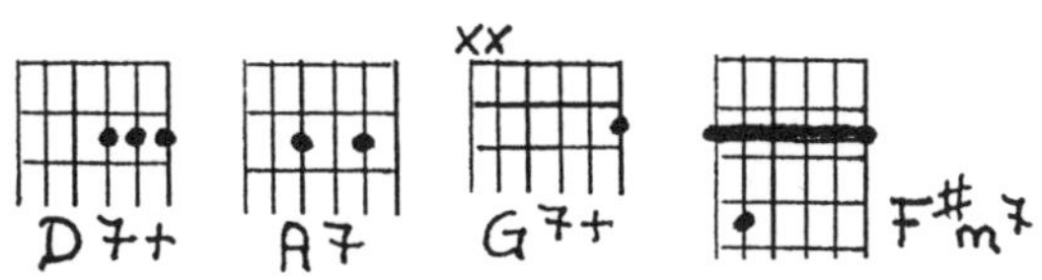

Krishna

Saraswati

Maha Saraswati

Worte & Musik: trad.
Satz: Gerhard Lipold *gefühlvolles Liebeslied, mittleres Tempo*

Maha = groß *Jai* = Ausruf zur Preisung Gottes
Saraswati ist der Name einer Göttin und eines legendären unterirdischen Flusses, der bei Prayaga in den Ganges und die Yamuna mündet, und zu dem die Gottheit einen engen Bezug hat. *Saraswati* ist die Gemahlin (*Shakti*) von *Brahma*, dem Schöpfer. Sie ist die Göttin der Künste, insbesondere der Musik und der Dichtung, des Redeflusses, der Beredtsamkeit. Ihr wird auch die Entstehung des Sanskrit und seiner Schrift *Devanagari* zugeschrieben. Und sie ist die Göttin der Weisheit, des "unterirdischen", nicht mit den körperlichen Augen sichtbaren Flusses der Intuition, der allgegenwärtig strömt und den Menschen, die bereit sind, den Weg zur Gotterkenntnis weist.

Als Göttin der Intuitiven Weisheit hat sie große Ähnlichkeit mit der urchristlich-jüdischen *Sophia* und der tibetisch-buddhistischen *Tara.*
Saraswati wird meist dargestellt mit dem indischen Saiteninstrument *Vina* und einem Buch in der Hand. Ihr Begleittier, der Pfau, und die Pfauenfeder auf ihrem (und auch *Krishnas*) Kopf hat viele Bedeutungen: Göttlichkeit, Licht, Höchste Liebe, Unsterblichkeit, Auge des Herzens, Mitgefühl.

O Göttliche Mutter
Lehre mich die Hingabe an das Sein
Immer wieder verweigere ich die Bereitschaft
das mit Freude zu tun, was eben gerade ist
O Göttliche Mutter
Lehre mich die Harmonie zu leben
Immer wieder vergesse ich
daß Harmonie erst durch die Hingabe an das Sein möglich ist
O Göttliche Mutter
Lehre mich, den Mißachtungen des Weiblichen zu widerstehen
Immer wieder glaube ich, ganz anders sein zu müssen
Und doch ist es das Unfaßbare - Weibliche - was unsere Sehnsucht ist
O Göttliche Mutter
Lehre mich, das Weibliche zu leben
Immer wieder vergesse ich diese große Notwendigkeit für die Welt
Es ist die Befreiung von der Leistungsspirale
Größer-Besser-Reicher-Erfolgreicher
O Göttliche Mutter
Lehre mich, zu meines Herzens erwachtem Sinn zu stehen
Immer stärker möchte ich in die Welt tragen
daß dies Liebe und Einssein mit allen Wesen der Schöpfung ist
O Göttliche Mutter
Lehre mich, das Wunder unserer Goldenen Verwandlung zu leben
Immer mehr bin ich Licht
was meine Funktion in dieser Welt ist

Nimm mein Herz und gib ihm Flügel
Trage es dorthin, wo es wirken kann
Ich bin bereit, Werkzeug Deiner Liebe zu sein
Nimm meine Sehnsucht, verwende meine Kraft
In Deine bergenden Hände lege ich meine Liebe
Aus Deiner Liebe ist mein Leben gewebt
Ich lasse mich fallen in Dich

Auf dem Weg
die Fährte Gottes suchend
fand ich Dich
Du hast das goldene Gefäß meines Herzens
mit göttlichem Nektar gefüllt
und meine Seele zum Singen ermutigt
Und wenn die Seele singt
strömt die Liebe
frei !

Brigitta Lipold

I Am OM

Dmsus4 Dm C9
Where-ever I roam I am always at home
(Capo 5) (Amsus4) (Am) (G9)
C B♭7+dim B♭7+
in the sounding dome of Thy
(G) (F7+dim) (F7+)
A 1. Asus4 2. Am
Holy O-O-OM. Where- -OM. I am
(E) 1. (Esus4) 2. (Em)

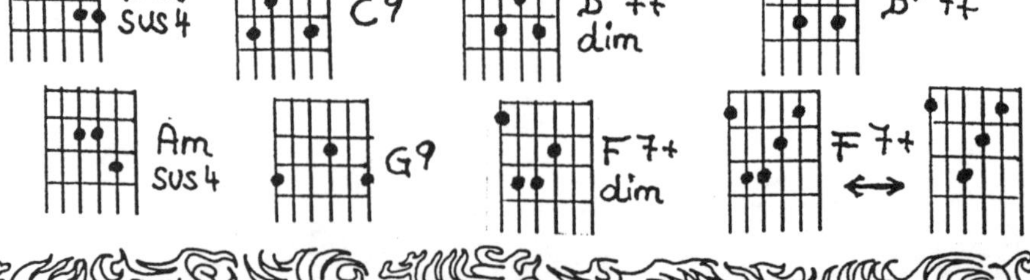
Dm sus4
C9
B♭7+ dim
B♭7+
Am sus4
G9
F7+ dim
F7+

Worte & Musik: Gerhard Lipold

Mc 3 A
langsam

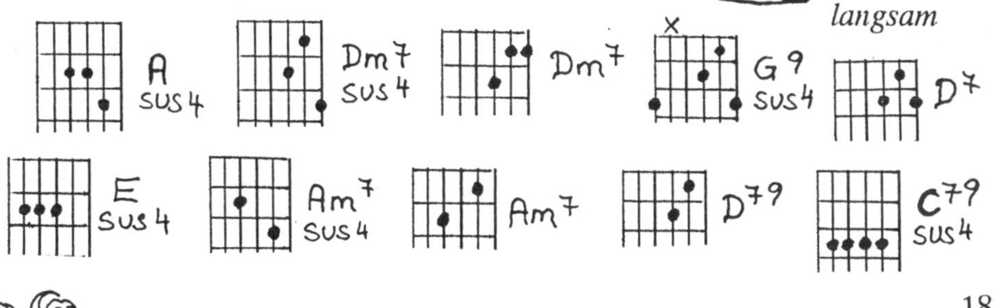

Wo ich auch wandere, ich bin immer daheim
im klingenden Dom Deines heiligen OM
Ich bin OM   Ich bin OM   Ich bin OM

Darum ist mein Leben Musik. Nicht nur, weil ich Musiker bin, sondern weil das Leben OM ist, und weil wir OM sind. Je mehr ich mir des OM bewußt bin, in jedem Atemzug und Augenblick, umso mehr wird jede Alltags-Handlung Musik, und nichts ist banal, sondern Audruck des OM, Ausdruck Gottes und zugleich Gottesdienst, und Gottes Freude und meine Freude. OM ist Ausdruck der Gegenwart des Absoluten um mich und in mir und durch mich. Meiner Erfahrung nach ist OM das einfachste und kraftvollste aller Mantras. Seine große Kraft gründet wohl auch in seiner Ur-Ein-fachheit. Sie kann aber nur dann voll in mir wirken, wenn ich nicht an ihr zweifle.

OM ist das Mantra, aus dem alle Sounds und alle Musiken hervorgegangen sind und jetzt noch hervorgehen. Wann immer ich mich daran erinnere, atme ich bewußt das OM, atme ich OM ein und atme OM aus, egal wo ich bin und was ich gerade tue. Ich nehme OM mit dem Einatem auf und lasse es mit dem Ausatem in meine Handlungen fließen - sei es beim Holzhacken, Gartenumstechen, Autofahren (sogar im Motorenlärm ist OM) oder beim Trommeln, oder jetzt beim Tippen dieses Textes (das Klappern der Tasten ist OM), oder beim *Umarmen im OM.*

Und wenn ich nicht daran "denke", so ist es doch immer präsent als ein permanentes Gefühl des Getragenseins, als eine Gewißheit des Schutzes und der Führung durch eine höhere Kraft, und als eine (beinahe) unbeirrbare Zuversicht und innere Geborgenheit. Besonders auf Reisen, die meist mit einem Aufenthalt in fremden und chaotischen, brüllenden und stinkenden Stadt-Dschungeln beginnen, hat mir die allgegenwärtige Heimat des OM große Dienste erwiesen, wofür ich IHM dankbar bin.

Und jetzt, beim Korrigieren dieses eben geschriebenen Kapitels, entdecke ich ein schönes, "allumfassendes" Mantra:

Umarmen im OM
        Umarmen im OM
                Umarmen im OM

Amen Om

Wem *Om* aufgrund einer starken christlichen Prägung zu "asiatisch" ist, der kann auch das Mantra *Amen* singen oder rezitieren. Wie ich bereits sagte, ist es sprachhistorisch direkt aus dem *Om* hervorgegangen und muß im Grunde noch dieselbe *subtile Shabda-Schwingung* beinhalten, wenn auch wahrscheinlich in abgeschwächter Form. Denn im Laufe seiner Integration ins Abendland wurde der Urlaut gewissermaßen "gezähmt". Man braucht nur die beiden Worte *Om* und *Amen* langsam und laut auszusprechen und fühlt sofort den Unterschied. Während das *"AAA-OOO-UUU-MMM"* im ganzen Körper bis tief in den Bauch und bis zum Geschlecht vibrieren kann, bringt das *"AAA-MMM-EEE-NNN"* nur den Brust-, Hals- und Kopfraum zum Schwingen. *Amen* erscheint mir um einiges "keuscher" und "kopfiger", "weniger geerdet" und klammert den Bauch-Pol ganz aus.

Die Ursachen dafür kann man natürlich nicht klischeehaft auf "antimatriarchale pro-patriarchale Entwicklungen" zurückführen. Das wäre zwar plakativ, aber zu kurzschlüssig, denn die markanten Lautverschiebungen im Rahmen der großen Völkerwanderungen und indo-europäischen Sprachverwandtschaften sind nicht so einfach zu erklären. Aber schon allein von der Klangstruktur her ist das *Om* im Vergleich zu *Amen* ganzheitlicher geblieben und "uriger" im Sinne einer Urkraft, die noch alle Seinsebenen in sich vereint - elementar und höchst subtil zugleich.

Ein weiterer Unterschied: *Amen* steht im christlichen Gebet fast immer am Schluß und erweckt auch bei den meisten Menschen sofort die Assoziation "aus, vorbei, Ende". Für die Meditation ist diese Bedeutung nicht vorteilhaft. *Om* dagegen steht für die Schöpfung schlechthin, für das Wort Gottes, aus dem die Welt entstand und das Gott Selbst ist. *Om* steht für Anfang und Ende, für Alpha und Omega, und für das, was dazwischen liegt: die göttliche *Gegenwart.* Auf diese unsere bewußte Geistes-Gegenwart zu jeder Zeit und an jedem Ort kommt es ja an.

Om steht für die Quelle, den Fluß und die Mündung des Lebens. Alles ist einunddasselbe Wasser. Sogar der Eisberg. Daher empfehle ich *Om* statt *Amen.*

In fast allen Mantras Asiens (mit Ausnahme der islamischen) steht *Om* am Beginn und oft auch am Schluß. Es ist der Ursprung aller Mantras und gilt als der mächtigste aller Klänge und als ein Schlüssel zur Gottverwirklichung = Selbstverwirklichung. Manche Meister sagen, daß die drei konstituierenden Buchstaben *A, U, M* die *Drei Urtendenzen* - Schöpfung, Erhaltung und Auflösung - wie auch die *Drei Welten* - die grobstoffliche (materielle), die feinstoffliche (astrale), die kausale (das Absolute) - ausdrücken und symbolisch das gesamte Wissen aller Ebenen des Universums umfassen.

Om ist eines der großen einsilbigen *Keim-Mantras* (skrt. *bhija*), von denen man sagt, daß sie "die ganze Kraft besitzen, die dem vollen Sinn einer Lehre innewohnt"(Mookerjee).

Man kann sich das so vorstellen: Alle Verse der Heiligen Schriften (*Veden, Bibel, Koran, Talmud, Tao Te Ching, Dhammapada, Popol Vuh* u.v.a.) zusammengefaßt zu wenigen Strophen und diese dann noch weiter verkürzt zu wenigen Worten, welche schließlich zu einer einzigen Keim-Silbe verdichtet werden, die, obwohl sie die kleinste Klang-Einheit ist, immer noch die volle Kraft der Lehre in sich trägt.

Ein *Bhija-Mantra* wie *Om* oder *Hum* erzeugt eine zerebrale Schwingung, deren Wirkung auch nach Beendigung der Rezitation noch lange anhält. Daher nennt man das *Om* auch "Schlüssel zur Höchsten Weisheit und Glückseligkeit", "Mutter aller Schwingungen", "Quintessenz des Kosmos"(Mookerjee).

Du fragst, wo Dein Weg ist? WO ?

WO ?

Die Antwort liegt
in der
Umkehr der Sichtweise = ***Creative Refocussing*** = Umkehr zur Liebe

Der OM-Stern

Stellt eine Kerze in der Mitte eures Kreises auf den Boden. Legt euch sternförmig um die Kerze herum. Der Kopf zeigt zur Kreismitte, die Beine nach außen. Haltet euch an den Händen, wobei die linke Handfläche nach unten zeigt, die rechte nach oben (zur Unterstützung des Energieflusses zwischen den Menschen im Kreis). Schließt die Augen, beobachtet den Atem und singt *AAAA-OOOOOOOO-UUU-MMM*...........wie eine große Orgel,
von der jede/r im Kreis eine der langen, dröhnenden, hohlen Pfeifen ist.
Erinnert euch: *"Wie hohler Bambus !"*

Nach dem Ausklingen....still nachlauschen und fühlen.....

*

"Ich halte die Hand eines Freundes in der meinen, und diese Geste wird zu einem Wort, dessen Bedeutung weit über Worte hinausgeht. Es stellt Ansprüche an mich. Es beinhaltet ein Versprechen. Es fordert Treue und Opferbereitschaft. Vor allem aber ist diese bedeutungsvolle Gebärde Feier von Freundschaft, die keiner Rechtfertigung durch einen praktischen Zweck bedarf. Sie ist so *überflüssig* wie ein Sonett oder ein Streichquartett, so überflüssig wie all die wirklich wichtigen Dinge im Leben. Sie ist ein *überfließendes* Wort Gottes, von dem ich Leben trinke.

Einsicht kommt, wenn wir es ernst nehmen, daß uns jeder Augenblick vor eine gegebene Wirklichkeit stellt. Ist sie aber gegeben, so ist sie auch Gabe. Als Gabe aber verlangt sie Dankbarkeit. Echte Dankbarkeit schaut jedoch nicht vornehmlich auf das Geschenk, um es gebührend zu würdigen, sondern sie schaut auf den Geber und bringt Vertrauen zum Ausdruck. Beherztes Vertrauen auf den Geber aller Gaben ist Glaube. Danken zu lernen, selbst wenn uns die Güte des Gebers nicht offenbar ist, heißt, den Weg zum Herzensfrieden finden.

Denn nicht Glücklichsein macht uns dankbar,
sondern Dankbarsein macht uns glücklich."

David Steindl-Rast
(Die Achtsamkeit des Herzens)

Soham

Dieses Mantra steht mit *Om* in enger Verbindung. Es ist eine der heiligsten Formeln in der vedischen Geisteswissenschaft, welche sich hauptsächlich mit dem Verhältnis zwischen der individuellen Seele und dem Absoluten (Wahren Selbst) beschäftigt und die Werkzeuge zur Einswerdung vermittelt bzw. zur Bewußtwerdung dieser an sich unwandelbaren Einheit.

SOHAM setzt sich zusammen aus:

sa, so = Er (Sie), Es, Gott, das Göttliche, Das
Sa heißt auch der Grundton der indischen Musik, auf dem alle *Ragas* basieren

aham, 'ham = ich bin

Neben *Soham* gibt es die Versionen *Ahamsa* und *Hamsa.* Sie alle bedeuten: "Er ist ich", "Es ist ich", "Ich bin Er/Es", "Ich bin eins mit Gott", "Ich bin Gott". Diese Einswerdung ist das Ziel aller Religionen und kann nur erreicht werden, wenn man sich Gott nicht weit entfernt und außerhalb von sich selbst vorstellt.

Dennoch erwähnte ich bereits, daß *SOHAM* ein Mantra für "Fortgeschrittene" ist, bzw. für jene Menschen, die die Größe der *Demut* in sich schon entwickelt haben. Denn wenn ein Mensch noch von großem Stolz beherrscht ist, kann die Vorstellung "ICH bin Gott" zur Verstärkung des Egos führen statt zu dessen allmählicher Auflösung. Es wäre z.B. nicht Demut, wenn ich jetzt jeden Tag fleißig mein Mantra meditiere und mir deshalb heimlich "besser" vorkomme als die anderen und "ach so toll, weil ich doch spirituell schon um so vieles weiter bin als der armselige, unwissende Pöbel."

Muktananda war ein weltberühmter Yogi des 20. Jahrhunderts, der schon als junger Mensch höchste Stufen der Vollendung erlangt hat. Doch die vollkommene Erleuchtung blieb ihm lange Zeit versagt, weil er so stolz darauf war, ein guter Yogi zu sein.

Die Praxis von SOHAM

Man kann es singen. Ich hörte es auf folgende Weise: *SOOOOOO-HAMMMMMM,* also das *"So-"* klingt lange, das *"-ha-"* kurz und das *"-m"* wieder lang, wobei man im ausklingenden *MMMMMMMM* einen Ganztonschritt höher geht.

Die wichtigste und am meisten benützte *SOHAM*-Praxis ist jedoch die **Atem-Meditation** mit dem Mantra im Geist, ohne Stimm-Einsatz, auf folgende Weise: *"SOO"* beim Einatmen und *"HAMM"* beim Ausatmen.

Dies kann man auch sehr gut bei Alltagstätigkeiten machen. Das Wesentliche dabei ist die bewußte Beobachtung des Atems..., wie er an der Innenseite der Nasenflügel vorbeistreicht..., wie sich Brust und Bauch bewegen..., wellenartig, ganz von selbst..., man braucht nur Zeuge sein, mit der Aufmerksamkeit *ganz da* in der Gegenwart.
Und das Mantra hilft, das sonst übliche Gedanken-Karussell abzustellen. Dabei braucht man gar nicht an die Bedeutung denken, sondern kann einfach die Silben im Geist wirken lassen.

Im Grunde genügt die wache Beobachtung des Atems allein schon als spirituelle Praxis zur Erweckung des Bewußtseins. *Buddha* selbst benutzte diese Technik. Er sagte seinen Mönchen nicht: "Hör auf zu Denken!" sondern: "Beobachte deinen Atem. Bei allem was du tust, sei wach und bewußt bei deinem Atem und fließe mit." Das ***Hier und Jetzt*** war für Buddha das Wesentliche und ist es heute noch.

Diese einfache Methode Buddhas heißt ***Anapana-Sati-Yoga,*** der *Yoga des bewußten Ein- und Ausatmens.* Dabei braucht man den Atem nicht willentlich beeinflussen wie bei den schwierigen *Pranayama*-Übungen, sondern ihn nur beobachten mit der ganzen Aufmerksamkeit. Der Atem wird sich automatisch verändern, beruhigen und vertiefen.

Nun, so "einfach" ist die Sache anfangs gar nicht. Wie lange können wir wirklich mit der ganzen Aufmerksamkeit den eigenen Atem beobachten, ohne nach kurzer Zeit (meist weniger als 1 Minute) gedanklich abzudriften?

Hier ist das Mantra *SOHAM* eine gute Unterstützung, weil es den Geist sowohl auf den Atem als auch auf eine Wegrichtung fokussiert. Der Atem ist das Fahrzeug und das Mantra die Lenkung auf dem Weg zur Einswerdung.

"Je mehr sich das *SOHAM* vertieft, umso mehr wird es zum *OM",* sagt *Sai Baba,* ein gegenwärtig lebender indischer Meister.
"Wer in das Wahre Wesen kommt, geht in Gott auf, *ist* Gott", sagen die Sufis. Und was bleibt übrig von *SOHAM - "Er ist ich, ich bin Gott"* ? Weder "Gott" noch "ich", sondern das "bin", das Sein selbst, das Wahre-Selbst-Sein.

Das Herzens-Gebet

Alle Gottes-Namen sind kraftvolle Mantras, auch die Namen jener historischen Persönlichkeiten, die das Göttliche in vollkommener Weise manifestierten. Daher haben viele Menschen solche Mantras als ihre Vornamen angenommen: *Maria, Rama, Govinda, Josef, Hildegard, Franziskus, Moses, Saraswati, Sophia, Abraham* bzw. *Ibrahim* u.v.a.

In Südamerika heißen manche Jesus. Dies ist sicher der stärkste Name im Christentum. Wie tief diese Namen noch als Mantras im Denken älterer Menschen verankert sind, zeigen typisch österreichische Stoßgebete, die ihnen in schwierigen Situationen über die Lippen kommen: *"Jessas !"* (= Jesus), *"Jessasmaria!" - "Marandjosef! - Marandana!"* (= Maria und Josef, Maria und Anna). Und wenn sie eine Sache beginnen, sagen sie: *"In Gods Naum"* ("In Gottes Namen") oder wünschen einander *"Pfiati God!"* (= "Behüt' dich Gott"). So werden Namens-Mantras auch bei uns als Kraftquelle, geistige Rettungsanker und Schutz verwendet. Auf den gefährlichen Wegen der Himalayapässe wird genau dasselbe gemacht, mit Mantras bestimmter *Bodhisattvas*. Solche spontan geäußerten Schutzmantras haben mit Sicherheit eine andere psychische Wirkung als das Fluchwort "Scheiße!". Wenn man bei allem, was einem nicht "gefällt" oder "mißlingt", sofort "Scheiße" denkt, wird man bald überall nur noch "Scheiße" sehen und bald ist "das ganz Leben eine einzige Scheiße". Abgesehen davon, was hat uns die Scheiße angetan, daß wir sie assoziativ derart verunglimpfen und mißbrauchen? Ohne Dung gäbe es kein Leben auf der Erde!

Der Gruß *" 's Gott!"* ist ebenfalls ein Mantra, mit dem man sich und andere an die Gegenwart Gottes erinnert. In Nepal sagt man *"Namasté"*, das heißt: "Ich grüße das Göttliche in Dir", was letztlich dasselbe bedeutet wie *"Grüß Gott"*.

Auch wenn sich heute verständlicherweise viele Menschen von der in lebensfremden Dogmen erstarrten Amtskirche enttäuscht abwenden, bleibt ***Jesus Christus*** unbestritten einer der größten spirituellen Meister und Göttlichen Inkarnationen, die je lebten, ein absoluter LICHTblick in der Menschheitsgeschichte. (Erinnern wir uns: das Wort "Gott" kommt von skrt. *"Go-vinda"*, d.h. "Licht-Blick".) Selbst überzeugte Atheisten finden, Jesus als Mensch sei "total okay" und eine Orientierungshilfe im konkreten Leben. Sogar Indianer betrachten ihn, trotz ihrer schlechten Erfahrungen mit Missionaren, noch heute als einen der größten Heiler, und sein Bild hat einen fixen Platz auf den *Mesas* so mancher Schamanen. Für die Hindus gilt er als *Avatar* und erleuchteter Yoga-Meister, und im Fernen Osten als ein *Buddha.* Nur die drei mehr oder weniger zerstrittenen Weltreligionen, die auf den gemeinsamen Stammvater *Abraham* zurückgehen (Christen, Juden, Moslems) können sich kaum herablassen, andere göttliche Offenbarungen neben ihrer für sich selbst gepachteten "Wahrheit" als ebenbürtig und ebenso richtig zu akzeptieren. Die Christen leisten sich sogar das *Schisma,* die innere Spaltung und führ(t)en in Nordirland Krieg gegeneinander, und gerade dieser Tage (November 1994) bezeichnet ein österreichischer Kardinal öffentlich die orthodoxe Ostkirche als "unchristlich".

Dies zeigt leider, daß die dogmatischen "-ismen" und "-ologien" vieler Religionsinstitutionen nur mehr wenig mit den lebendigen Quellen in Gestalt der erleuchteten Menschheitslehrer zu tun haben, deren Vertretung sie beanspruchen. Das ist keine generelle Ablehnung gegen Institutionen, denn sie ermöglichen die Strukturierung und Koordinierung von Gemeinschaft und tragen unter anderem die großartige Arbeit von Organisationen wie der *Caritas,* die nicht auf das Glaubensbekenntis der Bedürftigen achten, sondern unterschiedslos helfen. Auch die GREENPEACE-Aktivisten sind eine "Institution" geworden, sonst könnten sie nicht systematisch und weltweit erfolgreich agieren. Wo aber Religionen - ob amtlich oder nicht - zu intolerantem Sektierertum und zur Trennung von Menschen führen, werden sie ein Hindernis und arbeiten nicht mehr im Sinne ihrer erleuchteten Gründer, deren Ziel die Erlösung der Menschheit durch Umkehr zur allumfassenden Liebe und Erweckung des Einheits-Bewußtseins war.

Religion ist Einheit. Und in diesem Sinne war *Jesus* ebensowenig ein "Katholik" wie *Buddha* ein "Buddhist" und *Krishna* ein "Hindu" oder *Rabia* eine "Muslimin". Zugleich vereint aber jede/r einzelne der genannten vollkommenen MeisterInnen alle Religionen und Yogas in sich selbst.

In Bezug auf *Jesus* heißt das: Es ist einerlei, von welchem religiösen Bekenntnis jemand ist, und auch egal, ob man überhaupt eines hat; man kann auf jeden Fall eine ganz ureigene tiefe Beziehung zu Ihm aufbauen, wenn man es wünscht - auch außerhalb von Kirchen. Sakramente und Priester sind dafür nicht unbedingt notwendig, denn es geht in erster Linie um die *geistige Kommunion* mit Gott. Auf sie kommt es an. Jedes religiöse Ritual unterstützt die Gläubigen nur dabei, diese spirituelle Verbindung herzustellen, ersetzt aber nicht den geistigen Akt, den jeder selbst vollziehen muß. Wenn man in der kirchlichen Kommunionsfeier sich nicht selber öffnet für die Heilige Geist-Energie Gottes, kann man tausend geweihte Hostien essen, ohne daß jemals eine wirkliche Kommunion im Herzen stattfindet. Trotzdem halte ich Kirchen und institutionelle Seelsorge nicht für überflüssig, denn sie könn(t)en spirituelle Wegbegleitung, Gemeinschaft und Heimat bieten, wie das Beispiel *Taizé* zeigt.

Christus kann tausendmal in Bethlehem geboren werden,
wenn er aber nicht in unseren Herzen neu geboren wird,
so werden wir auf ewig verloren sein.
Angelus Silesius

Wißt ihr nicht, daß ihr der Tempel Gottes seid
und der Geist Gottes in euch wohnt?
Korinther 3,16

Wird jedoch der Blitzstrahl im Innern des Herzens gefangen,
so steigt der Heilige Geist auf bis ins Gehirn hinein,
und die Sieben Quellkräfte (*Chakras*) entfalten sich
wie das Erwachen eines neuen Tages.
Jakob Böhme

Heilige sie in der Wahrheit,
daß alle eins sind, wie wir eins sind,
Du in Mir und Ich in Ihnen und Sie in Uns,
Ich in Ihnen und Du in Mir,
so mögen sie zur vollendeten Einheit gelangen.
Jesus (Joh 17, 1-23)

Das JESUS-Gebet

Es ist eine Mantra-Praxis mit einem göttlichen Namen, die ebensogut aus dem tantrischen Buddhismus stammen könnte und genau gleich funktioniert wie das vedantische *SOHAM*. Das *JESUS-Gebet* ist auch als *Herzensgebet* bekannt und stammt aus der Ostkirche. Noch heute ist es in den Klöstern der heiligen Berge, Athos und Sinai, wie auch bei den übrigen orthodoxen Gläubigen weit verbreitet.

Berhard von Clairveaux (12.Jh.), der "unbequeme" und charismatische Gründer des Zisterzienser-Ordens, trug zur Verbreitung des *JESUS-Gebets* im Westen bei, und nicht zuletzt *Franz von Assisi*, dessen erster Biograph, *Thomas von Celano*, schreibt: "Immer war er mit *JESUS* beschäftigt, *JESUS* trug er stets im Herzen, *JESUS* im Munde, *JESUS* in den Ohren, *JESUS* in den Augen, *JESUS* in den Händen, *JESUS* in seinen übrigen Gliedern.- Wie oft vergaß er, wenn er zu Tisch saß und *JESUS* hörte oder nannte oder nur dachte, die leibliche Speise ... Ja noch mehr! Oft, wenn er seines Weges ging und *JESUS* dachte oder sang, vergaß er seines Weges und forderte alle Elemente auf zum Lobe *JESU*. Und weil er in wunderbarer Weise immer *JESUS* ... in seinem Herzen trug und bewahrte, deshalb wurde er auch vor allen mit Seinem Zeichen so herrlich gezeichnet."

Unter den vielen Hinweisen auf das *Herzensgebet* bei christlichen Mystikern findet sich eine bei *Chrisostomus:*

Wiederhole von morgens bis abends das *JESUS-Gebet,*
beim Essen, beim Trinken und so weiter,
bis es das Herz durchdringt,
in die Tiefen des Herzens hinabsinkt ...
auf daß das Herz den Herrn in sich aufnehme
und der Herr das Herz in Sich aufnehme,
bis sie eins werden.
Du selbst bist der Tempel und der Ort,
in welchem die Anbetung stattfindet.

Dieser Text könnte ebensogut eine Anweisung durch einen spirituellen Lehrer der Sufis, Hindus oder tibetischen Buddhisten sein und trifft auch auf jedes andere Mantra zu. Und die yoga-artigen Methoden des *Herzensgebets* am Berg Athos legen die Annahme solch alter Kontakte mit dem Fernen Osten nahe. Nun folgt ein Gebet des großen indischen Weisen und Heiligen, *Sri Chaitanya* (16.Jh.) - ein glühender Verehrer *Krishnas* -, der das Meditieren des göttlichen Namens in *Japa* und *Kirtan* als einfachsten Weg zur Gottverwirklichung betrachtete und lehrte. Die folgenden Worte sind beinahe ident mit jenen der christlichen Mystiker:

Besinge den Namen des Herrn und seinen Ruhm ohne Unterlaß,
auf daß der Spiegel deines Herzens klar und rein werde ...
O Name,
ströme herab im Mondlicht auf das Lotosherz,
öffne seinen Kelch für das Wissen Deines Selbst,
O Selbst,
tauche tief ein in die Wellen Seiner Glückseligkeit,
singe Seinen Namen ohne Unterlaß,
koste Seinen Nektar mit jedem Schritt,
bade in Seinem Namen,
in jenem Bad für müde Seelen.
Viele Namen hast Du, o Herr,
in jedem Namen wohnt Deine Macht.
Keine Zeiten sind gegeben, keine Riten sind vonnöten,
um Deinen Namen zu besingen.
Wie groß dagegen wäre mein Elend
in diesem leeren Leben und Herzen,
wenn ich keine Hingabe an Deinen Namen fände.

Die Praxis des JESUS-Gebets

Das Mantra lautet: *JESUS*
oder auch: *JESUS CHRISTUS*
Und das ist auch schon alles. Das Wesentliche daran ist, daß das Mantra mit dem Atem synchronisiert wird, genau wie *SOHAM.* Und zwar ohne Stimme, nur im Geiste, *"JE"* beim Einatmen und *"SUS"* beim Ausatmen.
Oder auch: *"JESUS"* im Einatem und *"CHRISTUS"* im Ausatem.

Meist wird es still meditiert, entweder im Meditationssitz oder auch bei Alltagstätigkeiten. Man kann es auch singen oder laut rezitieren auf einer mehr oder weniger gleichbleibenden Stimmhöhe, eventuell mit einer *Mala* von 108 Perlen. Alles, was zuvor über Mantra-Praxis und *Japa* gesagt wurde, trifft auch auf das christliche *Herzensgebet* zu.Da diese Methode ein *Yoga des bewußten Ein- und Ausatmens* ist, wird das ostkirchliche *JESUS-Gebet* auch in der modernen buddhistischen Literatur oft erwähnt, u.a. bei John Blofeld und Tschögyam Trungpa.

Das wichtigste dabei ist abermals die häufige Wiederholung, sodaß das Mantra im wahrsten Sinne des Wortes "in Fleisch und Blut übergeht" - *Verbum caro factum est* ("Das Wort ist Fleisch geworden") -,sodaß der Übende immer mehr eins wird mit *JESUS* und dadurch den *Christus* in sich selbst erweckt und Ihn auch in allem und allen anderen sieht.

Wie bei jeder Meditation, so gilt auch hier, daß man nicht auf irgendwelche besonderen Erlebnisse abzielen sollte. Ein *Tai Chi*-Meister sagte einmal zu einem Übereifrigen: "Wenn du dich doppelt so stark anstrengst, wirst du für deinen Fortschritt doppelt so lang brauchen." Fürs Mantra-Japa mit *JESUS* heißt das: man sollte den Namen nicht mit zu großem Nachdruck oder aufgewühlter Emotionalität oder gar als "ängstliches Flehen" sprechen, sondern eher in gelassener, ruhiger, entspannter Konzentration, die den Geist offen läßt für die mantrische Schwingung des heiligen Namens.

"Nicht mein Wille, sondern Dein Wille geschehe."

Das *Herzensgebet* existiert auch noch in einer längeren Version, doch diese ist nicht empfehlenswert und wird von den wirklich weisen Lehrern auch nicht vermittelt. Sie lautet: "Herr Jesus Christus, erbarme Dich über mich Sünder." Diesen Satz zu meditieren ist wahrlich nicht sehr heilsam, denn wer sich ständig vorsagt, "Ich bin ein Sünder", der darf sich nicht wundern, wenn er sich entsprechend fühlt, nämlich prinzipiell "sündig, schlecht und minderwertig", selbst wenn er gar nichts verbrochen hat.

Der Geist ist der Lenker unserer Lebensenergie und die so gelenkte Lebensenergie wirkt auf den Körper und gestaltet unser Leben. D.h. *wir werden, was wir denken,* und sind zum größten Teil selbst die Schöpfer unserer Lebensumstände. Wenn ich mich für einen "Sünder" halte und diesen Irrtum auch noch durch ein solches "Gebet" in mein Hirn und Herz ätze, werde ich kaum jemals Erlösung finden. Warum es ein Irrtum und Un-Sinn ist, sich oder andere Söhne und Töchter Gottes als "Sünder" zu betrachten, habe ich bereits im Kapitel über *Vergebung* und an anderen Stellen erläutert.

Eine weitere Version lautet: "Jesus Christus, erbarme Dich meiner." Auch dieser Satz hat einen gewissen "Haken", wenn man ihn so verwendet, daß man sich nur auf die Gnade eines Erlösers, also auf eine Kraft außerhalb von sich selbst verläßt und meint, selber nichts zur eigenen Erlösung beitragen zu müssen.

Es ist zwar richtig, daß man durch geistige Öffnung nach "oben" ("hohler Bambus") die göttliche *Licht-Energie Christi* empfangen kann, sodaß Sie heilend in uns wirkt. Aber kein Lehrer kann mir die Lernschritte abnehmen, die ich noch zu vollbringen habe - und zwar durch eigene Entscheidung und in Selbstverantwortung - auf meinem Weg zur Vollendung. Ein Erlöser erlöst mich dadurch, daß er mir einen für mich optimalen und praktikablen Weg zeigt. *Jesus* hat einen solchen Weg gezeigt. Aber gehen muß ich ihn selber. Unsere Eltern haben uns auch nicht das Gehen abgenommen, sonst hätten wir es nie gelernt. Sie haben uns nur aufgefangen, wenn wir stürzten.

Mit dem göttlichen *Christus-Geist* von *Jesus* kann ich also nur dann völlig verschmelzen, wenn ich überzeugt daran glaube, daß diese Kraft auch in mir ist, und wenn ich in der Tiefe meines Herzens darauf vertraue, daß auch ich ein *Christus* bin - vielleicht zwar einer, der noch schläft, aber im innewohnenden Göttlichen Funken jedes Menschen liegt genau dasselbe Erleuchtungspotential wie in *Jesus* und *Buddha* und allen MeisterInnen. Jeder Mensch ist göttlich in seinem Wahren Wesen. Solange ich das nicht für mich und alle anderen Menschen akzeptiere, wird die vollkommene Einswerdung auf sich warten lassen.

Die christlichen MystikerInnen, wie *Mechthild von Magdeburg, Meister Eckhart* und andere, haben die immanente Göttlichkeit und die *Unio Mystica* selbst erlebt und in feurigen Worten beschrieben und befanden sich darin völlig im Einklang mit den Erleuchtungserfahrungen und dem Wissen der östlichen

Meister. Aber damals wie heute wird gerade dieser segensreiche Glaube an die Einheit des Selbst mit Gott von der Kirche nicht toleriert, weil sie fürchtet, gegenüber selbst-ständigen Menschen ihr autoritäres "Kompetenz-Monopol" in geistlichen Belangen zu verlieren. "Leuten, die immer noch an der Vorstellung eines monarchischen Gottvaters festhalten, eines kosmischen Pendants zu den Pharaonen und Cäsaren der Antike, muß der Gedanke der Demokratie im Reich Gottes als besonders durchtriebene Form von Subversion und Gotteslästerung vorkommen."(Alan Watts) Man denke nur daran, wie es *Jesus* ergangen ist, weil er bekanntgab, er sei ein Sohn Gottes.

In Indien lebt gegenwärtig ein Avatar, *Sathya Sai Baba,* der im Hinduismus einen so hohen Status wie *Jesus* im Christentum hat und auch Wunderheilungen vollbringt, welche selbst von skeptischen und total weltlich eingestellten Wissenschaftlern nur mit Erstaunen festgestellt, nicht aber wegdiskutiert werden können. Manchmal wird er gefragt, was denn der Unterschied sei zwischen ihm, einer Göttlichen Inkarnation, und einem normalen Menschen. Er sagt: "Es besteht kein wesentlicher Unterschied. Das einzige, was uns unterscheidet, sind eure Zweifel. Jeder Mensch ist eine Göttliche Inkarnation."

Die *Starez,* die orthodoxen Meister der Ostkirche, sind Mystiker und vertreten z.T. sehr "asiatische" Sichtweisen über die Einswerdung, was mit ein Grund für Berührungsangst vonseiten der anderen christlichen Kirchen ist. Das *Herzensgebet* lehren sie meist in der essentiellen Form, also nur *JESUS* oder *JESUS CHRISTUS.* Und sie empfehlen unter anderem, sich die rechte Hand auf das Herz zu legen und sich während der mantrischen Namens-Meditation vorzustellen, wie das Innere Licht des Göttlichen Funkens das Herz erleuchtet und den ganzen Körper und Geist durchstrahlt.

Der berührendste Erfahrungsbericht über die Wirkung des *JESUS-Gebets* ist die Autobiographie eines russischen Pilgers, der am Berg Athos von einem *Starez* eingeweiht wurde und das Atmen des Namens *JESUS* zum Zentrum seiner Lebenswanderung machte.

"Das *Herzensgebet* erfüllte mich mit solcher Wonne, daß ich nicht glaubte, es könne jemanden auf der Welt geben, der glücklicher wäre als ich, und ich konnte es nicht verstehen, daß es noch größere und herrlichere Wonnen im Himmelreich geben würde. Dieses fühlte ich aber nicht nur im Inneren meiner Seele, sondern auch die ganze Außenwelt schien mir wunderbar schön, und alles verlockte mich zu Liebe und zum Dank gegen Gott; Menschen, Bäume, Pflanzen, Tiere, alles war mir unsäglich vertraut, und an allem sah ich das Abbild des Namens *JESU CHRISTI.* Mitunter fühlte ich eine solche Leichtigkeit, als hätte ich überhaupt keinen Körper, und es war mir, als ginge ich nicht, sondern als flöge ich selig durch die Luft; mitunter ging ich tief in mich selber hinein und sah mein Inneres klar vor mir und staunte über die weise Anordnung des menschlichen Leibes; mitunter empfand ich eine so hohe Freude, als wäre ich König geworden..." Dabei war er sein Leben lang ein besitzloser Vagabund. Er hat den wahren Reichtum und die ewige Heimat im eigenen Herzen gefunden.

Die Lektüre der *Aufrichtigen Erzählungen eines russischen Pilgers* genügt, um sogar einen Skeptiker von der irrtümlichen Vorstellung zu befreien, daß die Wiederholung eines Mantras eine schwachsinnige und fruchtlose Übung sei.

Yidam-Yoga
Das Antlitz Gottes

Yidam bedeutet "konzentrierter Geist". Ein anderer Begriff dafür ist *Ishta-Deva,* "Das Erwählte Ideal", "die geliebte Gottheit." *Yidam-Yoga* ist eine

Meditationsform, bei der man vor dem Geistigen Auge - gleichsam auf einer "inneren Kino-Leinwand" - ein bestimmtes Gottesbild visualisiert und sich ganz auf dieses Erwählte Ideal konzentriert, um nach und nach damit eins zu werden, sich die göttliche Kraft einzuverleiben, die das Bild symbolisiert - was nichts anderes heißt, als daß man mit Hilfe des *Ishta-Deva* auch die Göttlichkeit aktiviert, die einem selbst seit je innewohnt.

Für Millionen von Menschen ist *Jesus* ein solcher *Ishta-Deva,* für andere *Maria, Krishna, Rama, Buddha, Tara, Pacha Mama, Kali, Shiva...*Auch ein erleuchteter Meister der Neuzeit kann ein *Ishta-Deva* sein, wie *Ramana Maharshi, Anandamayi Ma, Sathya Sai Baba* u.a. Und für jene, die keine menschlichen Darstellungen anbeten wollen, kann das *OM* der *Yidam* sein, oder ein Mandala wie das *Sri Yantra,* oder eine Vorstellung von *Licht*, und selbst ein *leerer Kreis.*

All diese Bilder des Absoluten sind nicht das Absolute, sondern Vorstellungen des Menschen. Einwand: aber *Jesus* hat doch greifbar gelebt, er war keine Vorstellung. - Das ist richtig. Aber heute ist sein Bild von Ihm eine Vorstellung von uns. Sie kann uns dazu dienen, den *Christus* in uns selbst zu erkennen und zu erfahren. D.h. ein Jesus- oder Buddha- oder Shiva-Bild ist eigentlich eine Vorstellung von uns selbst. Ein Ideal, das jeder erlangen kann, wenn er sein ganzes immanentes Potential des Wahren Selbst erweckt und verwirklicht.

Ich sagte bereits, das dies nur funktionieren kann, wenn wir davon ausgehen, daß auch *wir selbst - so wie Jesus - Söhne und Töchter Gottes sind.*

Jedes Gottesbild stellt bestimmte Aspekte des Absoluten dar und ist zugleich die Projektion einer uns innewohnenden Realität nach außen.

Die vielen unterschiedlichen spirituellen Praktiken der Religionen lassen sich in zwei Grundwege zusammenfassen:

1) ***Yoga der Äußeren (fremden, transzendenten) Kraft***

2) ***Yoga der Inneren (eigenen, immanenten) Kraft***

Einige religiöse Wege beginnen bei der transzendenten Göttlichkeit - z.B. Christentum, Islam u.a. - während andere bei der eigenen, innewohnenden Wesenswahrheit ansetzen - z.B. Zen-Buddhismus. Aber auch im Buddhismus gibt es den ersten, allgemein als leichter angesehenen Weg in Form der Verehrung des *Buddha Amithaba,* einer Erlöser-Gestalt, die Jesus sehr ähnlich ist. Ziel beider Yoga-Wege ist die Erkenntnis und Erfahrung der Einheit zwischen der individuellen Seele und dem Göttlichen Absoluten, eine Stufe, die auch *vollkommene Erleuchtung, Satori, Nirvana, Fana, Nirvikalpa-Samadhi, Christus-Bewußtsein* genannt wird.

In allen Religionen waren und sind es die Mystiker, die in ihrer Praxis den *Yoga der Äußeren Kraft* und den *Yoga der Inneren Kraft* zu einer Einheit verschmolzen haben. In den tantrischen Traditionen des Hinduismus und Buddhismus (Tibet) wurde der *Yidam-Yoga* in Verbindung mit Mantra-Praxis zur Perfektion entwickelt. Auch das *JESUS-Gebet* oder das Singen und Rezitieren des *Om Namah Shivay, Baba Nam Kevalam, Om Mani Padme Hum* u.a. sind Formen von *Yidam-Yoga,* wenn die Mantras mit einem Inneren Gottes-Bild verbunden werden, und sei es nur *LICHT.*

Grundsätzlich möchte ich dazu noch sagen, daß man keinen "Gott" haben *muß*, um Höchste Vollendung zu erlangen, wie *Buddha* bewiesen hat, der hauptsächlich Atem-Beobachtung und Geh-Meditation übte. Doch auch die zen-buddhistische Vorstellung des Absoluten als *Leere* ist ein *Yidam,* ein menschliches Bild und Meditationshilfsmittel; aber mit Sicherheit ist die *Leere* jenes Bild von der Letzten Wirklichkeit, das den Geist am wenigsten durch fixe "Gottesvorstellungen" einschränkt und ihm die größtmögliche Freiheit und Offenheit für jede Entwicklungsrichtung bietet.

Ich schreibe hier zwar über verschiedenste "Gottesvorstellungen" mit dem Ziel, eine breite Palette des Möglichen für spirituelle Heimatfindung zu zeigen - denn jeder Mensch fühlt sich von etwas anderem angesprochen, und für jeden paßt ein ganz spezifischer Weg -, doch mein "persönliches" zentrales Bild des Absoluten ist die *Leere,* und zwar eine *Leere voller Licht.* In Ihr hat auch jedes andere Gottesbild Platz und löst sich aber zugleich wieder auf, so wie sich Ramakrishnas *Kali* immer wieder in *Licht-Nichts* auflöste. Bin ich also ein Buddhist? Ja. Ich bin Buddhist. Aber einer, der zugleich Christ, Sufi, Tantriker, Vedantin, von Indianern inspiriert, und in erster Linie *liebender Mensch* ist, denn ohne Liebe zu den Menschen wären alle Religionen sinnlos.

Welchem religiösen Weg man auch folgt, und unabhängig von den Meditations-Methoden, die verwendet werden, empfehlen die Mystiker verschiedener Traditionen immer wieder **3 Grundschritte**, von denen jeder einzelne längere Zeit beansprucht:

1) die Kontaktaufnahme des Meditierenden (Subjekt) mit dem *Yidam* (Objekt)
2) die Verschmelzung zwischen Subjekt und Objekt der Meditation
3) das Auflösen der Meditation und Loslassen aller Werkzeuge wie Yidams, Mantras etc. und die Gott-Verwirklichung im Leben.

1) ***Kontaktaufnahme** mit dem Yidam durch Visualisierung* des Gottesbildes, z.B. eine Lichtscheibe, Buddha-Gestalt, das Antlitz Christi, Isis, Kali, eine Naturgottheit wie Yemaja oder Shango, ein schamanisches Kraft-Tier, ...oder ein/e jetzt lebende/r Meister/in......, wozu immer man einen starken spirituellen Bezug hat. Wenn man keinen *Ishta-Deva,* also kein "Lieblings-Gottesbild" hat, aber sich eines wünscht, kann man sich auch eines erwählen mit der Methode, die ich zum Finden eines *Ishta-Mantra* empfohlen habe. Diese Methode stammt von *Sri Chinmoy,* spiritueller Meister und Meditationslehrer an der UNO.

Die Visualisierung eines *Yidam,* wie immer er aussieht, vor dem Inneren Auge, unterstützt die geistige Kontaktaufnahme mit dem Göttlichen, sowohl mit dem transzendenten als auch zugleich mit dem Wahren Selbst im eigenen Innern. Dies geschieht zunächst dadurch, daß sich der Adept eine Art "Ich-Du"-Verhältnis vorstellt und so eine wirkliche Herzens-Liebesbeziehung mit dem Göttlichen aufbaut. Die innere Verneigung vor einem imaginären göttlichen "DU" fördert die Entmachtung des Egos und die Entwicklung der Demut, welche für den 2. Schritt der Einswerdung nötig ist. Die Atem-Meditation und die Verwendung eines Mantras bringen den Geist ins Hier und Jetzt und orientieren ihn auf das Göttliche hin. Falls man kein spezifisches Mantra hat, paßt *OM* oder *SOHAM* auf jeden Fall, jederzeit und überall.

2) ***Verschmelzung** mit dem Yidam.* Hier löst sich die "Ich-Du"-Beziehungsvorstellung auf in der Erkenntnis und Erfahrung des Einsseins.
Eine wunderbare Illustration dieser Stufe gibt *Tuktse Rinpoche,* ein tibetischer Meister, der in der folgenden Meditationsanweisung einen westlichen Schüler in den *Yidam-Yoga* über *Avalokitéshvara* einführt. Dieser ist eine Darstellung des Absoluten in Form des christus-ähnlichen "Bodhisattva des grenzenlosen Mitgefühls", der neben der Göttin *Tara* der am häufigsten verwendete *Yidam* im tantrischen Buddhismus ist. Der Begriff *"Bodhisattva"* kann auch ersetzt werden durch die Namen *Jesus, Göttliche/r Mutter/Vater, Shiva, Buddha, Krishna, Licht* u.a.

"...Wenn Sie (den *Yidam*) so kraftvoll visualisieren, daß Sie glauben, die Hand ausstrecken und diesen Bodhisattva berühren zu können, der mit einem Blick voll unendlicher Liebe in Ihre Augen schaut, dann ...

... dann können Sie mit der höchsten Stufe beginnen. Auf dieser Stufe bringen Sie sich selbst dem Bodhisattva dar - Ihre Sinne, Ihren Körper, Ihr Herz, Ihren Geist. Sie opfern Ihm alles, was Sie sind, und dann verschmelzen Sie mit Ihm, gehen in Ihm auf.Sie werden Ihr höchstes Selbst, das Er ist. In diesem Zustand sehen Sie alles mit Seinen Augen und hören alles mit Seinen Ohren. Sie werden die Welt als Seinen Körper sehen und jeden Laut als das Klingen Seines Mantra hören. Selbst der Lärm eines Autos wird Sein Mantra singen; selbst das Heulen eines Flugzeugs; selbst der Gesang eines Bauern auf dem Feld; selbst das Bellen eines Hundes."

Der Rinpoche schien beim Sprechen in eine Art Ekstase einzutreten. Lange Zeit konnte er nicht weitersprechen. Er saß mit geschlossenen Augen im Sonnenlicht.

"Sie müssen verstehen, daß dieses Verschmelzen mit dem Gott, den Sie aus sich selbst herausprojiziert und kraft Ihrer tiefsten Energien visualisiert haben, keine Ekstase ist, auf die das Ego einen Anspruch erheben kann. Ja, es ist die Erfahrung einer Macht, einer ungeheuren Macht, aber einer Macht, die durch Liebe gewandelt und geläutert ist, die allen Wesen hingegeben wird, der Erlösung von allem Leben. Und um die Gefahr der Eitelkeit und des Hochmuts zu bannen, gibt es in dieser Meditation noch eine letzte, unabdingbare Stufe. Sie müssen die Meditation wieder auflösen; Sie müssen Ihre eigene Projektion wieder auflösen; Sie müssen Ihre eigene Ekstase auslöschen. Ihr Geist muß in vollkommener *Leere* ruhen, die keine Form besitzt, weder Ihre, noch die des Bodhisattva, den Ihr Geist visualisiert hat. Sie müssen in dieses letzte Stadium eintreten, in *Sunyata,* das die Mutter aller Projektionen ist, die *Leere,* aus der alle Formen hervorgehen - Ihre, meine, und all die Ein-Bildungen unseres Geistes und unseres Herzens. Es darf nichts übrig sein von der Erfahrung des Bodhisattva oder von Ihrer Freude an Seiner Herrlichkeit oder Ihrer eigenen - nichts als *Sunyata,* das *klare Strahlen der Leere.*"

Wir schwiegen lange. Die Tauben waren zu ihrem Stammplatz unter dem Fenster zurückgekehrt, und ihr Gurren erfüllte den Raum.

3) ***Auflösen der Meditation und Verwirklichung*** *auf der Erde.* Die vollkommene Einswerdung ist ein vollkommenes Loslassen, selbst der geliebten Instrumente, die einem zur Einswerdung dienten. Man gibt sie auf wie eine Fähre, die man nach der Überfahrt verläßt.

Die Worte des Rinpoche bedeuten auch, daß das Ziel jeder Meditation nicht die Ekstase ist, die man in der Erleuchtung erlebt und die nach zahlreichen Erfahrungsberichten zweifellos großartig ist. Der spirituelle Weg endet also nicht in einem glückseligen Abheben in den Kosmos, "die schnöde Erde hinter sich lassend". Im Mahayana-Buddhismus wird sogar die ekstatische Erleuchtungserfahrung nur als ein vorläufiges Ziel betrachtet, denn danach kommt es darauf an, die nun ganz erkannte Göttlichkeit bzw. die erlangte Buddhaschaft auch voll auf der Erde zu ver-wirk-lichen, z.B. durch aktive Nächstenliebe. Hierin ist das *Christus-Ideal* völlig ident mit dem buddhistischen Ideal des *Bodhisattva,* der, nachdem er selbst Vollendung erlangt hat, auf die eigene Ekstase im Nirvana verzichtet und seine Meisterschaft in den Dienst der Höchsten Liebe zu allen Wesen stellt, um sie auf ihrem Weg der Erlösung von allem Leid zu unterstützen. Und: diese Nächstenliebe beginnt nicht erst nach der Erleuchtung, sondern ist selbst wesentlicher Bestandteil des spirituellen Weges.

Ohne Liebe keine Erleuchtung.

Und keine wie immer geartete Meditationstechnik kann jemals zum Erfolg führen, wenn die Liebe zu allen Wesen fehlt. "Nur einen transzendenten Gott lieben, nicht aber die Menschen", das funktioniert nicht.

Mönche und Nonnen sowie auch viele Laienanhänger des Mahayana-Buddhismus legen am Beginn ihres Weges das ***Bodhisattva-Gelübde*** ab, indem sie sich verpflichten, den eigenen spirituellen Fortschritt so lange konsequent voranzutreiben, bis sie in der Lage sind, durch die eigene Erleuchtungskraft für die Befreiung aller Wesen zu wirken. In den Klöstern wird dieses Gelübde in einer Rezitation täglich erneuert. Eine von mehreren möglichen Übersetzungen in Deutsche lautet:

Der fühlenden Wesen sind unendlich viele;
ich gelobe, sie zu erlösen
(bzw. sie bei ihrer Erlösung bestmöglich zu unterstützen).

Die Widerstände sind ohne Zahl;
ich gelobe, sie zu überwinden.

Die Lehre der Wahrheit (*Dharma*) ist unermeßlich;
ich gelobe, sie zu verwirklichen.

Der Weg zum erwachten Bewußtsein (*Buddhaschaft*) ist der höchste;
ich gelobe, ihn zu vollenden.

Was ist Erleuchtung?

Lange hatte Vasudeva nach einem Menschen gesucht, der ihm diese Frage beantworten konnte, die ihm seit Jahren im Herzen brannte. Bis er eines Tages eine alte Frau einen Bergpfad herabsteigen sah, die ein großes Bündel Holz auf den Schultern trug. An dem inneren Lächeln und geheimnisvollen Strahlen, das trotz der schweren Last von der Alten ausging, erkannte Vasudeva sofort, daß diese eine Meisterin war. Gebückt unter dem Holzberg kam sie näher.

Vasudeva grüßte sie, indem er die Hände vor der Stirn faltete und sich verneigte. "Namasté. - Ehrwürdige, bitte, sage mir eines: Was ist Erleuchtung?" Die alte Meisterin sah ihn lächelnd an. Dann ließ sie augenblicklich die ganze Last von den Schultern fallen und richtete sich auf. Nachdem Vasudeva sich von seiner Verplüffung über die plötzlich zu Boden krachenden Äste erholt hatte, begriff er auf einmal. "Ja! Ich *sehe*!" rief er voll Begeisterung. Die Alte nickte zustimmend. "Ich danke dir von Herzen", sagte Vasudeva, "aber, bitte, erlaube mir noch eine Frage: Was kommt nach der Erleuchtung?"

Abermals lächelte die Frau, bückte sich und hob das schwere Holzbündel auf. Sie legte es sich auf die Schultern und rückte die Last zurecht. Dann blickte sie Vasudeva liebevoll in die Augen, stimmte ein Lied an und ging ihres Weges.

(frei nach der berühmten Zen-Geschichte
vom "Holzhacken und Wassertragen")

Äußerlich mag sich das Leben eines Erleuchteten vielleicht kaum von dem eines "normalen" Menschen unterscheiden. Auch ein Meister muß sein alltägliches "Holzbündel" tragen wie der Durchschnittsbürger. Letzterer aber schleppt noch zusätzlich die innere Last seiner Illusionen von Angst, Groll und Schuld und leidet als "armes Opfer" unter seinem Holzbündel, während Ersterer innerlich völlig frei ist, selbst unter dem "Holzbündel" des alltäglichen Lebens, das jeder Mensch tragen muß. Er hat die gesamte innere Last losgelassen und nimmt das Leben an, ohne zu klagen, in ständigem Kontakt mit dem Höchsten Bewußtsein, und jede seiner Handlungen ist Musik.

Zunehmend verschwinden alle Spuren der Täuschung
in der Leere aufgehend ...
An nichts haftend
aber nach Mitgefühl strebend
erreicht der Buddhasohn die höchste Stufe
wie ein Vogel
der im Himmel der Einfachheit
furchtlos durchs Leben gleitet

Tarthang Tulku

Buddha Christus

Das Wort *Buddha* bedeutet der "Erwachte" und ist ein Synonym für das Wahre Selbst, das immanente Absolute in jedem Wesen. Es ist nicht der Name des historischen Begründers des Buddhismus. Dessen bürgerlicher Name war *Siddharta Gautama.* Erst durch die Erleuchtung wurde er zu einem *"Buddha".* Auch das Wort *"Christus"* ist weniger der 2. Name von *Jesus,* sondern vielmehr eine Art Titel, der im Grunde dasselbe wie *"Buddha"* bedeutet. Siddharta wurde zu einem *"Christus",* ebenso wie Jesus ein *"Buddha"* war.

Der einzige Unterschied ist vielleicht der, daß Jesus schon vollendet geboren wurde, während Siddharta die Vollendung im Laufe seines Lebens erlangte. Doch dies ist unwesentlich. Oder gibt es etwa einen Unterschied zwischen einer wachen Person und einer erwachten Person? Nein, denn beide sind vollkommen *wach.*

Das Lebensbeispiel des *Siddharta Gautama Buddha* aus dem Hause *Shakya* ist für uns vielleicht sogar etwas leichter nachzuvollziehen, da er als ein ganz normaler Mensch wie jeder andere geboren wurde und durch seine eigene Anstrengung den Weg zur Vollendung fand, während man sich bei *Jesus* leicht darauf ausreden kann, "daß Er ja von Haus aus vollkommen war, und wie sollte ich mikriges Würstl das je erreichen."

Der Buddhismus ist infolgedessen hauptsächlich ein *Yoga der eigenen Kraft* und betont die innewohnende ureigene Göttlichkeit und folgerichtig auch die totale Selbstverantwortung, während das Christentum eher ein *Yoga der fremden Kraft* ist und die transzendente Göttlichkeit betont und um die Gnade der Erlösung von "oben" bittet, wobei die Selbst-Ständigkeit - besonders in spirituellen Belangen - oft völlig auf der Strecke bleibt.

Unbestritten ist *Jesus Christus* eine der wichtigsten Verkörperungen des Göttlichen, die je lebten. Doch mit der Kreuzigung hat Er uns "eine sehr hohe Latte" auf den Weg gelegt, deren Bedeutung nur allzu oft mißverstanden und im Mißverstehen mißbraucht wird. Wer *Jesus* zum Zentrum seiner Meditation machen möchte, dem empfehle ich, sich Ihn nicht als einen von Folterschmerzen gepeinigten Corpus vorzustellen, sondern als lebendigen Messias, sei es vor der Kreuzigung oder nach der Auferstehung.

Mein wertvollstes Hilfsmittel, um - nach vorübergehender völliger Abwendung vom Christentum - zu *Jesus Christus* wieder eine tiefe Herzensbeziehung aufzubauen, war dieses wunderbar lebendige Bild, das eine künstlerische Rekonstruktion Seines Antlitzes ist, angefertigt nach den geheimnisvollen Körper- und Gesichtsabdrücken auf dem *Turiner Grabtuch.* (Ich freue mich über die Erlaubnis, es hier abdrucken zu dürfen.)

Erst die Begegnung mit indianischen und östlichen Religionen und die diamantklaren Interpretationen der *Bibel* aus dem Munde von Yoga-Meistern in den Sichtweisen des *Vedanta, Buddhismus* und des *Course in Miracles* sowie besonders von *Rainer Taeni,* haben es mir ermöglicht, einen Neu-Zugang zu *Jesus* zu finden.

Leider steht in der traditionellen christlichen Theologie das Kreuz zu sehr im Mittelpunkt und verstellt allzu oft die Aussicht auf die Auferstehung, welche das Wesentliche ist. Ein bewußter Mißbrauch zur Machtausübung auf die Gläubigen besteht unter anderem darin, daß ihnen das Kreuz immer wieder in Verbindung mit subtiler Schuld-Gefühls-Einimpfung vorgehalten wird, mit dem Hinweis, daß alle Menschen "Sünder" seien und "Jesus wegen unserer Sünden gelitten" habe, und daß nur die Kirche das Absolutions-Monopol besitze. Die Folge davon: all die "schuld"-gebückt und freudlos auf harten Bänken kauernden und verständlicherweise immer spärlicher werdenden Kirchentreuen sind kein erhebendes Bild und zeigen keine Spur von Erlösung oder Auferstehung ins Reich Gottes, das ja eigentlich jetzt hier sein sollte, weil es "inwendig in euch ist."(Lk 18,20-21)

Erleuchtete Meister wie *Ramakrishna* betrachten es als größte und einzige Sünde, einen anderen oder sich selbst überhaupt als "Sünder" zu betrachten, weil wir alle Söhne und Töchter Gottes sind und unser einziger Fehler darin besteht, daß wir DAS vergessen haben. Ein Irrtum ändert aber nichts an unserem Wahren Wesen, ebensowenig wie *Buddha* vor seinem "Erwachen" ein anderer war. Genau dieses Wissen lebte Jesus, indem Er mit allen Menschen speiste, auch mit Prostituierten und Geldeintreibern, indem Er sich vor allen verneigte, um ihnen die Füße zu waschen, und indem Er all Seinen Peinigern vergab, sogar vom Kreuz herunter, "denn sie wissen nicht, was sie tun." Er wußte, daß sie alle seine göttlichen Brüder und Schwestern waren, wenn auch nur wenige von ihnen schon zu sich Selbst erwacht waren. Dieses Erwachen konnte er den Menschen zwar auch als Messias nicht abnehmen, doch Er zeigte den Weg dorthin: totale Vergebung und unbeirrbare Liebe zu allen Wesen.

Das bedeutet: ich kann mich jederzeit für meine Auferstehung und Erlösung vom Leid entscheiden. Indem ich alle Ego-Illusionen und -Projektionen, alle Ängste und Schuldvorstellungen aufgebe und vergebe und mich hingebe der göttlichen Wahrheit und dem Lebensfluß in der Gegenwart.

Wegen der Schmerzen Christi am Kreuz und der damit verbunden herkömmlichen Theologie meinen viele Gläubige, "nur durch Leiden kann man die Erlösung erlangen". Auch dies ist ein fataler Irrtum, der die Menschen das ganze Leben möglichst viel leiden läßt, weil sie sich dadurch Auferstehung erhoffen. Auferstehung heißt: mit dem Leiden aufzuhören, seine Opfermentalität inklusive des ganzen selbstgezimmerten Käfigs aus Schuld, Wut und Selbstmitleid aufzugeben und Schöpfer seines Lebensglücks zu sein. Auf diesem Weg der Selbstbefreiung muß man zwar durch einen "Tod" gehen. Ja. Ohne "Tod" gibt es keine Auferstehung. Aber wer oder was stirbt da an diesem "Kreuz"? Es ist der Tod unserer Ego-Illusionen, der Tod unseres völlig irrtümlichen Selbst-Bildes, der Tod unserer Angst, die abfällt wie eine alte Schlangenhaut, und es ist die Auferstehung der "Liebe, die die einzige Konstante in dieser Welt ist"(wie Brigitta immer sagt).

Aus eigener Erfahrung kann ich nur abermals bezeugen: Wir können uns jetzt und hier die Auferstehung und Erlösung entscheiden, und es ist nicht nötig, als Märtyrer das Extrembeispiel nachzumachen, das Jesus auf sich nahm. Er tat dies wohl auch, um uns zu zeigen, daß man sich selbst unter so widrigen Umständen nicht beirren zu lassen braucht, weil es keinen wirklichen Tod gibt. *"Angst ist in keiner Form gerechtfertigt."* (*Course in Miracles*), schon gar nicht für uns, denen keine Kreuzigung droht, sondern die wir nur die Aufgabe haben, das Ego sterben zu lassen und die Vergebung zu vollbringen, um aufzuerstehen und einfach in Liebe und Frieden wir Selbst zu sein.

ALL YOU NEED IS LOVE
LET IT BE !

Chela: Und was ist mit *Judas,* der allgemein verteufelten Personifikation des "Bösen"?
Vasudeva: Er war *Jesu* bester Freund, der wichtigste Partner auf Seiner Mission. Um zu beweisen, daß es keinen Tod gibt, brauchte Er *Judas* und *Pilatus,* die so wie *Jesus* Instrumente für den Göttlichen Willen waren. In der Vergebung für *Judas* und jeden anderen (vermeintlichen) "Schuldigen" wird uns klar, daß alles, was uns im Leben widerfährt, uns optimal unterstützt, damit wir die nötigen Schritte lernen zur Vervollkommnung unserer Inneren Meisterschaft und Einswerdung mit Gott. Manchmal wird uns erst Jahrzehnte später klar, welchen Sinn irgendein längst vergangener Konflikt hatte, und was wir aus dieser Prüfung gelernt haben. Stimmt's?
Chela: Stimmt. Doch wenn ich so nachdenke, über *Jesus,* werde ich manchmal ein wenig ärgerlich, weil Er uns so eine hohe Latte vorlegte, die noch dazu leicht mißzuverstehen ist. Eigentlich muß man sogar *Jesus* vergeben, damit man einen freien Zugang zu Ihm findet. Warum hat Er nicht einfach ein großes Wunder vollbracht und ist vom Kreuz runtergestiegen, um zu beweisen, daß Er der Sohn Gottes ist? Wäre dann nicht alles einfacher für uns gewesen?

Vasudeva: Nein. Im Gegenteil. Alles wäre noch schwieriger für uns. Ein solch spektakuläres Wunder hätte wohl alle beeindruckt, aber wir hätten nur einen "Superstar", der zwar gut zu verehren ist, dessen Handlung aber für Durchschnittsmenschen nicht nachvollziehbar wäre. Jeder könnte bequem sagen: "Ja, der Jesus war Spitze. Echt cool. Der hat das locker gecheckt mit seinen göttlichen Wunderkräften. - Der hatte es freilich einfach. Aber ich?"
Das größte Wunder, das Jesus bei der Kreuzigung vollbrachte, war die Vergebung. Und die Vergebung *ist* die Auferstehung! Sie führt zur Erlösung und zum Ewigen Leben, schon jetzt und hier! Vergebung schafft das Paradies auf Erden, und zwar unabhängig vom Ort, denn das Paradies ist der Innere Friede im eigenen Herzen. Liebe und Vergebung sind das größte Wunder, größer als jedes spektakuläre, die physikalischen Gesetze überwindende Kunststück psi-kräftiger Siddha-Yogis. Sie ist das Wunder, das jeder vollbringen kann. Kein Lernschritt bleibt uns erspart. Kein Warten und Hoffen auf ein Jenseits bringt was. Und kein Schritt auf dem *Weg* bleibt uns erspart. Was wir hier nicht erreichen, werden wir auch dort nicht haben. Denn das Reich Gottes ist in uns selbst. Jeder Mensch ist ein *Buddha,* ein *Christus* bzw. eine *Christa,* auch wenn er/sie sich dessen noch nicht bewußt ist, d.h. auch wenn er/sie noch schläft.

Der einzige Unterschied zwischen einem *Buddha*
und einem gewöhnlichen Menschen ist,
daß der eine sich über sein Wesen klar ist,
der andere nicht.

Zen-Meister Hui Neng

Die Licht-Meditation

Diese Meditation ist einfach und wirkungsvoll. Sie ist ein Mittel, um mit dem Höchsten Bewußtsein in Kontakt zu treten, und wird auch von *Sathya Sai Baba* empfohlen. Es ist eine altbewährte Methode, die vom Aufbau her in etwa den 3 Schritten des traditionellen *Yidam-Yoga* folgt und gleichsam eine auf das Wesentlichste konzentrierte Essenz davon darstellt.

Beim herkömmlichen *Yidam-Yoga* wird meist ein Gottesbild mit einer menschlichen Gestalt visualisiert, sei es ein Gesicht oder die körperliche Darstellung einer Gottheit oder einer Heiligen-Person. Da ein solches Gottesbild immer bestimmte formale Details hat, bedarf es - auch wenn man eine mit den physischen Augen sichtbare Darstellung (Thangka, Statue, Photo) davon hat - einiger Übung der Konzentration, bis man es als *Yidam* wirklich klar und deutlich mit geschlossenen Augen auf der "geistigen Leinwand" des Inneren Auges visualisieren kann. Aber nach einiger Übung wird das Innere Bild ganz von selbst erscheinen und bleiben, ohne Anstrengung.

Wohlgemerkt: Konzentration ist nicht ident mit Anstrengung. Sondern je entspannter man ist und je freier der Geist von ablenkenden Gedanken ist, umso leichter gelingt die "einspitzige" Konzentration auf das Objekt der Meditation. Die nötige geistige Klarheit und Wachheit wird durch die Beobachtung des Atems erreicht.

In dieser *Licht-Meditation* ist das Gottesbild selbst so weit wie möglich von ablenkenden Details befreit und stellt gleichsam die Essenz aller möglichen *Yidams* dar, nämlich *Leere voll Licht.* Daß die vollkommene Einswerdung eine überwältigende LICHT-Erfahrung ist, haben alle MeisterInnen berichtet, die im Laufe der Menschheitsgeschichte die Erleuchtung erlangten. Der Aspekt der *Leere* betont das Faktum, daß sich im Erleuchtungs-Bewußtsein alle herkömmlichen Erscheinungsformen der Welt - sei es materiell, energetisch, geistig - auflösen. (Siehe auch *Herz-Sutra*)

In der Meditation wird zu diesem *Licht* zunächst ein geistiger Kontakt hergestellt durch Visualisation. Man kann sich das *Licht* vorstellen als eine *Licht-Kugel* oder *Licht-Scheibe,* oder als ein ovales *Licht-Ei* oder einen *Licht-Punkt.* Diese *Licht-Form* schwebt in dem Raum, wo man die Meditation durchführt, in einem gewissen Abstand direkt über dem Meditierenden. Wenn man in einer Gruppe meditiert, kann man sich vorstellen, daß die *Licht-Form* in der Mitte über der Gruppe schwebt.

Diese *Licht-Form* symbolisiert *das Höchste Bewußtsein, das Absolute, das Wahre Selbst, die Universelle Heilungsenergie, die Höchste Liebe, Gott-Göttin-Alles was ist,* wie immer man *DAS Eine* nennen will. Sie steht sowohl für das transzendente Göttliche als auch für das uns innewohnende Göttliche, die "beide" eins sind. Sie ist also auch eine Projektion unseres inneren göttlichen *Licht-Wesens* nach außen. Ziel ist die Einswerdung mit diesem *Licht,* das eigentlich jetzt schon in uns ist. Der Akt der Visualisierung nach außen und die Herstellung einer Beziehung zwischen dem meditierenden Subjekt und einem Objekt der Meditation erleichtert die bewußte Kontaktaufnahme.

Der Hauptunterschied zum traditionellen *Yidam-Yoga* ist, daß in der *Licht-Meditation* während jeder Sitzung alle 3 Schritte vollzogen werden, während man beim ersteren längere Zeit auf der ersten Stufe verweilt.

Die 3 Schritte der *Licht-Meditation* lauten:

1) Ich bin im Licht
2) Das Licht ist in mir
3) Ich bin das Licht

LICHT-Meditations-Anleitung:

Einstieg: Meditationshaltung einnehmen, sei es der Lotos-Sitz, Schneidersitz, mit oder ohne Kissen (kein weiches), oder mit Meditations-Schemel, oder auf einem Sessel, (oder auch in Rückenlage mit den Händen seitlich am Boden). Die Handflächen zeigen nach oben und sind geöffnet, als Zeichen, DAS zu empfangen. Oberkörper möglichst aufrecht, ohne sich anzulehnen; der Kopf ruht ausbalanciert im Gleichgewicht auf der Halswirbelsäule.

Augen schließen; mit einem genußvollen, tiefen Seufzer alle Spannung abfließen lassen zur Erde.
Wende dich mit der ganzen Aufmerksamkeit der **Beobachtung des Atems** zu. Nimm als **Innerer Zeuge** wahr, wie die Atemluft an der Innenseite der Nasenflügel vorbeistreicht. Sei ganz bei dieser Beobachtung des Atemstroms;
spür genau hin, hör oder "schau" innerlich zu, wie der Atem ganz von selbst kommt und geht, ohne ihn willentlich zu beeinflussen.

Wenn sich irgendwelche Gedanken oder Gefühle einmischen,
registriere sie einfach als Innerer Zeuge, ohne sie zu bewerten,
aber schenk ihnen kaum Beachtung, sondern laß sie vorbeiziehen wie Wolken,
die am Himmel deines Geistes keine Spur hinterlassen.

Alles, was dich irgendwie innerlich "stört", kannst du mit dem Ausatem abfließen lassen zur Erde, die es aufnimmt,
sodaß du energetisch und geistig rein und klar und wach **hier** bist bei der Beobachtung deines Atems und ganz in der Gegenwart dieses Atemzugs **jetzt**.

Spür nun die senkrechte Achse deiner Wirbelsäule und stell dir
in deren Innerem den **Hohlen Bambus** vor, als reinen durchlässigen Kanal.
Spür die Wurzel der Wirbelsäule, und wandere mit deiner Aufmerksamkeit langsam entlang dieser senkrechten Achse nach oben, und zwar
- deiner Vorstellung nach - im Innern des Wirbelsäulenkanals.
(Es macht nichts, wenn du dir das anfangs nicht so gut vorstellen kannst.
Das Bild einer schönen Bambus-Flöte als deine Wirbelsäule wird dir helfen.)

Geh mit deiner Aufmerksamkeit nach oben bis zum Scheitel, und stell dir vor, daß die **Fontanelle "offen"** ist, wie das Zentrum einer großen Blüte,
einer Sonnenblume oder eines Tausendblättrigen Lotos,
oder einfach die runde, klare Öffnung eines Bambus-Rohrs.

Wenn du dir den Bambus-Kanal in der Wirbelsäule bewußt gemacht hast
und deinen Atem immer noch im Hier und Jetzt beobachtest,
und wenn du in dir etwas wie Durchlässigkeit, Reinheit, Klarheit, Transparenz fühlen kannst, dann schreite weiter zur *Licht-Meditation*.

1) *Ich bin im LICHT.*
Stell dir nun (mit geschlossenen Augen) die *Licht-Form* vor. Visualisiere Sie als *Licht-Punkt,* (*-Scheibe, -Kugel, -Ei* ...) direkt über dir schwebend.
Nimm Kontakt auf mit diesem *Licht,* indem du dich mit Ihm verbunden siehst durch einen Strahl, der dein Scheitel-Chakra berührt. Stell dir diese *Licht*-Verbindung hell strahlend wie goldenes Sonnenlicht vor. Keine bestimmte Aura-Farbe des Regenbogens, sondern möglichst golden oder weiß strahlend, als Symbol für die *Höchste Universelle Licht-Energie,* die alle anderen Farben enthält und vereint.
Stell dir dann auch vor, daß dich dieses *Licht* umhüllt, sodaß du dich darin ganz geborgen weißt, und wenn du willst, sag innerlich den Satz: *"Ich bin im Licht"*
Bleibe einige Minuten bei diesem Inneren Bild.
Dann gehe weiter zum nächsten Schritt, der lautet:
2) *Das LICHT ist in mir.*
Stell dir nun vor, wie das weiß-goldene *Licht* durch die Scheitel-Öffnung in deinen Körper fließt und ihn immer mehr erfüllt und durchströmt, wohlig warm und hell, den Innenraum jedes Körperteils durchströmt, die Füße zuerst, die Beine, das Becken, Bauch- und Brustraum, die Schultern und Arme und Hände bis in die Fingerspitzen, den Halsraum und Kopf,
sodaß jede Zelle deines Körpers durchflutet ist mit dieser *Licht-Energie* der Reinigung, Heilung, Entspannung und Erneuerung.
Du kannst das *Licht* auch einatmen oder - wenn dir das leichter fällt, weil du es gewohnt bist - es auch mit dem Dritten Auge durch die Stirn aufnehmen.
Erfülle ganz besonders deinen Herz-Raum, sodaß das Herz in der Brustmitte aufgeht, wie eine leuchtende Blüte.
Und wenn du willst, sprich innerlich den Satz: *"Das Licht ist in mir."*
Bleib wieder mehrere Minuten bei diesem Inneren Bild,
registriere deine Gefühle dabei und beobachte besonders deinen Atem.
Genieße jeden Atemzug und spür die Lebensenergie, die er enthält.
3) *Ich bin das Licht.*
Wenn du die Stufe 2) wirklich deutlich wahrnehmen kannst und ganz erfüllt dich fühlst und weißt vom göttlichen *Licht,* dann sprich innerlich das Mantra:

ICH BIN DAS LICHT

und mach dir dadurch bewußt, daß *DU das Licht BIST.*
Du BIST die Höchste Liebe. Du BIST das Göttliche. Du bist DAS. *Tat twam asi.*
Wisse ES und fühle ES und laß ES von deinem Herzen ausstrahlen,
wie eine Sonne, die in deiner Brustmitte aufgeht und wächst,
bis du selbst die *Mitte* dieses *Lichts* bist.
Gib dich hin dem Strahlen aus deiner Mitte, deinem Strömen
aus der unerschöpflichen Quelle der Liebe in deinem Herzen, die gespeist ist vom *Licht Gottes,* das jetzt in dich und durch dich und aus dir fließt....

LICHT, DEIN WILLE GESCHEHE ....

und sei einfach wacher Zeuge dessen, was geschieht ..... solange du willst ...

Beende die Meditation, indem du einen tiefen Atemzug nimmst und die Augen öffnest. Laß dir Zeit und sieh dir jetzt den Raum an, in dem du dich körperlich befindest. Sie Seine Schönheit überall. Und laß dein liebendes Wohlwollen sich ausbreiten auf alles - unterschiedlos.
Falte deine Hände vor der Brust und verneige dich vor dem Göttlichen als Zeichen der Demut und Dankbarkeit.
Streck die Glieder, richte dich langsam auf und geh
in die Meditation deines Alltagslebens.

Mach dir die ***Atem-Beobachtung*** zur Gewohnheit, auch während der Alltagsarbeit, und dein ganzes Leben wird sich verändern zum Wohle aller Beteiligten. Das beginnt schon beim Essen. Anstatt dabei Zeitung zu lesen, fernzusehen oder gedanklich Karussell zu fahren und dabei unbewußt die Lebensenergie einmal hierhin, einmal dorthin zu lenken und gar nicht zu merken, wieviel man in sich hineinschaufelt, kann man den *Atem beobachten* und ganz in der Gegenwart jeden Bissen und Schluck wirklich genießen. Man wird mehr davon haben, obwohl man weniger ißt, weil der Körper die Nahrung besser verwertet. Aber das ist gar nicht die Hauptsache. Auf diese Weise macht das Essen nicht nur "satt", sondern zufrieden, weil es ein sinnliches Erlebnis ist. Durch die *Atembeobachtung* muß der Körper nicht mehr dauernd dem vorauseilenden Denken nachhetzen, das immer längst woanders sein will, nur nicht *hier*. Die *Atembeobachtung* holt den Geist in den Körper zurück, und man wird *ganz*. Und endlich *kommt man an* - in sich selbst und dadurch auch bei den anderen. Der Lebenserfolg wächst, da der Geist präsent ist bei dem, was man tut. Durch die *Atembeobachtung* wird die Schönheit und Fülle und Tiefe und Faszination dessen bewußt, was jetzt hier *ist*. Und das Einfache wird wesentlich, weil man es als Ausdruck des *Einen* erkennt und erfährt. Und wenn man so zum *Wesen* des Seins vordringt, wird das Leben äußerlich billiger und innerlich reicher. Da man kaum Geld für materielle Ersatzbefriedigung braucht, muß man auch nicht mehr "rackern" und hat mehr Zeit fürs *wahre* Leben. Überhaupt wird das ganze Leben schöner und länger, nicht nur wegen des Sieges über den Stress, sondern auch im subjektiven Empfinden, weil man stets in der Ewigkeit des Jetzt lebt. Die *Atembeobachtung* bzw. der *Yoga des bewußten Ein- und Ausatmens* war *Buddhas* Haupt-Praxis und kann - regelmäßig geübt - zur Erleuchtung führen.

Atembeobachtung und *Licht-Meditation* sind universelle Werkzeuge, die mit jedem religiösen Hintergrund vereinbart und mit jeder anderen Praxis kombiniert werden können. Selbst "Atheisten" haben kaum Schwierigkeiten damit, weil sie keine festgelegten Gottesbilder enthalten.

Atembeobchtung und *Licht-Meditation* allein genügen - regelmäßig geübt - als eigenständige und vollständige spirituelle Praxis, die zur vollkommenen Einswerdung führen kann.

Atembeobachtung und *Licht-Meditation* sind einfach, und darin liegt ihre große Kraft. ***Die Essenz der Wahrheit ist immer einfach,*** aber nur wenige wissen das, und die meisten beschäftigen sich lieber mit komplizierten Dingen.

Weitere Hinweise und Empfehlungen zur *Licht-Meditation:*

Wer noch wenig Meditationserfahrung besitzt oder schon lange nicht mehr meditiert hat, sollte vor der *Licht-Meditation* mehrmals "nur" die *Atem-Beobachtung* üben. Denn wenn der Geist nicht möglichst leer von Gedanken und nicht ganz in der Gegenwart ist, wird die Visualisation stark beeinträchtigt, wenn nicht unmöglich, und der *Licht-Energiefluß* wird blockiert, weil man sich nicht zu einem genügend reinen und durchlässigen Kanal machen kann.

Wer mit der Visualisierung des *Lichts* als Inneres Bild Schwierigkeiten hat, kann die Meditation auch mit offenen Augen und einer ***Kerze*** ausführen. Dies läuft im Prinzip gleich ab: Meditationssitz; Atembeobachtung; und dann die 3 Schritte der *Licht-Meditation,* wobei man in die Kerzenflamme blickt. Dieser Blick ist kein genaues Hinschauen auf die Details der Flamme, sondern ein Blick in die Ferne, durch die Flamme hindurch. D.h. die Augenmuskeln sind entspannt und auf "weit" eingestellt, sodaß die Ränder der Flamme allmählich verschwimmen. Auf diese Weise findet man auch mit offenen Augen nach einigen Minuten zu einer Art Innerem Sehen, in dem die Flamme zu einem *Licht* werden kann, das mehr ist als Feuer.

Meiner Erfahrung nach ist es auch sehr angenehm, vor einer solchen Sitzmeditation Bewegung zu machen - sei es Tanz oder ***Körperübungen*** -, damit die Lebensenergie in Fluß kommt und es nicht passiert, daß man zwar äußerlich in perfekter Meditationshaltung dasitzt, in Wirklichkeit aber innerlich total angespannt sich gewaltsam dazu zwingt, auf einem energetischen Unruheherd zu hocken, so als ob man im Klo eingesperrt wäre, obwohl man gar nicht muß, und am geschlossenen Deckel sitzend den verschiedensten Gedankenkarussellen nachgaloppiert. Das wäre nicht Meditation, und man könnte genausogut vorm Fernseher hocken.

Am besten bewährt hat sich für mich und viele andere die Kombination der stillen *Licht-Meditation* mit einer vorangehenden ***Tanzmeditation*** zu dynamischer Trommelmusik, z.B. *EARTHDANCE* (siehe Anhang). Ca. 20 Minuten Rütteln und Schütteln und Schnauffen, lustvolles Austanzen und Raustanzen eventueller Energiestaus ist sehr angenehm. Und die darauf folgende Ruhe der Meditation ist umso wirkungsvoller.

Viele Menschen meditieren gerne zu einer ruhigen ***Musik.*** Dazu empfehle ich die *KLANGMANTRAS* (siehe Anhang), Musik mit Tibetanischen Klangschalen, die speziell für Meditationszwecke konzipiert und eingespielt wurde. Diese Produktion enthält auch eine Aufnahme des *Sonnentons,* welcher *der* Ton des Lichts schlechthin ist und für *Licht-Meditationen mit Musik* sicher einen optimalen Klang-Raum bildet.

Höre!
Nun strahlt der reine Glanz des Wahren Wesens vor dir
Erkenne Es!
In diesem Augenblick
ist dein Geist dem Wesen nach
reine *Leere*

Er hat keine besondere Eigenart
weder Substanz noch eine Eigenschaft wie Farbe
Aber dieser Geisteszustand ist nicht die Leere des Nichts
Er ist ungehindert
funkelnd
klar
vibrierend

Dein Geist
dessen Wesen *Leere* ohne jegliche Substanz
und zugleich vibrierend und gleißend ist
ist das Wahre Wesen des *Buddha*
Dieser dein Geist
ist untrennbar *Glanz* und *Leere*
in der Form einer Überfülle von *Licht*
Er kennt nicht Geburt noch Tod
darum ist er der *Buddha des Unsterblichen Lichts*

Dies zu erkennen
ist das einzig Nötige
Erkennst du dieses reine Wesen deines Geistes
als das *Buddha-Wesen*
so ist
das Schauen deines eigenen Geistes
das Ruhen im *Buddha-Geist*

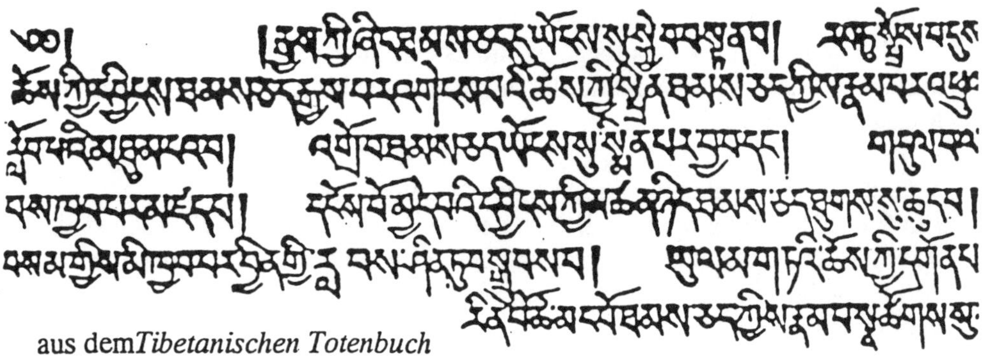

aus dem *Tibetanischen Totenbuch*

Wer bin ich?

Bin ich mein Name? Oder mein guter oder schlechter Ruf? Bin ich das Bild, das ich von mir habe? Oder bin ich so, wie die anderen mich sehen? Bin ich mein Körper oder meine Gefühle? Meine Gedanken oder Träume?

Es wäre leichter zu sagen, wer oder was ich *nicht* bin. Die Meister des *Vedanta* verwenden ganz bewußt die Sprache des *Neti neti*, "weder dies noch das", um sich durch spiralartig umkreisende Verneinung immer mehr der *Mitte* anzunähern, die durch begriffliches Denken und Worte nie ganz erfaßbar ist.

Ich bin nicht mein Körper, sondern ich *habe* einen Körper und wohne darin. Er ist Erde, und ich werde ihn einst wieder verlassen, um in ein anderes "Haus" zu ziehen. Ich bin auch nicht meine Gefühle und Sinneswahrnehmungen und bin auch nicht mein Denken. All dies sind nur Instrumente für mich, um mit dieser Welt in Kontakt zu treten und sie zu erfahren. Ich bin nicht einmal meine spirituelle Intuition. Auch sie ist nur ein Erkenntniswerkzeug.

Die passendste Antwort auf die Frage "Wer bin ich?" ist wohl eine ohne Worte, ist Stille, *Leere*. Daher hielten vollendete Meister wie *Ramana Maharshi* das Schweigen für die adäquate Art, die Essenz zu vermitteln. Ramana sprach durch seine totale Präsenz und durch seine Augen, die direkt das Herz aller Menschen berührten.

Vasudeva: Wenn man in Worten antworten möchte, genügt es zu sagen: *"ICH BIN"*. Die Betonung liegt am BIN, nicht am "ich". Ich bin das *Sein* selbst, das Absolute, das trotz aller Veränderung auf der relativen Ebene selbst unveränderlich beibt. Um Es besser zu verstehen, kann man das Bild des *LICHTS* verwenden:

Jeder von uns ist in seinem ***WAHREN SELBST*** wie ein Sonnenstrahl. Dieser Strahl ist stets mit seinem Ursprung verbunden, den du auch "Gott" nennen kannst. Als *Licht*, das er seinem Wesen nach ist, ist er sowohl jederzeit und überall eins mit der Quelle des *Lichts* als auch mit allen anderen *Licht*strahlen, selbst wenn sie in verschiedene Richtungen gehen.
Man kann lernen, dieses *Licht* des Wahren Selbst in sich und den anderen Menschen mehr und mehr wahrzunehmen. Voraussetzung dafür ist jedoch ein erster Schritt des Glaubens, oder besser gesagt, ein Sprung ins Vertrauen, daß dieses *Licht* wirklich existiert. ES ist immer da, und in Ihm sind wir, du und ich, *eins,* auch dann, wenn wir körperlich weit voneinander entfernt sind und wenn uns DAS gar nicht bewußt ist. Das Wahre Selbst ist unwandelbar, ungeboren, unverletzlich und unsterblich. Es transzendiert jede Polarität und Relativität. Es ist etwas wie ein großer Innerer Zeuge, der einfach da ist. Es IST einfach. Absolutes Sein und Höchstes Bewußtsein, unvergängliche Glückseligkeit und ewiger Innerer Friede. Man kann lernen, damit in Kontakt zu treten und diese Bewußtseinsverbindung im Alltag immer und überall aufrechtzuhalten. Atembeobachtung, Licht-Meditation und Mantras sind gute Hilfsmittel dafür.

Chela: Das klingt ja alles recht schön. Aber ist das, was du sagst, auch eine von dir gelebte Erfahrung?
Vasudeva: Ja. Je mehr ich mich bewußtseinsmäßig auf diese Sichtweisen einlasse und mein Handeln danach ausrichte, umso mehr werden sie auch körperlich, emotional und geistig zu Erfahrung und Wissen und stimmen die Resultate meines Lebens mit meiner Geisteshaltung überein, und zwar in einer signifikanten Weise, die sogar jeden Wissenschaftler überzeugt - zumindest von der Heilwirkung meiner Sichtweisen, egal ob er sie glaubt oder nicht. Die erzielte Glücks-Realität im konkreten Leben und Befinden ist eindeutig feststellbar, ja medizinisch meßbar.
"Das Auge gibt dem Körper Licht. Wenn dein Auge gesund ist, dann wird dein ganzer Körper hell sein. Wenn aber dein Auge krank ist, dann wird dein ganzer Körper finster sein"(Mt 6, 22-23) Es kommt also ganz auf die Sichtweise an.
Chela: Das heißt aber nicht, daß deine Sichtweisen richtig sind, sondern klingt eher nach Auto-Suggestion, mit der du dir deine eigene Realität schaffst.
Vasudeva: Du hast ganz recht. Jeder ist selbst der Haupt-Bestimmungsfaktor seiner Lebensrealität. Aber abgesehen davon, daß die obigen "religiösen" Sichtweisen durch das Leben vieler erleuchteter Meister verifiziert sind, ist es mir völlig einerlei, ob die Existenz Gottes oder eines Wahren Selbst wissenschaftlich beweisbar ist oder nicht. Da mein Geist der Lenker meiner Lebensenergie ist, geht es mir darum, die am wenigsten einschränkende Geisteshaltung in Bezug auf mich, die Welt und das Leben zu finden, damit sich mein gesamtes Lebenspotential optimal entfalten kann, und zwar in jedem Lebensmilieu, ob reich oder arm.
Um dies zu ermöglichen, gehe ich von folgender Grundhaltung aus:

1) In jedem Menschen wohnt ein ***unendliches Potential*** an schöpferischer Kraft, Liebe und Lebensfreude, das ihm jederzeit zur Verfügung steht zur Gestaltung eines Lebens, wie es seinen Herzenswünschen entspricht.
Was wünscht das *Herz* wirklich? - In erster Linie *Peace and Love* und *Let It Be!* Friede, Liebe und loslassende Hingabe an das Leben. Wie erreiche ich Frieden? - Durch Liebe. Und die kostet kein Geld, denn Liebe gibt es in grenzenlosem Überfluß in meinem eigenen Herzen. Was kann ich tun, wenn ich mich ungeliebt fühle? - Mich selbst lieben. Ganz einfach. Bedingungslose Selbst-Annahme.
Ich bin okay, so wie ich bin, unabhängig davon, was ich denke, tue oder fühle. Jeder Mensch trägt alles in sich, was nötig ist, um in jeder Situation glücklich und zufrieden zu sein, selbst wenn er weint oder Schmerz empfindet. Mit "glücklich" meine ich nicht "immer happy-peppy-gut drauf". Wirkliches Glück ist etwas Tiefes, und es ist auch nicht etwas, das je nach Zufall kommt und geht. Glückklichsein ist mehr als ein Gefühl. Es ist Innerer Friede, der Friede des Herzens. Und den kann man auch im sogenannten "Pech" beibehalten. Denn es kommt immer auf mich selbst an, ob ich eine Lebenssituation als "Problem" betrachte und mich als "Opfer" verhalte, oder ob ich sie als Herausforderung an meine Schöpferkraft annehme, um daran zu wachsen.

2) ***Das ganze Universum ist uns prinzipiell wohlgesinnt***, sogar vermeintliche "Widersacher". Alle Situationen und Menschen, denen ich begegne, unterstützen mich darin, genau das zu lernen, was ich zur vollen Entfaltung meines Wahren Wesens noch lernen muß.
Es gibt keine Zufälle, denn es fällt mir immer genau das Richtige zu, das mich optimal prüft, und woran ich lernen kann, unter allen Umständen in meiner *Mitte* zu bleiben, in Innerem Frieden. Dabei sind die widrigsten Umstände meist die besten "Gurus". Der Innere Friede ist in erster Linie die Folge meiner Entscheidung, wie ich mich und die Welt sehe und wie ich handle. Und alles, was mir begegnet, ist wiederum die Folge meiner Handlungen (*Karma*), meiner Entscheidungen, nicht ein fatalistisches "Schicksal" jenseits meines Einflusses.
In Innerem Frieden zu sein heißt nicht, daß ich immer "ganz lieb und nett" sein muß. Die besonders "Braven" sitzen meist auf einem unterdrückten Wutvulkan. Friede ist freier Fluß der Lebensenergie. Laute Spontanität und kreativer Streit, Lachen und Weinen gehören ebenso dazu wie Ruhe und Stille.

3) Eine ***spirituelle Sichtweise des Lebens.*** D.h. die materielle Welt ist nicht die Letzte Realität, sondern eine geistige Welt, das Wahre Selbst, das man auch Gott nennen kann. Meiner Erfahrung nach ist wahre Heilung nur möglich, wenn ich diese spirituelle Ebene miteinbeziehe und wenn ich eine befriedigende Antwort auf die Frage nach dem Sinn des Lebens und auf die Frage "Wer bin ich"? gefunden habe.

Selbstverantwortung hingegen ist etwas Schöpferisches. Sie befähigt mich, alle geistigen Alt-Lasten wie "Angst, Schuld und Groll" abzuwerfen durch Vergebung und jetzt völlig entfesselt und neugeboren aufzu(er)stehen ins Licht des Lebens und der Liebe, und nach Möglichkeit Fehler wiedergutzumachen. Auch wenn letzteres materiell manchmal nicht mehr ganz möglich ist, kann auf der geistig-spirituellen Ebene alles, ich betone, *alles* vollkommen geheilt werden. Ich kenne Krebspatienten, die sind durch totale Vergebung in Wahrheit heil, obwohl ihr Körper noch krank ist. Manche wurden auch physisch gesund, während bei anderen, die keine geistge Heilungsarbeit leisteten, der Krebs trotz Operationen wieder zurückkehrte.

Einer meiner wichtigsten spirituellen Lehrer ist ein "Zwerg", im Vergleich zur körperlichen "Normal"-Norm ein "verhutzelter Krüppel", mit Buckel, schiefem Kopf und verschieden langen Beinen, auf denen er sich nur humpelnd fortbewegen kann. Er hätte jeden Grund, sich als "Opfer dieser kosmischen Ungerechtigkeit" in den Selbstmitleidswinkel zurückzuziehen und gar nicht mehr leben zu wollen. Aber er hat sich entschieden, diesen behinderten Körper als selbsterwählt zu betrachten und als Herausforderung für sein Wahres Göttliches Wesen willkommen zu heißen. Heute ist er einer der strahlendsten, liebevollsten, zufriedensten und weisesten Menschen, die ich kenne. Trotz seines unveränderten Körpers ist er ein Leuchtturm für alle, die ihn kennen.

Ich sage dir, Chela, es ist mir völlig egal, ob all die eben erläuterten spirituellen und psychologischen Sichtweisen "wissenschaftlich belegbar" sind oder nicht. Allein das lebendige Beispiel dieses Menschen überzeugt mich von der erlösenden Richtigkeit des Glaubens an die *innewohnende Göttlichkeit* und der Übernahme *uneingeschränkter Selbstverantwortung* für die Lebensumstände, in die man sich inkarniert hat.

Chela schwieg ein Weilchen. Dann sagte er: Vasudeva, du hast zuvor vom Wahren Selbst gesprochen und sagtest, es sei das Sein, also das BIN im "Ich bin". Mir bleibt trotzdem die Frage: Wer bin **ICH**? Wer ist dieses "Ich", das hier die Fragen stellt und zuhört? Wer trifft meine Entscheidungen? Und wenn das Wahre Selbst unwandelbar ist, wieso verändere ich mich dann, und was macht unsere Individualität aus? Warum sind wir verschieden, wenn wir in unserem Innersten angeblich Einunddasselbe sind, das Eine ohne ein Zweites?

Vasudeva: Ich sehe das folgendermaßen. Und was ich sage, ist wieder nur eines von mehreren Erklärungsmodellen, und zwar jenes, das für mich am meisten Sinn gibt und sich in meinem Leben am besten bewährt und verifiziert hat.

Dieses "Ich", das hier jetzt mit dir kommuniziert, ist jene Instanz, die wir als ***SEELE*** bezeichnen. Sie ist die *individuelle Manifestation des Wahren Selbst*, sein aktiver, schöpferischer Ausdruck, der sich hier auf der Erde inkarniert, sich als "Ich" versteht und sich mitteilt, der Entscheidungen trifft und innerhalb der Schöpfung handelt und wirkt, der Erfahrungen macht und dabei lernen und sich verwandeln kann, mit dem Ziel, daß die individuelle Seele mehr und mehr erkennt, was sie in Wahrheit ist: nämlich eins mit ihrem Göttlichen Wesenskern, dem Wahren Selbst.

Man kann sich das so vorstellen: Der *Licht*strahl, von dem ich vorhin sprach bei der Definition des Wahren Selbst, geht mehr oder weniger stufenlos oder stufenweise in die individuelle Seele über, die sich in den Körper inkarniert. Eine solche Übergangsstufe ist das Scheitel-Chakra, durch welches die Seele den Körper betritt. Die Seele verkörpert sich zwar, ist aber selbst nicht materiell und bleibt immer mit dem Wahren Selbst verbunden und eins.

Ich sagte bereits, die Dynamik des irdischen Lebens basiert auf einer Relativität zwischen zwei Energiepolen, die in einem dynamischen Wechselspiel einander ergänzen: YIN & YANG, das Weibliche und das Männliche Prinzip. Jeder Mensch trägt beides in sich. Das ist schon an Atem und Herzschlag klar zu sehen: ein ständiger Wechsel zwischen Ein- und Ausatem, Spannung und Entspannung. Rhythmische Pulsation ist ein Kennzeichen des Lebens schlechthin. Sie entsteht aus einem permanenten Wechsel der Pole. Nur Einatem oder nur Ausatem allein würde in Kürze den physischen Tod bringen. Auch Wachen und Schlafen ist solch ein Rhythmus, ja selbst die physische Geburt, das Sterben und Neuwerden.

Ein elektrischer Energiestrom kann auch nur dann fließen, wenn es einen Pluspol und einen Minuspol gibt. Diese Bezeichnungen "positiv" und "negativ" haben nichts mit "gut" und "böse" zu tun, sondern sind völlig wertneutral. Diese irrtümliche Ebenenkonfusion mit "moralischen" Maßstäben hatte die fatale Folge, daß der Mann als "gut" und die Frau als "weniger gut" angesehen wurde, was noch heute in fast allen Weltreligionen darin resultiert, daß Frauen in spirituellen Belangen für minder befähigt gehalten werden und daher von den höheren Priester-Ämtern meist ausgeschlossen bleiben. Das ist auch im traditionellen Buddhismus und Hinduismus nicht viel anders. Es gibt in der Schöpfung keine "gute" oder "böse" Energie an sich. "Gut" oder "schlecht" wird sie nur durch das menschliche Urteil über die verschiedenen Arten, wie der menschliche Geist diese Energie lenkt.

Auf der polaren Ebene von YIN & YANG macht die Seele natürlich sehr intensive Erfahrungen, erlebt starke Gefühle und Sinneseindrücke, Gedankenspiele und individuelle Verschiedenheit, traumatische Begegnungen mit Kampf und Abwehr, Freude und Trauer, Geburt und Tod - alles Erfahrungen, die dazu geeignet sind, die Seele ihre wahre Identität und Einheit mit ihrem unvergänglichen göttlichen Wesenskern vergessen zu lassen.

Schon die eigene Geburt ist ein einschneidendes Erlebnis, und die Erfahrungen mit den Eltern während der frühen Kindheit sind *primär* prägend für die Bewußtseinsstrukturen des Menschen im Denken und Fühlen und können in der Folge das gesamte Leben als Erwachsener sehr ungünstig beeinflussen, wenn er es nicht schafft, sich von allen in der Kindheit eingelernten einschränkenden Denkprogrammen, Abwehrmechanismen und emotionalen Reaktionsmustern zu befreien. Wie diese illusionäre Konstruktion von irrtümlichen Vorstellungen über sich selbst und die Welt - ein falsches Selbstbild, das man auch als das ***"EGO"*** bezeichnet - funktioniert, und welche Resultate die damit verbundenen unbewußten Handlungsautomatismen bringen, zeigt eine Geschichte aus Paul Watzlawicks *Anleitung zum Unglücklichsein,* die mich auch an Dschuang Tses "Axtdieb"-Parabel erinnert. "Die Geschichte mit dem Hammer":

Ein Mann will ein Bild aufhängen. Den Nagel hat er, nicht aber den Hammer. Der Nachbar hat einen. Also beschließt unser Mann, hinüberzugehen und ihn auszuborgen. Doch da kommt ihm ein Zweifel: "Was, wenn der Nachbar mir den Hammer nicht leihen will? Gestern schon grüßte er mich nur so flüchtig. Vielleicht war er in Eile. Aber vielleicht war die Eile nur vorgeschützt, und er hat etwas gegen mich. Und was? Ich habe ihm nichts angetan; der bildet sich da etwas ein. Wenn jemand von mir ein Werkzeug borgen wollte, *ich* gäbe es ihm sofort. Und warum er nicht? Wie kann man einem Mitmenschen einen so einfachen Gefallen abschlagen? Leute wie dieser Kerl vergiften einem das Leben. Und dann bildet er sich noch ein, ich sei auf ihn angewiesen. Bloß weil er einen Hammer hat. Jetzt reicht's mir wirklich!"- Und so stürmt er hinüber, läutet, der Nachbar öffnet, doch noch bevor er "Guten Tag" sagen kann, schreit ihn unser Mann an:"Behalten Sie Ihren Hammer, Sie Rüpel!"

Es ist offensichtlich, daß die Wut dieses Mannes nicht das Geringste mit dem Nachbarn und der Hier-und-Jetzt-Situation zu tun hat, sondern ein aufgestautes Emotionsrelikt aus der Vergangenheit ist, das hier auf Knopfdruck explodiert, obwohl gar kein realer Anlaß dazu besteht. Was löste die Emotion aus? Ein Gedankenkarussell, das gespickt war mit illusionären Vorstellungen wie: "Der Nachbar hat was gegen mich."- "Er borgt mir den Hammer nicht" (obwohl er noch gar nicht gefragt hatte),- "Die anderen vergiften mein Leben." - und tiefer liegend: "Keiner mag mich." - "Ich bin nicht okay, so wie ich bin. Ich bin nix wert." etc.

Andere weit verbreitete einschränkende Glaubenssätze lauten:
"Das Leben ist ein K(r)ampf. Lieben ist gefährlich. Nähe ist bedrohlich, denn dann könnte ich verletzt werden, oder der andere würde sehen, wie ich wirklich bin, und das wäre schrecklich. Ich bin ein häßliches Nachtschattengewächs, ein Trottel und Total-Versager oberdrein. Ich muß perfekt sein, sonst mag mich keiner. Ich bin nicht gut genug. Ohne mich läuft nichts. Ich muß immer alles alleine machen. Ich steh immer außen. Wenn es ernst wird, tauche ich unter. Ich bekomme nur Zuwendung, wenn ich krank bin. Ich bin immer krank. Ich bin schuldig und verdiene nicht, daß es mir gut geht. Geschieht euch recht, wenns mir schlecht geht; seht, was ihr mir angetan habt, ihr Schweine! Ich bin so arm. ***Einem Verein, der Leute wie mich aufnimmt, kann ich nicht beitreten.*** (Groucho Marx). Glück ist nicht von Dauer. Besser frustriert als enttäuscht. Ich habe keine Zeit. Ich *muß* immer. Ich kann nicht. Nur Leistung zählt. Ich darf meine Gefühle nicht zeigen. Männer weinen nicht. Nur die Harten kommen durch. Ich muß immer nett sein, sonst werde ich nicht geliebt. Ohne Leiden kein Glück. Ich bin noch zu klein, als daß ich selbst entscheiden könnte. Erst wenn mich Papa voll akzeptiert, kann ich erwachsen werden. Ich darf nicht strahlen. Bitte um Entschuldigung, daß es mich gibt. In meinem Versteck vor mich hinzuleiden ist am sichersten. Ich brauche zuerst selber Liebe, ehe ich welche geben kann. Sex ist Sünde. Mit dem Tod ist alles aus. Ich muß immer besser sein als die anderen. Kriege wird es immer geben, daran läßt sich nichts ändern. Was ich will, das krieg ich nicht; was ich kriege, will ich nicht; ich weiß nicht, was ich will. Lieber das Schlimmste erwarten, als davon überrascht werden." u.v.a.

Chela: Da kommt mir einiges bekannt vor. Der letzte Satz besonders. Aber ich habe ihn bereits entlarvt und suspendiert aus seinem langjährigen Dienst, den *"Zweckpessimismus"*, mit dem ich unbewußt meine gesamte kreative Gedankenenergie dafür einsetzte, daß das Schlimmste eintritt - was auch oft geschehen ist, da ich ja selbst dafür gesorgt habe. Und wenn es mal anders ausging als erwartet, dann hatte ich zwar "zufällig Schwein gehabt", aber mich durch meine eigene völlig illusionäre Angst, daß es anders sein könnte, davon abgehalten, die Realität entspannt zu genießen. Da mir dieser Mechanismus nicht bewußt war, machte ich gerne die anderen für mein Befinden verantwortlich.
Vasudeva: Ja, "Opfersein" ist bequemer. Vorübergehend zumindest, nicht aber auf Dauer, da wir uns auf diese Weise vorm Leben drücken.

Diese einschränkenden Glaubenssätze, die wir aufgrund bestimmter Erfahrungen meist schon während der frühen Kindheit ausprägten - wobei, wie schon gesagt, keiner "schuld" ist, auch nicht die Eltern - beeinflussen gewohnheitsmäßig unser Denken, Fühlen und Handeln, und als Filter verfälschen sie auch unsere Wahrnehmung. Sie wirken gleichsam wie "negative Mantras", die wir seit unserer Kindheit im Bewußtsein verankert haben und bei Bedarf auf "Knopfdruck" wie Computerprogramme ablaufen lassen. Diese "Knöpfe" drücken meistens andere, als deren Opfer wir uns betrachten. So re-agieren wir die meiste Zeit anstatt frei schöpferisch zu agieren. Diese einschränkenden Glaubenssätze sind unsere "ganz normalen Besessenheiten", das ist die "Schwarze Magie", durch die sich fast jeder Mensch bis zu einem gewissen Grad selbst sabotiert und davon abhält, sein ganzes Potential zu verwirklichen und sich ein glückliches Leben zu gestalten.

Der australische Psychologe, *Rainer Taeni*, hat für diese illusionären Denkprogramme einen griffigen Terminus geprägt: **SEV**.
Das ist die Abkürzung für *Suchtmäßig Einschränkende Vorstellung*. "Suchtmäßig" deshalb, weil wir uns meist so zwanghaft danach ausrichten, als wären sie Naturgesetze, und gar nicht auf die Idee kommen, daß wir einem Irrtum aufsitzen. SEV heißt auch *Sich Erfüllende Vorhersage*, denn wir sorgen meist selbst dafür, daß dies eintritt, was wir befürchten. Es entsteht ein "Teufelskreis", in dem die unbefriedigenden Ergebnisse unserer Handlungsmuster wiederum das negative Denkmuster (SEV) bestätigen, welches eigentlich die Ursache für das Handlungsresultat war. *Sigmund Freud* sprach vom *"Wiederholungszwang"*. Am Beispiel unseres "Mannes ohne Hammer" ist dies gut zu sehen: er sorgt durch sein Verhalten selbst dafür, daß der Nachbar ihn nicht mehr mag und bekräftigt so die vermeintliche "Wahrheit" seines SEVs "Keiner mag mich".

SEV bedeutet auch: *Seelischer Energie-Verschleiß, Sorgenvolle Ego-Vorprogrammierung, Selbst Erwählte Verstrickung*. Alle Leidursachen der Menschheit, auch die schrecklichsten Kriege, liegen in solchen illusionären Denkprogrammen begründet. Nationalistische Feindbilder wie der Antisemitismus sind Kollektiv-SEVs, illusionäre Ängste vor dem "Fremden, Anderen" und ersatzmäßige Wut-Projektions-Zielscheiben für die Unzufriedenheit mit sich selbst. Die Folgen dieser Ängste sind zwar sehr real, z.B. Krieg und Krankheit, Geldgier und Armut und das "glanzvolle Elend" von innerer Armut trotz äußerem Reichtum. Aber diese Wirk-lichkeiten sind Wirkungen von Ursachen, die tiefer liegen, nämlich im menschlichen Geist, der die Lebensenergie lenkt und die materielle Welt gestaltet. Wann immer wir etwas wie "Leid" erleben, dürfen wir nicht an den materiellen Symptomen hängen bleiben, sondern radikal zur Wurzel gehen, und wir kommen früher oder später zu unseren SEVs als Hauptursachen, die selber jeder Wahrheit entbehren - sowohl rein weltlich psychologisch gesehen, und umso mehr von einem spirituellen Standpunkt aus betrachtet.

Die einschränkenden Mechanismen laufen nicht nur im Denken ab, sondern haben auch emotionale Entsprechungen, wie der "Mann ohne Hammer" eindrucksvoll vorführte. Nicht alles, was wir "fühlen", ist auch ein wirkliches *Gefühl* im Sinne einer energetischen Verbindung zwischen mir und meiner Umwelt in der Hier-und-jetzt-Situation. Die meisten inneren Aggressions-Herde, "schwarzen Depressions-Löcher" und anderen gewohnheitsmäßig immer wiederkehrenden energetischen Muster haben kaum etwas mit der Gegenwart zu tun, sondern uralte Emotionen aus der Vergangenheit, die seinerzeit nicht genügend ausgelebt und befreit wurden und seither im Organismus festsitzen in Form von Vital-Energieblockaden, Muskelverspannungen und latent brodelnden Wut-Vulkanen, die nur auf den nächsten äußeren "Knopfdruck" warten - z.B. wenn jemand auf einen konstruktiven Verbesserungsvorschlag eines Kollegen total aufbrausend reagiert, weil er sich kritisiert fühlt (genau auf dieselbe Art, wie in der Kindheit sein Vater immer an ihm rumnörgelte). Dieser Zusammenhang mit der eigenen Kindheit ist uns meist nicht bewußt, daher ist in unseren Augen immer der andere "schuld" und wir das "arme Opfer". Wenn wir diese alten Emotionsmuster - welche auch schon bei der eigenen Geburt entstehen können - nicht auflösen und die darin gebundene Lebensenergie befreien, bleibt uns in zahlreichen Situationen eine wirkliche klare Gefühlsverbindung zum Hier und Jetzt versperrt und somit die reale Totalität des gegenwärtigen Lebens- und Erlebnis-Potentials unzugänglich. Häufig nehmen wir die Welt und uns selbst nur durch einen verfälschenden Filter wahr, hocken wie Don Quixote verschanzt in der eigenen Rüstung und wundern uns, warum es drin so finster ist.

So spielen wir auf der Bühne des Lebens häufig tragikomische "Charakter"-Rollen und identifizieren uns mit "Persönlichkeits-Masken", die wir uns freiwillig aufgesetzt haben, die wir aber in Wahrheit nicht sind. Gerne suchen wir uns dazu genau solche (Ehe-)Partner aus, deren Ego-Rolle genau zur eigenen Inszenierung paßt, damit wir aneinander "optimal leiden" können; z.B. "der nervige Besserwiss-Prediger und der genervte Nein-Sager-Trotzkopf" oder "die allverantwortliche Super-Mama mit Kraft-Maske und Helfersyndrom und der unselbständige, permanent kränkelnde Bubi Noch-zu-klein mit Tarnkappe" und viele andere Traum-Rollen und Trauma-Paarungen (vgl. Rainer Taeni, *Umkehr zur Liebe*). Die markante Ähnlichkeit der Rollen mit den Eltern und mit ehemaligen kindlichen Verhaltensmustern ist zwar unbeabsichtigt und unbewußt, aber freiwillig und nicht zu übersehen.

Das illusionäre Selbstbild, das die Gesamtheit aller SEVs (einschränkende Denkprogramme), Emotionsmuster, Wahrnehmungsfilter und eingeschränkten Handlungsmechanismen darstellt, wird als das **EGO** bezeichnet.

Diese selbstgestrickte "Ego-Persönlichkeit" bin aber nicht ich. Wenn ich "Ich" sage, meine ich nicht das Ego, sondern mich als *Seele,* im Vollbesitz meines ganzen schöpferischen Potentials.

Das Ego ist eine Illusion über mich selbst, die meine Lebensenergie fehlleitet. Wer sich selbst für das Ego hält, identifiziert sich auch meist total mit seinem Körper und betrachtet sich daher als getrennt von allen anderen, als verletzlich und von äußeren Mächten bedroht, muß daher Angst haben und kämpfen und abwehren, und beschafft sich Ersatzbefriedigung statt Frieden zu schaffen. Er verfälscht seine Wahrheit, verleugnet seine Einheit mit der ganzen Schöpfung und all ihren Wesen und ihrem Urgrund, verneint seine eigenen Fähigkeiten und blockiert freiwillig sein Leben und seine Liebe.

Chela fühlte sich "schuldig" wegen seiner Ego-Stories im vergangenen Jahr.
Vasudeva: Kein Anlaß zur Sorge. Jeder SEV, den du klar erkennst und damit am Schlawittchen packen kannst, ist ein Grund zur Freude, weil du ihn jetzt ganz leicht entmachten kannst. Man braucht sich auch nicht "schuldig" fühlen wegen eines SEVs. Das Ego ist nichts "Schlechtes" oder "Böses", sondern einfach ein Irrtum, eine Illusion, die in Wahrheit nicht existiert. Gerade das "Schuld"-Spiel ist eine häufige Ego-Strategie und bringt uns am wenigsten weiter auf dem Weg der Befreiung unserer Lebens- und Liebes-Energie.

Man muß das Ego sogar lieben lernen und es bedingungslos annehmen, nur dann kann man sich davon lösen. Dem Ego gebührt Dank, denn es hat in unserer Kindheit eine wichtige Funktion erfüllt. Manchmal diente es als Selbstschutz und sogar die Trotzphasen haben uns darin unterstützt, zu lernen, daß wir auch die Macht haben, "Nein" zu sagen und eigene Entscheidungen zu treffen.

Wenn wir jedoch diesen Trotz und andere Abwehrstrategien der frühen Kindheit als Erwachsene immer noch beibehalten, dann wird dies sehr einschränkend für unser Leben. Genauso einschränkend, wie wenn sich ein Schmetterling entscheiden würde, eine Raupe zu bleiben.

Als individuelle ***Seele*** haben wir einen ***freien Willen,*** und wir können uns in jedem Augenblick entscheiden, ob wir unser "Schmetterlings"-Leben in den Dienst der illusionären "Ego-Raupe" stellen und dabei wahrscheinlich nicht glücklich werden, oder ob wir es in Einklang bringen mit unserer göttlichen Wahrheit. Letzteres zu lernen ist wohl der Sinn des Lebens: das Wahre Selbst zu erkennen und sich bewußtseinsmäßig damit wiederzuvereinen,und dann diese Wesenswahrheit mit ihrem ganzen Potential an Kreativkraft und vorallem LIEBE voll zu entfalten und hier auf der Erde zu Wirkung zu bringen, im alltäglichen Leben.

Selbst-Erkenntnis ist Gott-Erkenntnis, und Selbst-Verwirklichung (nicht "Ego-Verwicklung") ist Gott-Verwirklichung.

Das Ego ist wie der Schwanz einer Kaulquappe. Sie braucht sich nur ganz natürlich weiterentwickeln zu einem Frosch, und der fischartige Schwanz fällt von selbst ab.
Chela: Und Erleuchtung bedeutet, daß der Frosch ein Prinz wird?
Vasudeva: Ja genau. Und das ist verbunden mit der Erkenntnis, daß der Frosch sogar als Kaulquappe schon der Prinz war.

Der *Weg* ist im Grunde einfach. Wir brauchen ihn nur zu gehen, so wie er von Natur aus in uns angelegt ist.

Und wenn ein "Problem" auftaucht, ist folgendes zu tun:
Zunächst sich fragen: Will ich das "Problem" oder will ich die *Lösung* ?

Als Ego wollen wir natürlich das "Problem", obwohl sich das Ego immer so darstellt, als versuche es ja mit allen Mitteln, die Probleme zu lösen, aber es geht nicht, weil .... das und das und das und das dagegenwirkt, lauter "äußere Umstände und Mächte, außerhalb meines Einflußbereichs".

Wir können uns aber auch anders *entscheiden.*
Z.B. das Ego einfach wie gewohnt dahinsudern und fluchen lassen und beobachten, welche SEVs diese altbekannte Jammerei eigentlich enthält. Und *atmen.*

Hier beginnt das ***CREATIVE REFOCUSSING,*** die schöpferische Umfokussierung der bewußten Aufmerksamkeit weg von der Illusion des von der Vergangenheit geprägten Opfer-Egos hin zur Wahrheit des eigenen Wesens, sodaß uns klar wird, welche schöpferischen Möglichkeiten uns in der Gegenwart tatsächlich offenstehen.
Die damit verbundene innere Reinigung und Neuorientierung erfolgt auf allen Ebenen: körperlich, emotional-vitalenergetisch, mental, spirituell.
Dieser Selbst-Befreiungsprozeß vollzieht sich in 4 Hauptschritten:

1) *Klarwerden,* wo ich jetzt stehe
2) Liebevolle und bedingungslose *Selbst-Annahme* und Übernahme der *Selbstverantwortung*
3) Loslassen der alten Ego-Einschränkungen und Neuorientierung, d.h. *Sterben als Ego und Neugeburt in die eigene Wahrheit*
4) *Selbst-Verwirklichung* durch die *Sichtweise der Liebe*

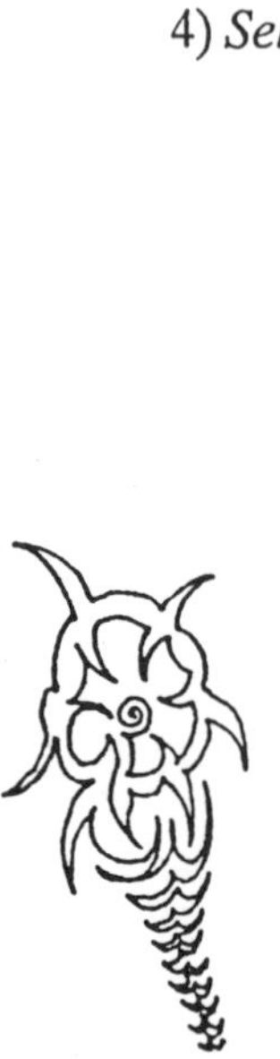

Es gibt viele verschiedene Methoden, diese Lebens-Entfesselung zu vollziehen, sowohl in den spirituellen Traditionen zwischen dem Fernen Osten und dem Fernen Westen und bei den Schamanen Hawaiis als auch in der modernen Psychologie der Weißen. Jeder Weg ist in sich "stimmig", und keiner ist "besser" oder "schlechter", dennoch sind einige vollständiger und klarer als andere und führen schneller und dauerhaft zum Ziel wahrer Selbst-Ständigkeit.

Ich habe mehrere Wege intensiv am eigenen Leib erfahren und für mich den Diamantweg in ***CREATIVE REFOCUSSING*** gefunden, das der australische Psychologe ***Rainer Taeni*** entwickelt hat, und das meiner Erfahrung nach zu den tiefgehendsten, psychologisch klarsten und weltweit praktisch bewährtesten Wegen der ganzheitlichen Heilung und optimalen Verwirklichung der eingeborenen menschlichen Möglichkeiten gehört.

Creative Refocussing kombiniert die modernsten Methoden der Humanistischen Psychologie - welche Körper, Bioenergie, Atem, Mind und Spirit einbeziehen - mit dem spirituellen Wissen der alten Weisheitstraditionen in Ost und West und vermittelt ein umfassendes praktisches Handwerkszeug, mit dem jeder Mensch seinen ureigenen Weg finden und selbständig gehen und vollenden kann.

Creative Refocussing ist keine Therapie im medizinischen Sinne und enthält keine Behandlung von Krankheiten oder Reparaturen von Schäden. Doch es kann umfassende und dauerhafte Heilung von Seele, Geist, Gefühl und Körper ermöglichen, da es den Weg und die Mittel zur Selbstheilung zeigt durch die Auflösung einschränkender Gewohnheiten, Klärung der Beziehungen, Befreiung der ureigenen Glück-Schöpferkraft und Erlernen vielfältiger Werkzeuge zur Manifestation des Wahren Wesens und seiner *Herzens*-Wünsche im Lebensfluß.

Für Brigitta und mich persönlich ist ***Creative Refocussing*** - in sämtlichen alltäglichen und nichtalltäglichen Wirklichkeiten des Seins - ein Diamant-Schwert, ein Becher mit Nektar, ein wunder-volles Paar "Siebenmeilenstiefel", die uns auf jedem Weg zum Ziel bringen, weil sie uns stets in die eigene *Mitte* führen. Die ***CR***-Kurs-Arbeit mit Menschen verstehen wir als *"therapoiein"* (griech.) im ursprünglichen Sinne von "begleiten, Weggefährte sein", die Selbstheilung unterstützen und dem anderen einfühlsam und liebend dienen durch Hinführung zum *ganzen Menschen.*

Alle dabei verwendeten Methoden sind im Grunde altbewährt, doch das Besondere im ***Creative Refocussing-Prozeß*** ist ihre wechselwirkende Zusammenstellung im Rahmen einer lebendigen Dramaturgie, die den *Initiationsritualen* alter Traditionen gleichkommt. Bei der vital-energetischen Befreiung steht der *Atem* (***Rebirthing*** bzw. *Holotropes Atmen, Chi Kung* u.a.) im Zentrum.

Creative Refocussing ist auch eine Form von *Mantra-Yoga,*
ein neuer integraler ***Weg des Namens,*** der moderne Mind-Techniken mit altem mantrischen Praxis-Wissen verbindet,
und mit Musik, Trance-Tanz, Visualisation, Yoga, Meditation, Lebenslust.

Der Mensch ist zwar bewußtseinsmäßig das am höchsten entwickelte Wesen auf der Erde, aber trotzdem in der ganzen Natur das einzige, das sich freiwillig entscheidet, nicht so weiterzuwachsen, wie es seiner wahren Anlage bzw. "Inneren Matrix"(vgl. Taeni) entspricht. Ein Baum käme von sich aus nie auf diese komische Idee. Sogar im dichtesten Dschungel und in giftigen Großstädten macht jede Pflanze das optimal Mögliche aus ihrem Leben. Ja, das Ego ist wirklich komisch, eine groteske Karikatur von uns selbst, und daher ist der *Humor* auch eines der wichtigsten Heil- und Hilfsmittel, um sich davon zu lösen. Wenn wir das Ego zu ernst nehmen und es bekämpfen, geben wir ihm nur Energie. Also laß uns darüber lachen und folgende Konversation eines Ehepaares auf Urlaub mithören, die *Adelbert Bucher,* ein "*Creative Refocussing*-Eingeweihter", belauscht und niedergeschrieben hat:

Wie war's denn im See?

Wie war's denn im See?

Das Wasser ist schön warm und gar nicht so schmutzig.

Aber ich hab doch nicht gesagt, daß das Wasser schmutzig sei.

Ich hab ja auch nicht gesagt, daß du gesagt hast, daß das Wasser schmutzig sei. Ich hab doch einfach bloß gesagt, daß das Wasser nicht so schmutzig sei.

Aber so wie du das gesagt hast, hat es getönt, wie wenn ich gesagt hätte, daß das Wasser schmutzig sei, und das hab ich doch wirklich nicht gesagt.

Du wehrst dich, wie wenn du es gesagt hättest. "Getroffene Hunde bellen." Warum wehrst du dich denn, wenn du so überzeugt bist, daß du es nicht gesagt hast?

Ich wehre mich doch bloß, weil du mir unterschieben willst, daß ich gesagt haben soll, daß das Wasser schmutzig sei, obwohl ich es nicht gesagt habe!

Paß auf, was du da sagst von Unterschieben! Ich unterschiebe dir überhaupt nichts, aber du unterschiebst mir, daß ich dir was unterschoben haben soll. Dabei hast *du* angefangen mit dem dreckigen Wasser!

Siehst du, jetzt sagst du schon, daß *ich* angefangen habe mit dem dreckigen Wasser. Dabei hast *du* zuerst gesagt, daß das Wasser nicht *dreckig* sei. Du bist echt fies!

Jetzt sagst du, ich sei fies, weil ich gesagt habe, daß das Wasser dreckig sei. Du lügst! Ich *hab* nicht gesagt, das Wasser sei dreckig.

Ich lüge nicht. Ich habe ja gesagt, daß du gesagt hast, das Wasser sei *nicht* so dreckig.

Jetzt lügst du. Ich habe nämlich gesagt, es sei nicht so *schmutzig,* und jetzt sagst du *dreckig* statt schmutzig.

Ist ja egal, verdammt nochmal!! Und überhaupt, ich mag nicht streiten mit dir. Laß mich doch in Frieden.

(kurze unruhige Stille)

Das sagst du doch bloß, weil du nachher Sex willst. Deshalb willst du nicht streiten. Nur damit du es kriegst.

Das habe ich nicht gesagt, ich will doch bloß meinen Frieden! Ich hab doch nicht einmal an Sex gedacht.

Das glaubst du doch selber nicht, wo du den ganzen Tag an nichts anderes denkst. Du willst also keinen Sex?

Ich hab nicht gesagt, daß ich keinen Sex will. Und, red doch nicht so laut. Da gucken ja schon ein paar Leute zu uns her.

So, jetzt schämst du dich, wenn die Leute gucken, weil du nur Sex im Kopf hast. Du bist ein richtiger Egoist, und an mich denkst du überhaupt nicht. Willst immer bumsen, und ich soll immer bereit sein. Und deshalb willst du so friedlich hierliegen, damit es dann klappt. Und überhaupt, warum siehst du denn, daß die Leute gucken? Siehst wohl die blonde Frau da drüben, mit dem üppigen Busen. Die gefällt dir wohl.

Das sagst *du*. Ich hab sie ja noch nicht einmal bemerkt.

Soso, nicht bemerkt, wo du doch die ganze Zeit schon immer auf sie guckst! Du glaubst wohl, bei der hättest du's besser. Da müßtest du mehr Kohle verdienen. Oder glaubst du etwa, die hockt immer an diesem dreckigen See?

Aha, jetzt sagst du selber, daß der See dreckig ist, und da behauptest du immer, du hättest nichts gesagt.

Hab ich ja auch nicht. Du weißt genau, wie ich es gemeint habe. Das sagst du nur, um abzulenken, weil dir die blonde Frau gefällt.

Warum bist du denn so eifersüchtig? Ich kenne ja diese Frau überhaupt nicht, und hab sie bisher noch nie gesehen.

Ich und eifersüchtig! Hab ich doch gar nicht nötig bei *der*. Ich kenne doch meine Qualitäten. *Die* kann bestimmt nicht so gut kochen wie ich. Und überhaupt, von gesunder Ernährung und Trennkost hat die bestimmt keine Ahnung.

Bei *der* Figur? So schlecht scheint sie sich doch nicht zu ernähren.

Chela und **Vasudeva** saßen hinter dem Busch und hielten sich die Bäuche vor Lachen. Nach einer Verschnaufpause fragte **Chela**: *Miraculix*, wozu das ganze Spiel? Wozu überhaupt die ganze Schöpfung, wenn sie solche Tragikomödien liefert? Warum müssen wir in einen Körper inkarnieren? Und wenn wir schon hier herunter müssen, warum können wir nicht mit der ständigen Bewußtheit der Einheit geboren werden und sie beibehalten?

Vasudeva: Diese Frage habe ich auch oft gestellt, *Asterix*, und kein lebender Meister konnte sie mit Sicherheit beantworten. Vielleicht kann uns *Pippi* weiterhelfen. *Pippiie!!* Komm mal kurz rüber zu uns! Wir müssen dich was fragen. .... *Pippi*, unsere Frage lautet: ***Wozu das Ganze?***

Pippi Langstrumpf: Für mich ist die Sache klar, *Miraculix*. Das ist alles ein tolles *Spiel*. Hab ich in einem alten verstaubten Buch auf meinem Dachboden der *Villa Kunterbunt* gelesen. Da stand *"Upani..."* auf dem Buchdeckel, irgendwas mit "Upani"-schade, daß ich den Titel vergessen habe. Der Autor hieß Ritchie oder *Rishi* oder so irgendwie. Is ja wurscht. Ich hab das alles ohnehin vorher schon gewußt, was der alte Ritchie da geschrieben hat. In dieser dicken Schwarte stand jedenfalls drin, daß alles ein "Spiel Gottes" ist, genannt ***Lila,*** so wie meine Lieblingsfarbe. Das Leben sei ein Spiel, das wir Menschen kaum je verstehen würden, hieß es in dem Buch. Das stimmt nicht. Wir Kinder verstehen das schon, nur die dummen Erwachsenen nicht. Und weiter stand da, und das meine ich auch: Wir können nur versuchen, das Beste daraus zu machen. Ich meine stattdessen, wir sollten es nicht bloß "versuchen", sondern es *tun*.

Wenn man immer nur sucht, findet man nichts.

Dann wird das Göttliche Spiel auch uns Spaß machen, stand da im Buch, mit Sicherheit mehr Freude und Frieden als die Spiele des Egos.

Miraculix, das verstehe ich nicht ganz. Was ist ein "Spiel des Egos"?

Vasudeva: Das Spiel des Egos trägt den Titel "Mensch, ärgere Dich!" Das ist zugleich die wichtigste Spielregel. Aber das ist nicht lustig. Dummerweise ärgern sich die Menschen trotzdem von früh bis spät, obwohl sie gar nicht dazu verpflichtet sind. Die tun das freiwillig. Naja, jeder, wie er glaubt. Die Vorstellung des "Göttlichen Spiels" - in dem Wissen, daß wir alle Söhne und Töchter des Erfinders sind und daher selber auch die ganze Findungskraft in uns haben - hilft mir jedenfalls, das materielle Dasein nicht so ernst zu nehmen, und die Auswüchse des Egos schon gar nicht. Keiner weiß ja besser als du, *Pippi:*

Ohne Lachen gibt es keine Erleuchtung.

Alle Meister und Meisterinnen, die ich kennenlernte, und *Pippi Langstrumpf* gehört dazu, alle zeichneten sich durch einen goldenen Humor aus. Sie waren auch nie fanatisch, sondern immer natürlich einfach und bescheiden, ohne Verhaftung an materielle Dinge. Nicht einmal an die *Villa Kunterbunt*.

(**Pippi** lachte.)

Ihr schallendes Lachen über das illusionäre Ego hat so manchen Schläfer aufgeweckt! Schon der weise *Dschuang Tse* wußte:

Ein Tao ohne Lachen kann nicht das wahre TAO sein.

I surrender to LAUGH
I surrender to LOVE

I Surrender to Love

Worte & Musik: Andrea Mellows
Satz: Gerhard Lipold

Mc 2 A
mittleres Tempo

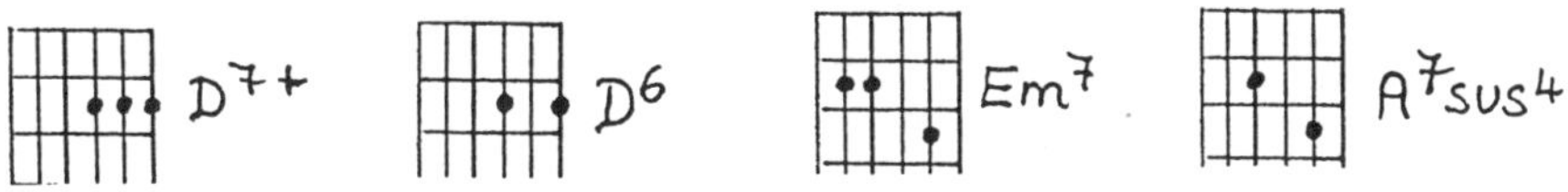

Surrender ist die Hingabe an die Liebe und das Leben.
Surrender ist zwar ein Aufgeben des Kampfes, aber keine Niederlage, sondern der wahre Sieg und das Ankommen daheim im Fluß des Seins.

Baba Nam Kevalam 1

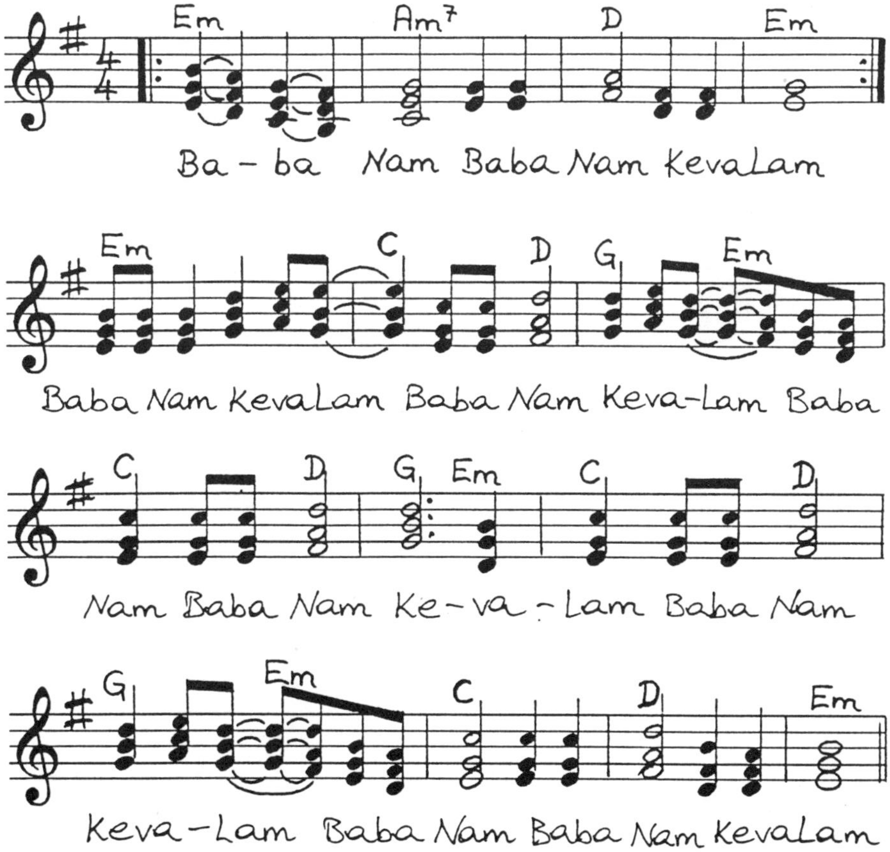

Worte & Musik: trad. via Ananda Marga
Satz: Gerhard Lipold

Mc 2 A
beschwingt

Baba Nam Kevalam 2

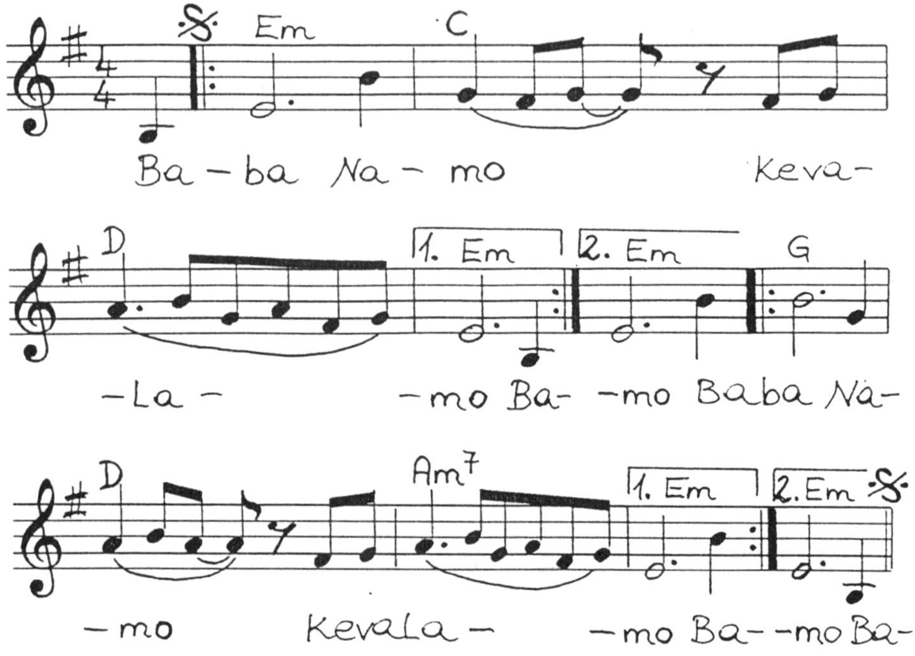

Worte & Musik: trad. via Ananda Marga
Satz: Gerhard Lipold

Mc 2 B
mittleres Tempo

Ein universelles Sanskrit-Mantra, es bedeutet: "Gott ist Alles."
Es unterstützt uns darin, Gott in allen Dingen und allen Menschen und in uns selbst zu sehen. Ein zentrales Gebet des *Franz von Assisi* lautete: "Gott ist in allen Dingen." DAS immer und überall wahrzunehmen, ist die Sichtweise des Heiligen bzw. Heilenden Geistes.
Was mir an diesen Mantra-Vertonungen besonders gefällt, ist die Kombination von uralten Sanskrit-Worten mit westlichen , zum Teil fast "popigen" Ohrwurm-Melodien, die es auch modernen Europäern leicht machen, das Mantra voll Genuß in Haushalt und Auto zu singen. Wer dies tut und sich dabei auch hin und wieder den Inhalt bewußt vergegenwärtigt, wird beginnen, Gott in allen Dingen, Lebewesen und Handlungen zu sehen - abgesehen davon, daß die Songs an sich schon "super" sind und auch "ohne Bedeutung" Spaß machen.

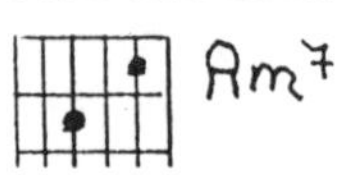

Baba Nam Kevalam 3

Worte & Musik: trad. via Ananda Marga
Satz: Gerhard Lipold

<u>Mc 2 B</u>
langsam schwingend

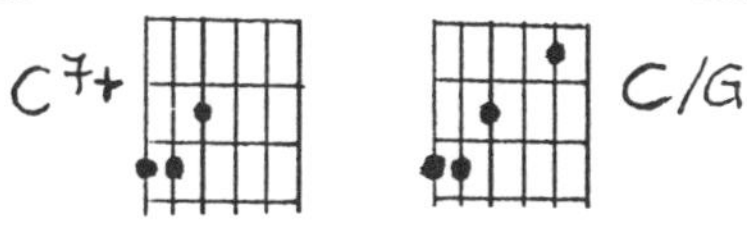

Mandala-Zeremonie Baba Nam Kevalam

Ich hörte und sang dieses Mantra zum ersten Mal in Australien auf einer Farm der spirituellen Gemeinschaft *Ananda Marga.* Dieser Sanskrit-Name bedeutet "Weg der (bzw. zur) Glückseligkeit, Höchsten Freude". Die Farm ist eine Art modernes Kloster, in dem Mönche, Nonnen, Laien und ganze Familien zusammenleben und das Land bewirtschaften. Zur täglichen spirituellen Praxis gehört neben verschieden Yoga-Formen auch das gemeinsame *Kirtan*-Singen des *Baba Nam Kevalam.*

Jedes Jahr findet dort ein einwöchiges, überkonfessionelles Festival mit Workshops und Konzerten statt, an dem hunderte Menschen aller Rassen und Religionen teilnehmen - so auch damals.

An einem der Tage wurde nur dieses Mantra gesungen, von morgens um 6 Uhr bis abends um 18 Uhr. Die 12-stündige *Kirtan*-Zeremonie fand in einer schönen, quadratischen Meditations-Halle statt, und etwa 300 Menschen nahmen daran teil. In der Mitte des Raumes befand sich ein runder Altar mit Blumen, Kerzen, Wasser und Räucherwerk (die Vier Elemente) ohne irgendein Heiligen- oder Gottesbild. Dieses Zentrum symbolisierte *Baba Nam Kevalam*, das Göttliche in Allem und Allen, das Wahre Selbst, das Ziel aller Religionen und Yoga-Wege. DAS, wofür der Altar stand, war das *Sanctum Sanctorum* des Zeremonienraumes, das Allerheiligste, die Mitte des *Mandala*, das der Makrokosmos der Welt und der Mikrokosmos Mensch ist.

12 Stunden lang sangen wir alle das Mantra *Baba Nam Kevalam* und tanzten in vielen konzentrischen Kreisen um die gemeinsame Mitte.

Ich kreise um Gott, den uralten Turm
und ich kreise jahrtausendelang
und ich weiß noch nicht: Bin ich ein Falke
ein Sturm oder ein großer Gesang

Rainer Maria Rilke

So tanzten wir in unendlichen Kreisen, stundenlang, in einem gleichbleibenden Tanzschritt, der selbst zu einem Mantra wurde. Es war der indianische *Ghost-Dance-Step* (die erste Version, die ich am Anfang des Buches schilderte, jedoch mit geradem Vorwärtsschreiten ohne die Schräg-Drehung des Körpers). Jeder war Teil eines riesigen, schwingend sich drehenden Mandalas, das einer kosmischen Spiral-Galaxie glich, und ich mitten drin in diesem Fluß, von ihm getragen, in langgezogenen Bögen mich nähernd der Mitte, wo die Kreise immer enger wurden und der Klang der Stimmen von allen Seiten immer intensiver. *Baba Nam Kevalam Baba Nam Kevalam Baba Nam Kevalam* ......

Zahlreiche MusikerInnen mit Gitarren, Trommeln und Schellen wanderten mit im Strom der Menschen und änderten etwa alle 30 Minuten die Melodie des Mantras. Der Rhythmus der Trommeln blieb immer derselbe, sodaß nach Stunden alle 300 Menschen harmonisierten in einem gewaltigen Gleichklang der Stimmen und Gleichtakt der Bewegung und des Atems und - mit großer Wahrscheinlichkeit - des Herzschlags, sowie in ihrer geistigen Schwingung und Richtung auf Gott.

Währenddessen wurde gefastet und nur Wasser getrunken. Wer müde wurde, legte sich an den Rand, blieb aber in diesem heilenden Klangraum. Anfangs, in der ersten Stunde am Morgen schien es mir "anstrengend", doch das lag an mir selbst, denn ich "wollte" und "machte" noch zuviel.

Je länger die Zeremonie dauerte, umso mehr begann ich, sie geschehen zu *lassen,* umso leichter fiel es mir, mich *hinzugeben* diesem Strömen. Zwar erforderte das Singen und Tanzen Kraft, doch zugleich erhielt ich Kraft aus der heiligen Handlung. Je mehr ich mich tragen ließ vom Fluß der Energie, die sich hier manifestierte, aus den Menschen und aus einer Quelle über uns, umso tiefer gelangte ich Schritt für Schritt für Schritt in eine Dimension, jenseits von Raum und Zeit, wo ich immer weniger Handelnder war und immer mehr Zeuge all dessen, was um mich und in mir geschah. Nicht "weggetreten, ausgeflippt, abgehoben", sondern in einer subtilen Trance, die gut geerdet war und von einer nichtalltäglichen Wahrnehmungsqualität und -intensität.

Das *kreisförmige Atmen, Singen und Tanzen* führte zu einem starken energetischen Reinigungs- und Erneuerungsprozeß, in dem auch Bilder aus der Vergangenheit auf der "inneren Leinwand" auftauchten und sich beim Weitersingen einfach in Licht auflösten. Alte Gefühle wurden hochgeschwemmt und flossen mit Tränen aus dem Körper. Trauer verschmolz mit Freude, und ich fand mich wieder, glückselig zerfließend und neugeboren, im unendlichen Strom der singenden Menschen, gottverbunden. *Baba Nam Kevalam Baba Nam Kevalam.*

Und dennoch, nach 8 Stunden kam plötzlich mein Ego daher und klopfte an meine Türe, diesmal der "innere Schweinehund", getarnt als "Innere Stimme". Zuerst versuchte er es psychologisch und sagte mit wohlmeinendem Ton: "Das stimmt nicht mehr für mich." Als ich nicht auf ihn reagierte, legte er seine "spirituelle" Tarnung ab und schaltete um auf den bekannten Raunzer-Ton, indem er mich angrunzte: "Wie lange dauert das denn noch? Mir wird allmählich langweilig. Und hungrig bin ich auch. Blöde Fasterei! Und das heilige Xangl (= Gesangel) hängt mir schon beim Hals raus!" Und was passierte? Wie eine innere Glühbirne, so ging mir im Hirn auf einmal ein Licht auf, und ich bekam einen Lachanfall, daß ich minutenlang nicht weitersingen konnte und mich an den Rand setzen mußte, damit ich durch meine plötzliche unrhythmische Torkelei die anderen nicht in ihrer Andacht störte. Da fiel mir die Kirche der Kindheit ein. Beim Schulgottesdienst durfte man nicht lachen. Alles "Heilige" hatte ernst und erhaben und energiegebremst zu ein. Das war aber schwierig für mich gewesen, besonders, wenn ich neben meinem Haupt-Spezi saß, der der größte Schmähführer der Unterstufe war. Mir fiel sogar ein alter Witz von ihm ein.

Gottseidank durfte ich hier lachen und meinen Gefühlen freien Lauf lassen, mitten im Gottesdienst. Brauchte mich nicht schuldig fühlen. Das tat gut. Diese Messe hier war anders als jene. Gottseidank. Voller Leben und mitten im Leben. Und ich war jetzt hier. Keiner ließ sich beirren von meinem Lachen. Die anderen lächelten mir einfach zu und sangen weiter. Und diese vielen liebevollen Blicke trafen mich ins Herz, einer nach dem anderen, und mein Lachen zerfloß in glückselige Freudentränen. Neben mir fing auch jemand zu weinen an, ebenfalls vor Freude. Und wir hielten einander die Hände und schauten durch unsere Tränen hindurch zu dem Strom der singenden Menschen, all der

Pilger auf ihrem Weg zur eigenen Mitte, zu Gott, *The Eternal Caravan of Reincarnation.* Und im Wasser der Freudentränen lösten sich alle festen Konturen der Körper auf, und übrig blieb ein Fluß von farbig glitzerndem *Licht.*

Ich klinkte mich wieder ein in den äußersten Kreis des klingenden Stromes und fühlte eine Herzens-Verbindung zu allen, die tief liebend und freilassend war. Jetzt war ich angekommen in meiner Mitte und spürte vom Scheitel bis zur Sohle, im Kopf und im Bauch warm golden flutend ein einziges großes bedingungsloses JA und *I Surrender.*

Viele hatten Tränen in den Augen, und wir tanzten mit hoch erhobenen Armen, als sich nach 11 Stunden des Singens und unendlichen Wanderns im Pilgerstrom das Mantra zur Ekstase steigerte. Dann plötzlich, um Punkt 18 Uhr, blies ein Mönch einen lauten durchdringenden Ton auf dem heiligen Muschelhorn, welches das *OM* symbolisiert. Und von einem Moment auf den anderen stoppte der Tanz, das Lied endete, und jeder setzte sich auf den Boden und ging sofort in eine stille Meditation, die eine volle Stunde dauerte. Und DAS, was in dieser heiligen Stunde absoluter Stille innerlich zu *hören, zu fühlen, zu sehen* war, kann nur mit einem Wort beschrieben werden: *unbeschreiblich!*

Baba Nam Kevalam 4

Worte & Musik: trad. via Ananda Marga
Satz: Gerhard Lipold

Mc 3 A
langsam schwingend

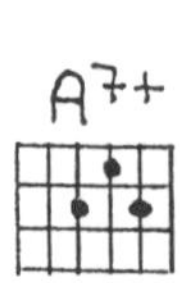

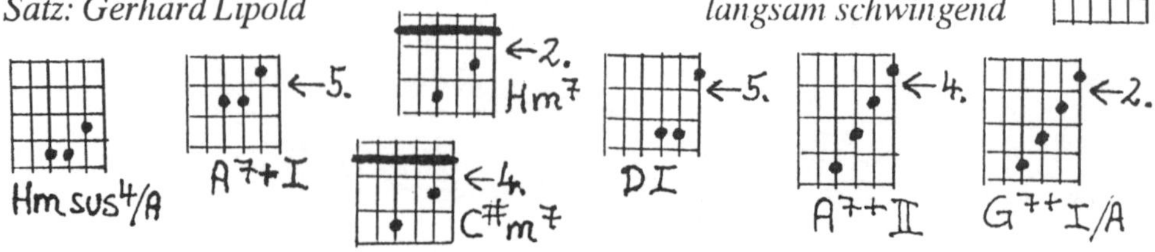

Light of the World

(2.) We are the Light of the world.
We are the Light of the world.
We are, we are,
we are the Light of the world.

(3.) I am the Light of the world.
I am the Light of the world.
I am, I am,
I am the Light of the world.

Worte: Jesus Christus
Musik: Andrea Mellows
Satz: Gerhard Lipold

Mc 3 A
eher langsam

"Ihr seid das Licht der Welt!" offenbarte Jesus in der Bergpredigt. (Mt 5,14) Dieser zentrale Satz bedeutet für alle Menschen und jeden einzelnen nichts anderes als: *"Wir sind das Licht der Welt"* und *"Ich bin das Licht der Welt"*.

LIGHT OF THE WORLD
Tanz-Anleitung

Die Wiener Choreographin, *Rita Kallinger,* hat zu diesem Song einen sehr schönen *Sacred Dance* entwickelt:
Aufstellung im Kreis, Hände fassen.

A) Beim ersten *"You are the Light of the world":* ingesamt 4 Schritte, und zwar: mit rechts beginnend, 2 Schritte vorwärts gegen den Uhrzeigersinn; den 3. Schritt (rechts) mit 1/4-Drehung zur Kreismitte; der 4. Schritt ist nur mehr das Beistellen des linken Fußes zum rechten. (Diese 4 Schritte ruhig, gelassen, getragen, gesammelt schreiten.)

B) Beim zweiten *"you are the Light of the world":* Pendelbewegung zur Kreismitte und nach außen mit insgesamt 4 Pendelschwüngen:
1) Schritt rechts vor zur Mitte, linken Fuß ohne Gewicht beistellen.
2) Pendelschritt nach rückwärts (außen) mit linkem Bein, rechten Fuß ohne Gewicht beistellen.
3) Pendelschritt zur Mitte wie 1)
4) Pendelschritt nach außen wie 2)
Arme schwingen mit, bei 1) + 3) vorwärts, bei 2) + 4) rückwärts.

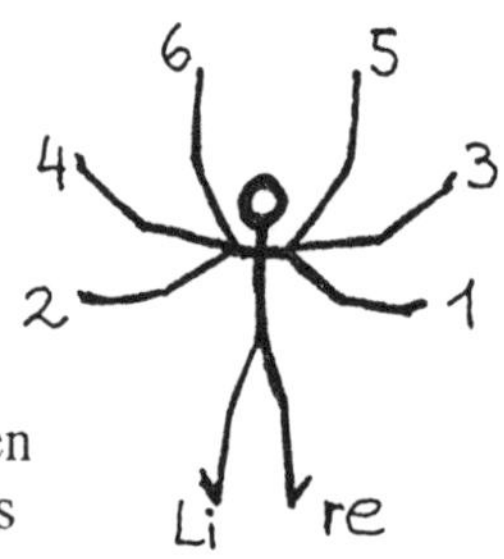

C) *"You are, you are, you are":* Hände loslassen; leichter Grätschstand; seitlich hin- und herwiegen durch Gewichtsverlagerung von einem Bein aufs andere; dabei die Arme seitlich ausbreiten und jeweils in 3 Stufen nach oben heben, wie folgt: (siehe Bild)
Insgesamt 6 Pendelbewegungen re - li - re - li - re - li.
Während des Hin- und Herwiegens stellt man sich vor, daß man sich nach oben hin dem Göttlichen *Licht* entgegenstreckt.
Beim Pendelschwung Nr.1 wird der rechte Arm etwas angehoben, beim Wiegen aufs linke Bein Nr.2 den linken Arm anheben (noch unter der Waagrechte bleiben); bei Nr.3 den rechten Arm über die Waagrechte, Nr. 4 links; Nr. 5 rechts bis zur Hochhalte, und Nr. 6 ebenso.
Dabei wird auch der Kopf hin- und hergewendet, und der Blick geht jeweils in die Handfläche jenes Armes, der sich gerade ein Stück hebt. Bei Nr. 5 + 6 geht der Blick senkrecht nach oben.

D) Letzte Liedzeile *"you are the Light of the world":* ein 4. Mal hin- und herwiegen und die Arme vor dem Körper sinken lassen.

Eine Ergänzung zu den Teilen A) und B): Wenn der Text *"I am the Light"* lautet, bleiben die TänzerInnen mit der Aufmerksamkeit bei sich selbst. Wenn der Text *"You are..."* und *"We are..."* lautet, Blickkontakt halten mit anderen im Kreis. Teile C) und D) bleiben gleich. Wichtig ist, sich bei Teil C) mit dem *ganzen Wesen* - also mit Körper, Gefühl, Geist (mental und spirituell) und Seele - dem Göttlichen entgegenzustrecken, so wie ein Baum aus guter Erdung kraftvoll in den Himmel wächst und das *Licht* aufnimmt. Wenn der Tanz lange genug dauert und alle kraftvoll mitsingen, kann sich besonders an dieser Stelle ein erhebendes, freudig-euphorisches Gefühl entwickeln, in dem man das *Licht* im eigenen Innern strahlen spürt.

FLAMME SEIT JE

Wenn du dir verweigerst zu strahlen
wirst du von innen
verbrennen:
die Flamme ist in dir
seit je
Ihr leuchten verdunkeln heißt
zitternd verharren in nacht
gekettet in einsamkeit
zugrunde zu gehn auf dem scheiterhaufen
der angst vor dem leben ...

So werde denn
stern werde sonne sei
licht. Sei
        - was immer du sein magst wie auch
        immer du dich erwählt hast -
sei da
wo du bist:
in der Wahrheit des Göttlichen Lichts
von dem alles erschaffene Strahl ist - auch du
im leuchten
mit dem all der zahllos milliarden
gestirne des nie verlöschenden lebens
vereint

Rainer Taeni

Licht und Dunkel

Chela: Wir haben hier schon so viel von Licht gesprochen. Wo bleibt eigentlich das Dunkle? Du hast doch immer wieder die beiden Energie-Pole YIN und YANG erwähnt, die ja auch als Dunkel und Hell dargestellt werden. Wenn wir nun z.B. das Licht der *Licht-Meditation* zum YANG stellen, was ist dann auf der dunklen Seite?
Vasudeva (nimmt einen tiefen Atemzug): Ich dachte, wir hatten das schon geklärt. Aber macht nichts, wir können ja noch einmal von vorn anfangen.
Chela: Du brauchst gar nicht seufzen. Es heißt doch: "Wo viel Licht ist, da ist viel Schatten." Das heißt doch auch: "Leute, die sehr stark strahlen, werfen besonders viel Schatten", oder nicht? Jedenfalls sagen das einige alte Freunde zu mir, denen es nicht gefällt, daß ich mich verändert habe, seit ich dich kenne und regelmäßig meditiere. Sie sagen, du seist ein Träumer und würdest dir da eine "heile Welt" bauen.
Vasudeva (lacht und schüttelt den Kopf): Und diesen Unsinn glaubst du?
Chela (zögert): Eigentlich nicht, denn es geht mir wirklich gut. Aber etwas verunsichert bin ich doch. Bitte, erklär mir noch einmal, wie Licht und Dunkel sich zueinander verhalten.
Vasudeva: Bezüglich der "heilen Welt" kannst du deinen Freunden ausrichten: Was mich betrifft, haben sie völlig recht. Denn eine heile Welt ist das einzige, wofür es sich zu arbeiten lohnt.
Also: das *Licht* der *Licht-Meditation* hat nichts mit den Polen YIN oder YANG zu tun, sondern symbolisiert die Quelle des Lebens selbst, das *Eine,* aus dem zwar YIN und YANG hervorgehen und die Lebens-Dynamik bewirken; aber dieses Eine übersteigt jede energetische Polarität. Es ist zugleich das Wahre Selbst im Menschen und wird vom Ego nicht berührt.

Wenn wir "Licht und Dunkel" sagen und diese Begriffe symbolisch verwenden, müssen wir zunächst klären, über welche Ebene wir sprechen. Meinen wir die polare Ebene von YIN und YANG - also das Weibliche und das Männliche Energieprinzip -, oder sprechen wir über das Verhältnis zwischen dem Ego und dem Wahren Selbst (bzw. der Seele als individuellem Ausdruck des Wahren Selbst) - also übér Illusion und Wahrheit? Ich hoffe, ich muß nicht nochmal erklären, warum das Ego mit seinen einschränkenden Vorstellungen (SEVs) über sich und die Welt eine Illusion ist. Du brauchst dich nur an die "Geschichte mit dem Hammer" erinnern oder sie nachlesen. In deiner Frage zuvor hast du jedenfalls diese grundverschiedenen Ebenen wieder total vermischt, und daraus entsteht die Konfusion. Was assoziierst du also nun mit "Dunkelheit" im Gegensatz zu "Licht"?

Chela: Wenn "Licht" zum Beispiel all das ist, was uns Freude macht, die Liebe, das Gute und Schöne, dann ist die "Dunkelheit" das Leid, das Schlechte und Böse, der Haß, der Schmerz, die Angst. Das sind doch auch Realitäten des Lebens.

Vasudeva: Ist dir klar, über welche Ebene du sprichst? - Mit Sicherheit nicht über die Polarität von YANG und YIN. Oder ist in deinen Augen etwa Adam der "Gute" und Eva die "Böse"?

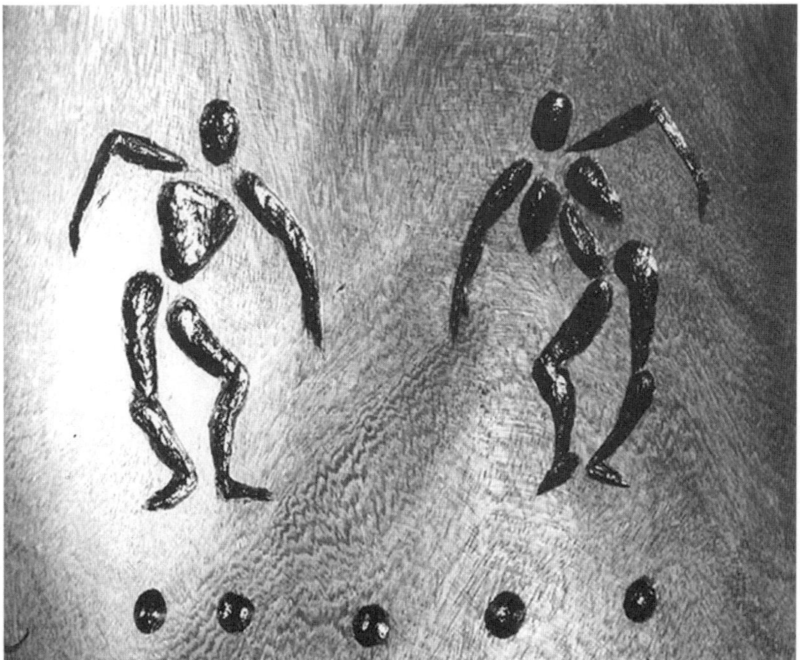

Wie drücken sich das Männliche und das Weibliche Prinzip aus? In Spannung und Entspannung, Bewegung/Ruhe, Geben/Empfangen, Wachen/Schlafen, Himmel/Erde, Kopf/Bauch, aktiv/passiv, außen/innen, Intellekt/Intuition, sauer/basisch, Schlüssel/Schloß, Penis/Vagina, etc. und jeder trägt beides in sich - mit Ausnahme des letzten Details auf der rein physischen Ebene. Das Gleichgewicht der beiden Pole ist erstrebenswert und heilsam für den Menschen und für die ganze Erde. Wenn YIN und YANG ausgeglichen sind, gelangt der Mensch in seine Mitte, zumindest auf der sich ständig verändernden vital-energetischen Ebene. Die absolute *Mitte* des unwandelbaren Wahren Selbst liegt noch tiefer bzw. höher und übersteigt die relative Mitte der Vital-Energiepole.

Weder YIN noch YANG ist an sich "gut" oder "schlecht". Aber beide Energieprinzipien können von der Seele entweder zur schöpferischen Manifestation ihres Wahren Göttlichen Selbst verwendet oder für Ego-Zwecke mißbraucht werden. Haß oder Liebe haben aber nichts mit YIN oder YANG zu tun, sondern mit der Entscheidung zwischen der Ego-Illusion und dem Wahren Wesen.

In einem polaren Verhältnis gehören beide Seiten zusammen und bilden eine Einheit. Jeder Pol allein wäre nur halb. Illusion und Wahrheit sind jedoch keine Pole, die zusammengehören. Sie ergänzen einander nicht und bilden auch niemals eine Einheit. Zwischen Haß und Liebe kann nie ein Gleichgewicht hergestellt werden, das man als Mitte oder Frieden bezeichnen könnte. Egos können nur ein "Gleichgewicht der Angst, Kampf-Macht und Destruktion" bilden. Das "Gleichgewicht des Schreckens" zwischen aufgerüsteten Supermächten ist kein Frieden.

Liebe ist immer *ganz, eins* und in ihrer *Mitte.* Sie braucht das Ego nicht dazu. Für die Liebe existiert das Ego nicht einmal, denn sie kennt die *Wahrheit* und handelt aus der *Wahrheit.* Weil sie das Ego als illusionäre Maske durchschaut und das Wahre Selbst in allen sehen kann, kann sie jederzeit vergeben und ist unverletzlich.

Das Ego ist nur die irrtümliche Verneinung unseres Wahren Wesens, wobei diese *Wahrheit* selbst jedoch völlig unberührt bleibt von der Leugnung durch das Ego, völlig unverändert, unverletzlich, unwandelbar.

Wir als individuelle Seele haben aber natürlich immer die Folgen unserer Entscheidungen zu tragen. Wenn wir die Lebensenergie durch die illusionären Vorstellungen (SEVs) des Egos fehlleiten, können die Folgen schmerzlich sein. Aber selbst wenn die Seele in einem menschlichen Körper das "Opfer eines Täters" wird, kann sie mit dieser Prüfung auch schöpferisch umgehen und muß nicht für den Rest des Lebens in "Opfersein und Leiden" verharren. Sie kann in Kontakt mit ihrem göttlichen Wahren Selbst bleiben, in größeren kosmischen Zusammenhängen denken, und durch Vergebung heil werden und handeln, wie *Mahatma Gandhi* es getan hat.

Trotzdem gibt es verwirrte Denker und Machtspieler - einige von ihnen halten sich sogar für "spirituell wach" -, die behaupten, in der Welt müsse eine sogenannte "helle, positive, gute Energie" und eine "dunkle, negative, böse Energie" immer im Gleichgewicht sein, damit Frieden und Harmonie herrsche. Das ist blanker Unsinn. Ich kann mir sehr gut eine Welt ohne Haß vorstellen, und keinem Menschen würde etwas fehlen. Höchstens jenen, die das einschränkende und sich als Prophezeiung erfüllende Denkprogramm haben, "Das Glück ist nicht von Dauer". Wenn Gut und Böse im Makrokosmos Erde im Gleichgewicht sein müßten, damit das natürliche Leben harmonisch ist, müßte das auch für den Mikrokosmos Mensch gelten. Das hieße, jeder Mensch, der in seine *Mitte* kommen möchte, muß sich bemühen, stets ebenso gut wie böse zu sein, damit er in innerem Frieden ist. Und die größten Heiligen wären zugleich die allerärgsten Bösewichte, also gespaltene Persönlichkeiten ohne innere Einheit.

Wahre *Mitte* ist Einheit, nicht Trennung.

Unser Wahres Wesen ist nicht das Ego, das uns als "böse und leidend" erscheint. Selbst die Verurteilung des Egos als "schlecht und böse" ist ein Irrtum. Wenn wir dies tun und das "böse Ego" bekämpfen, statt es in Klarheit anzusehen, anzunehmen und vergebend loslassen, halten wir die Illusion für real und geben ihr durch unseren Kampf nur Energie. Lachen ist angebracht, wenn irgendwelche "dunklen" Angst-Dämonen oder "bösen Geister" kommen, und "Pufff!" lösen sie sich in Nichts auf, denn sie waren nur die Projektion unserer eigenen Angst, unserer eigenen Illusion, die sich natürlich energetisch so stark verdichten kann, daß sie physische Wirkungen hat. (Und aus dem heiteren Himmel lacht **Vasudeva** plötzlich los, daß die ganze Hütte erzittert.)

Chela (ist etwas verunsichert und kann zuerst nicht so richtig mitlachen, aber dann läßt er sich anstecken, und die beiden kollern bald am Boden herum. Nach einer kurzen Verschnaufpause fragt **Chela**): Aber ist nicht das Böse in der Natur angelegt? In der Natur gibt es doch auch Krieg. Was ist, wenn ein Adler einen Hasen reißt?

(**Vasudevas** Gelächter bricht von neuem los, und **Chela** fühlt sich "verarscht".)

Vasudeva (wischt sich die Tränen aus den Augen und sagt): Was ist, wenn du in eine Leberkäs-Semmel beißt? Bist du deshalb "böse", weil dafür ein Tier geschlachtet worden ist und viele Weizenhalme ihr Leben ließen?
Der Adler ist nicht "böse". Und der verletzte Hase hat zwar physische Schmerzen, aber er "leidet" nicht, denn er kann sich nicht selbst reflektieren und sagen: "Ich bin so arm." Das "Böse" und das "Leiden" sind Erfindungen des Menschen.

Im Gegensatz zum Tier kann er sich selbst als Objekt betrachten - was aber auch nichts anderes bedeutet, als daß er durch sein dualistisches Denken in Subjekt- und Objekt-Bildern die Ur-Einheit verlassen hat.

In der christlichen Mythologie begann dies, als Adam und Eva vom Baum der Erkenntnis aßen. Der Mensch erhielt die Fähigkeit, sich selbst zu reflektieren und sich Selbst und Gott zu erkennen, was dasselbe ist. Dieses Privileg in der Natur, das dem Wohle des Menschen und der Welt dienen könnte, wurde jedoch falsch verwendet und vom Menschen für die Ausbildung eines illusionären Selbst-Bildes eingesetzt, des Egos, mit dem er sich irrtümlich identifiziert, sich als getrennt von allen anderen betrachtet, seine wahre Einheit mit Gott und der Schöpfung verleugnet, und freiwillig seine göttliche *Mitte* verläßt, um gegen das Leben zu wirken, indem er seine Energien blockiert und fehlleitet und gegen die Schöpfung und damit gegen seine eigene Natur richtet.

Und - um bei Adam und Eva zu bleiben - der Mensch hat sich dadurch selbst vom "paradiesischen" Urzustand der Einheit mit der Schöpfung und mit Gott abgesondert. Er wurde keineswegs von einem "strafenden Gott" aus dem Paradies geworfen. In Wahrheit sind wir ja immer noch im Paradies, aber wir können es nicht sehen, weil wir das Auge geschlossen halten.

Ein Tier kann sich nicht - wie der Mensch es tut - von seiner wahren Natur absondern. Sogar ein Hai, der einen Menschen frißt, ist völlig er selbst und total im Lebensfluß. In ihm ist nicht die kleinste Spur von Energieblockade. Er hat weder ein Ego, noch ist er "lieb" oder "böse". In der Natur gibt es keinen "Bösen Wolf". Das ist ein Märchen der Menschen. Ein Tier ist immer es selbst, und total in seiner Mitte, die es nie verlassen hat und gar nicht verlassen kann, weil sie ihm nicht einmal bewußt ist. Es *ist* einfach.

Nur der Mensch kann die Göttlichkeit erkennen und bewußt verwirklichen. Erleuchtung bedeutet, daß man in diesen Zustand der Ur-Einheit bewußtseinsmäßig zurückkehrt. Dabei regrediert der Erleuchtete aber freilich nicht zum Tier und verliert auch nicht sein "Ich"-Bewußtsein als individuelle Seele, sondern schreitet fort auf eine höhere Ebene der psychischen Evolution, welche auch die Physis stark transformiert, wie die unverweslichen Körper der vollendeten Meister *Sri Aurobindo, Paramahansa Yogananda* und *Hui Neng* zeigen.

Auch wenn ein Großteil der Menschheit in ihrer Evolution ihr geistiges Potential nicht für die Selbst-Erkenntnis und Manifestation Gottes auf Erden verwendet, sondern für Ego-Machtausübung und Unterwerfung der Natur bis zum hochtechnisierten Suizid, gehört das "Böse" und das "Leiden" nicht von der Schöpfung her zum menschlichen Sein, sondern ist eine Kreation des menschlichen Denkens. Und das Ego ist das, was uns "böse" erscheint oder "leidet". Seine Wirkungen sind zwar sehr wirklich, aber die Ursache, das Ego, ist eine Illusion. Daher existiert auch das "Böse an sich" nicht in der Schöpfung.

Es gibt auch keinen"Teufel". Der ist ein comix-figur-ähnliches Propaganda-Machwerk professioneller Angst-Macher. Wer aber an einen "Teufel" glaubt, für den manifestiert sich die eigene Angst-Gedankenenergie natürlich so stark fühlbar, daß er in seinem Irrtum bestärkt wird, es gebe den "Teufel". In Wirklichkeit spürt er nur die psychosomatischen Folgen der "teuflischen" Illusions-Besessenheit seines eigenen Egos.

Auch das "Leiden" ist eine Sache des Egos. Der Schmerz ist was anderes. Schmerzgefühle gehören zu unserer menschlichen Existenz in einem Körper. Der Schmerz ist sogar ein wichtiges Feedback-System für uns; man sollte ihn nicht ablehnen und sofort mit Chemie betäuben. Jeder Schmerz, jede Krankheit will uns etwas sagen, will uns darauf hinweisen, daß wir im Leben was verändern müssen. Jedes Kopfweh ist ein Zeichen für etwas Tieferliegendes. Wenn wir jedes Symptom sofort beseitigen oder betäuben, ohne uns selbst zu hinterfragen, versäumen wir eine Lernmöglichkeit. Die moderne Medizin ist großartig, doch wenn sie nicht mit geistiger Heilungsarbeit kombiniert wird, nur Schäden repariert und die psychosomatischen Zusammenhänge außer acht läßt, wäre es so, wie wenn man einen alten Rostkübel neu lackiert, ohne die tieferliegenden Rostherde auszuschmirgeln.

Während Schmerz mit der Gefühlsebene zu tun hat, ist "Leiden" eine geistige Sache, und zwar eine Sache des Egos. Es gibt Menschen, die haben zwar Schmerzen, aber sie "leiden" nicht als "Opfer", weil sie die Lernaufgabe verstehen und annehmen. Sie bleiben auch in widrigen Umständen schöpferisch. Andererseits gibt es Menschen, die haben alles was sich ein Zivilisierter wünscht und sind auch körperlich gesund, aber als Ego leiden sie trotzdem.

Auch Erleuchtete erleben Schmerzen. *Jesus* hatte am Kreuz sicher große körperliche Schmerzen, aber - im oben erläuterten Sinn - hat Er nicht darunter "gelitten", denn Er war immer in Kontakt mit Gott, Seinem Wahren Selbst, und wußte in jeder Phase, daß es keinen Tod gibt, und daß Ihm nichts passieren kann. Es gibt viele Berichte über Meister, z.B. *Ramana Maharshi* und *Ramakrishna,* die in der letzten Zeit vor ihrem physischen Tod schwer krank waren und dennoch nur lächeln konnten über alle, die so sehr um diesen Meisterkörper besorgt waren. Sie haben jede unnatürliche Lebensverlängerung abgelehnt.

Laß uns zu deiner ursprünglichen Frage zurückkehren bezüglich "Licht und Dunkel". Um die Polarität von Yin und Yang geht es hier nicht, das ist klar, sondern um das WAHRE SELBST und die EGO-Illusion. Wenn du also nun *Wahrheit* und Illusion einander gegenüberstellst als Licht und Dunkel, was siehst du?

(**Chela** schließt die Augen und visualisiert ein Inneres Bild.)

Vasudeva: Was existiert wirklich?
Chela: Nur die Wahrheit. Das *Licht.*
Vasudeva: Genau. Wenn wir einmal durchblickt haben, daß es soetwas wie SEVs gibt und draufkommen, daß alles "Leiden" die Folge unserer illusionären Vorstellungen über uns selbst und die Welt ist, wenn wir also radikal zur Wurzel vorgedrungen sind, zum Ego, das eine Ursache ist, die selbst eine Illusion ist, dann wird klar, das nur das *Licht* wirklich existiert. Das *Licht* des Göttlichen, des Einen ohne ein Zweites, das Einzige, was man *Wahrheit* nennen kann, weil es unwandelbar ist.
Und Dunkelheit? Die existiert nicht wirklich. Sie ist keine eigenständige Energie, die das Licht verdrängen könnte. Nicht einmal auf der physikalischen Ebene. Sieh, es ist Nacht. Wir sitzen hier in einem hellen Raum an der Feuerstelle. Draußen ist es finster. Ich öffne jetzt die Türe der Hütte. Was geschieht? Kann die Dunkelheit der Nacht hereinströmen und das Licht im Raum verdrängen?
Chela (schaut): Ein paar Nachtfalter kommen hereingeflogen. Einer hat sich soeben in totaler Ekstase in die Flammen gestürzt.
Vasudeva: Ja, zurück zum Ursprung, den er nie verlassen hat.
Chela: Und das Licht strahlt hinaus auf die Wiese und den Weg und beleuchtet den Stamm der alten Zirbe.
Vasudeva: Ja, die gute alte Zirbe. Wie ich sie liebe!
Morgen früh, wenn die Sonne aufgeht und wir in der dunklen Hütte zur Meditation aufstehen, dringen die Strahlen beim Fenster herein, und die Dunkelheit im Raum verschwindet. Sie kann nicht einmal "die Stellung halten", geschweige denn gegen den Tag vordringen - um im militärischen Ego-Kampf-Jargon zu sprechen.
Chela: Aber hinter dem Zirbenstamm ist ein Schatten. Den kann man nicht wegdiskutieren. Stimmt es also: "Wo Licht ist, da ist Schatten"?
Vasudeva: Nein. Dieser Satz ist unvollständig. Der Sprecher weiß nicht, wie Schatten entsteht. Er glaubt, das Licht wäre die Ursache des Schattens. Das ist ein Irrtum. Was ist ein Schatten?
Chela: Die Abwesenheit von Licht.
Vasudeva: Nicht ganz. Wie entsteht der Schatten des Zirbenstamms?
Chela (schaut in die Nacht hinaus): Der Stamm blockiert das Licht.
Vasudeva: Genau. Der Schatten ist blockiertes Licht. Die Blockierung ist die Ursache von Dunkelheit.

Chela: Ja, ich sehe. Da ist noch ein dritter Faktor dazwischen. Hm. Und was ist die Nacht?
Vasudeva (ist aus der Hütte getreten. Er fühlt sich müde vom Argumentieren,. nimmt einen tiefen Atemzug, streckt die Arme hoch und schaut zum Sternenhimmel auf): Was ist die Nacht? Die Nacht ist schön und still.
Chela (denkt angestrengt): Der Schatten der Erde, erzeugt durch die Erde selbst, die das Licht der Sonne blockiert.
(**Vasudeva** nickt zustimmend.)
Chela: Aber hier heroben am Berg ist nicht einmal die Nacht dunkel.
(**Vasudeva** schweigt und schaut noch immer zum Großen Bären hinauf.)
Chela: Wenn man die Augen jetzt zumacht, könnte man glauben, es gibt das Licht der Sterne nicht.

Vasudeva: Leider laufen viele mit geschlossenen Augen plus zusätzlicher Schwarzbrille durchs Leben und meinen, es gebe kein Licht. Sie blockieren ihr eigenes Licht und lassen auch kein anderes Licht zu sich durch. Die Verneinung ihres Wahren Wesens ist die Ursache für das "Dunkel ihres Leidens".

Chela: Und wie soll ich reagieren, wenn meine Freunde, die sich oft solche geistigen Schwarzbrillen aufsetzen, zu mir sagen: "Wo viel Licht ist, da ist viel Schatten. Wenn du so strahlst, wirfst du zuviel Schatten auf uns. Wir müssen dann in deinem Schatten stehen, und das bedroht uns." Ich denke mir dann manchmal: "Wenn ich mich endlich meine Kraft zu leben getraue und dabei glücklich bin und mein Licht leuchten lasse, mache ich mich schuldig, weil sich andere daneben klein fühlen könnten. Daher darf ich nicht strahlen, oder nur wenig, aber nicht so, wie ich es könnte und möchte. Ich darf nicht ich sein, darf nicht leben." ... Ja, wenn ich mir so zuhöre ...Schöne Suderei!
Vasudeva: Das sind nur SEVs. **Chela**: Weiß ich. Gottseidank. Wäre ja ganz schön beschissen, wenn das die Wahrheit wäre.
Vasudeva: Das ist *dein* Ego-Anteil am Spiel. Damit machst du dich selber unglücklich und hilfst auch den anderen nicht. Was du tun kannst, weißt du. Dein eigenes Ego klar anschauen, deine eventuellen Wut- oder Trauer-Emotionen atmend befreien, damit deine Lebensenergie in Fluß bleibt, das Ego liebevoll annehmen und dich selbstverantwortlich dazu bekennen, und dann diese Illusion durch deine klare Umentscheidung sterben lassen, und von neuem ganz du selbst sein, der du in Wahrheit bist, und diese deine Wahrheit in unbeirrbarer Liebe verwirklichen, Schritt für Schritt. *Lerne zu sterben und du wirst leben.* Und vergib deinen Freunden. Sie sind nur im Irrtum. Das sind nur ihre Egos, die versuchen, ihre eigene Opfer-Mentalität und Leid-Strategie dadurch zu rechtfertigen, daß sie jenen Menschen die Schuld zuschieben, die den Mut haben, ihr Wahres Potential zu leben und glücklich zu sein. Vergib ihnen und dir selbst und bleib liebend, was immer sie sagen. Liebend heißt nicht, daß du immer "ganz lieb und nett" sein mußt. Du kannst ihnen auch vehement deine Meinung sagen. Das gehört auch zur Liebe. Aber bleib dabei vergebend, indem du ihnen keine "Schuld" vorwirfst. Sag einfach, wie du dich fühlst, wenn sie so mit dir umgehen. Vielleicht wissen sie gar nicht, wie es dir dabei geht.

Sei in jedem Augenblick und Atemzug *du selbst.* Bleib in ständigem Kontakt mit dem *Höchsten Bewußtsein* und deinem intuitiven *Herzwissen.* Bleib in deiner *Mitte* und mit beiden Füßen gut *geerdet.* Wenn du angegriffen wirst, *atme*, ... und re-agiere nicht, sondern *agiere* schöpferisch und selbstbestimmt. Du mußt dich weder verteidigen noch rechtfertigen. Wenn du nicht als Ego kämpfst, kann kein Angriff dich je treffen. Nur wenn du angreifst, machst du dich verletzlich. Wenn du den anderen als Feind betrachtest, ist das schon ein Angriff gegen ihn, und du verletzt dich selbst durch diesen Gedanken. Laß alle Wut in die Erde abfließen und bleib in deinem *Hara.* Nimm das *Diamant-Schwert* deiner geistigen Unterscheidungskraft und führe es mit *Liebe* und *Mitgefühl.* Atme bewußt. Sei voll und ganz präsent im *Hier und Jetzt* und durchschneide alle Ego-Verstrickungen in dir selbst und alle gordischen Knoten zu anderen Egos. Bleib vollkommen frei und in Frieden durch *Vergebung.* Und sieh, mit dem *Auge des Herzens*, die *Göttliche Wahrheit* deines vermeintlichen Widersachers. Er ist dein Bruder, und in diesem Augenblick des Lebens dein wichtigster Lehrer.

Bleib auf diese Weise schöpferisch und unbeirrbar liebend.
Dann hast du Frieden in deinem Herzen und wirst auf Dauer zum Wohle aller mehr bewirken, als wenn du auf ihre Ego-Spiele einsteigst und dadurch sie und dich selbst einer Lernmöglichkeit beraubst.

Wenn du dir erlaubst zu strahlen, stehen sie nicht in *deinem* Schatten, sondern in ihrem eigenen. Weil sie sich weigern, selbst zu strahlen, und sich auch deinem Licht nicht öffnen. Und wenn sie sich dabei nicht gut fühlen, so ist das nicht deine "Schuld", sondern ihre eigene Blockade, die sie spüren. Es ist niemals das göttliche *Licht* oder die Lebensenergie, was Schmerzen macht, sondern nur der eigene Widerstand dagegen. Die Lösung lautet: *Hingabe, Surrender to Love.*

Chela: Es heißt doch auch: "Wende dich der Sonne zu, dann fällt dein Schatten hinter dich."
Vasudeva: Mehr noch: *Du selbst bist die Sonne!* Laß alle illusionären Vorstellungen von Mangel und Trennung, die deine *Wahrheit* blockieren, los und laß dein eigenes *Licht* scheinen, dann löst sich jeder Schatten auf, sogar der Schatten traumatischer Vergangenheiten.

Wenn zwei Sonnen nebeneinander stehen, gibt es viel Licht, aber keine der Lichtquellen hat einen Schatten. Wenn wir also unser Wahres Wesen leben und uns auf das Wesentliche des Lebens konzentrieren, wird es kein "Leiden" mehr für uns geben, und wir werden den ewigen Frieden finden, schon hier und jetzt. Und je mehr ich mein eigenes Ego auflöse und mein Leben und meine Beziehungen mit Liebe durchdringe, umso heiler wird die ganze Welt. Und je mehr Menschen zu ihrem Wahren Wesen vordringen, umso mitfühlender, großzügiger und bescheidener werden sie auch in materiellen Dingen. Für jeden ist genug da, und auch der Regenwald, die Wale und Tiger werden weiterleben.

Was brauchen wir denn wirklich zum Glücklichsein?
Chela: Ist das die heile Welt, für die du arbeitest?
Vasudeva: Ja. Aber er wichtigste Beitrag zur Heilung der Erde und Erlösung der Menschheit ist, erst mal selbst heil zu werden und selber zur wahren *Mitte* und *Einheit* zurückzukehren. Nur wer mit sich selbst in Frieden ist, kann Frieden in der Welt schaffen.

"Manchmal meinen wir: Gottes Wege sind dunkel.
Aber das Dunkel liegt nur in unseren Augen,
nicht auf Gottes Wegen," weiß *Matthias Claudius*.

Chela, ich sage dir: Es gibt keinerlei dunkles Geheimnis,
nur die scheinbare Unfähigkeit,
das offenbare *Licht* wahrzunehmen.

(aus dem Buch: G. Lipold, *Vasudeva. Begegnungen mit dem Inneren Meister*)

Om Namoh Amithabaya

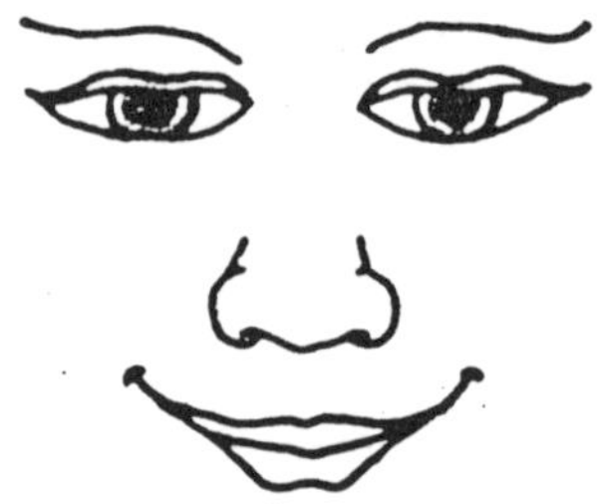

Worte & Musik: trad. buddhistisches Sanskrit-Mantra
Satz: Gerhard Lipold *langsam*

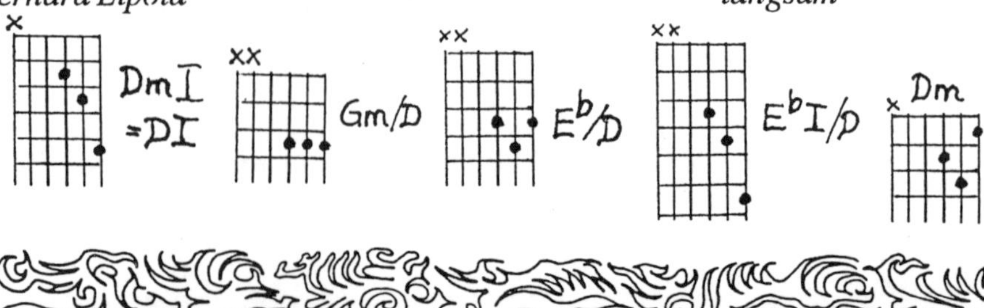

Amithaba ist der *Buddha des Grenzenlosen Lichts,* eine der wichtigsten Darstellungen Buddhas, die auch bei den Laien in China und Japan sehr beliebt ist. Das Mantra bedeutet:

OM, ich verneige mich vor Dir,
Amithaba, Grenzenloses Licht,
und nehme Zuflucht zu den drei Juwelen:
Buddha = der Erwachte, das *Buddha-Wesen*
Dharma = der Weg bzw. die Lehre der *Wahrheit.*
Diese *Wahrheit des Buddha-Wesens* , des *Wahren Selbst*
in allem und allen muß nicht erst gesucht werden,
sondern ist schon jetzt hier
und braucht nur erkannt und verwirklicht werden.
Sangha = die Gemeinschaft der Übenden, der Mönche, Nonnen und Laien,
die gemeinsam den *Weg der Wahrheit* verfolgen.

Buddha Amithaba symbolisiert mitfühlendes Erbarmen und Höchste Weisheit. Seine Erscheinung geht der Überlieferung nach zurück auf eine historische Person, die ein König gewesen sein soll. Nachdem er mit der buddhistischen Lehre in Berührung gekommen war, verzichtete er auf seinen Thron und wurde Mönch unter dem Namen, *Dharmakara.* Durch seine Meditationspraxis fand er Erleuchtung und gelangte in den Besitz des sogenannten *"Reinen Landes",* eines Paradieses, das nicht als ein materieller Ort zu verstehen ist, sondern als ein Bewußtseinszustand, den man schon auf Erden erlangt, und wo die Seelen in absolutem Frieden und Glückseligkeit leben. *Dharmakara* legte auch das *Bodhisattva-Gelübde* ab, in dem er sich verpflichtete, auf sein eigenes endgültiges Eingehen ins *Nirvana* zu verzichten und stattdessen alle Wesen auf ihrem Heilungsweg zu unterstützen. *Buddha Amithaba* gilt auch als "Erlöser" und ist darin *Jesus Christus* sehr ähnlich.
Die zentrale Praxis der *Amithaba*-Verehrung ist das Singen und Rezitieren Seines Namens, "denn jeder, der den Namen des Herrn anruft, wird gerettet werden."(Röm 10,13) Amithaba-Buddhisten berichten über die Wirkung ihres Mantras ähnlich Wunder-volles, wie der Russische Pilger über das *Jesus-Gebet.* Es heißt, daß allein das Anrufen des Namens von *Buddha Amithaba* , vor allem in der Todestunde, genügt, um in einer Lotos-Blüte im *Reinen Land* wiedergeboren zu werden. Genau dasselbe machen auch vedantische MeisterInnen, wenn sie mit dem Laut *OM* auf den Lippen sterben.
Das Mantra des *Buddha Amithaba* lautet:

in Sanskrit: *Om Namoh Amithabaya*
Japanisch: *Namu Amida Butsu*
Chinesisch: *Namo O-mi-to-fo*

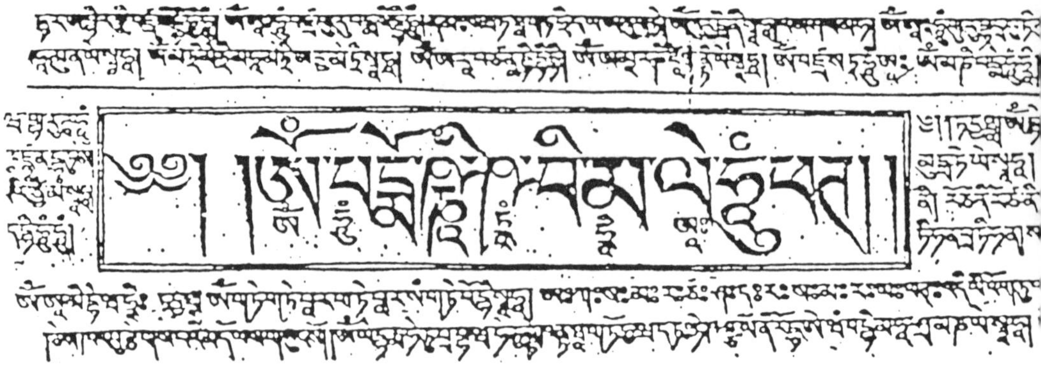

Om Mani Padme Hum

Worte & Musik: trad. tibetisch

Mc **3 B**
langsam, kraftvoll

Das bedeutendste und älteste Mantra im tibetischen *Vajrayana*. Es enthält die ganze Lehre des Mahayana-Buddhismus. Der große Weise, Lama Anagarika Govinda, hat sein berühmtes Standardwerk, *Einführung in die tibetische Mystik*, auf den Silben dieses Mantras aufgebaut.
Die tibetische Aussprache lautet:*Om Mani Peme Hung.*
Om Mani Padme Hum ist die Sanskrit-Version und bedeutet wörtlich:

OM, Juwel im Lotos, HUM

OM und *HUM* sind zwei große Keim-Silben, die selbst kaum eine begriffliche Bedeutung haben. Aber man kann sagen, das *OM* steht für das Absolute, das Göttliche, und *HUM* für das Manifestierte, den irdischen HUMus, den HUManen Menschen, der auch HUMor und HUMilität (= Demut) haben soll. (Siehe dazu auch: *ONE EARTH SONGS,* S. 126 ff.)
Das "Juwel" meint den diamantenen Geist der Erleuchtung, das *Buddha-Wesen,* das innewohnende Göttliche, das Wahre Selbst. Der "Lotos" steht für das Leben, das sich wie eine Blüte entfaltet, und auch für den geöffneten Lotos des Herzens. Obwohl der Buddhismus den Begriff "Gott" kaum verwendet, könnte man das Mantra auch übersetzen als:
"Gott wohnt im Zentrum meines Herzens." D.h. "Ich bin Buddha", was dasselbe bedeutet wie das vedantische Mantra *SOHAM.*
Ziel der Rezitation ist die vollkommene Einswerdung, die Verschmelzung der *immanenten inneren Kraft (und Göttlichkeit)* mit der *transzendenten äußeren Kraft (und Göttlichkeit)* nach dem Modell des 3-stufigen *Yidam-Yoga.*
Als *Ishta-Deva* kann *Buddha* verwendet werden, oder auch die Vorstellung von *Licht* wie in der *Licht-Meditation.* Im *Yidam-Yoga* des tibetischen Vajrayana-Buddhismus ist das Mantra mit einem bestimmten *Bodhisattva* verbunden, der während der Rezitation visualisiert wird. Es ist *Avalokitéshvara* (die Betonung dieses Wortes liegt auf "-tesh-").
Er verkörpert einen wesentlichen Aspekt der Buddhaschaft, nämlich
Karuna = das Mitgefühl, Erbarmen. Daher wird *Om Mani Padme Hum* auch "das Mantra des Grenzenlosen Mitgefühls (Erbarmens)" genannt. In der Rezitation formuliert sich der Wunsch nach eigener Befreiung zum Wohle aller Lebewesen (*Bodhisattva-Ideal, Christus-Ideal*).
Avalokitéshvara gilt als die wirkende Kraft von *Buddha Amithaba,* der sein geistiger Vater ist. Sein Grenzenloses Erbarmen drückt sich aus in Seiner wunderbaren Macht, allen zu helfen, die sich in akuter Gefahr an Ihn wenden. Darum ist Sein Mantra unzählige Male auf den gefährlichen Wegen, Straßen und Paßübergängen des Himalaya zu finden, eingemeißelt in Steine und Felsen jeder Größe, und geschrieben auf hunderttausende Gebetsfahnen, die im Wind wehen.

Auf tibetischen *Thangka*-Rollbildern, Meditationshilfen beim *Yidam-Yoga,* wird *Avalokitéshvaras* grenzenlos mitfühlendes Erbarmen durch Seine 1000 Arme dargestellt.

Sein Name bedeutet wörtlich übersetzt: "Der die Schreie der Welt erhört"
oder "Er, der Klang, der die Welt erleuchtet".

In China und Japan wird Er in Gestalt der weiblichen Gottheit *Kuan-yin* bzw. *Kwannon* verehrt.

Der Hauptzweck des Mantras *Om Mani Padme Hum* ist, das "Juwel", die innewohnende *Buddha-Natur* zu erwecken, zu erkennen, zu verwirklichen und das *Buddha-Wesen* bzw. das *göttliche Wahre Selbst* auch in allen anderen Wesen und Dingen zu sehen.

Was ist Gott?

Vasudeva und **Chela** sitzen unter der alten Zirbe. Es ist eine angenehm laue Nacht. Schon eine ganze Weile betrachten sie das Spiegelbild des Vollmonds im Teich.

Chela fühlt eine erhabene Freude in sich, etwas Heiliges. Ja, *das* ist ein heiliger Augenblick. Er hat noch nie etwas als so "heilig" empfunden wie jetzt diese Stille, das tanzende Licht des Mondes auf der Wasserfläche, und das Sitzen neben seinem weisen Freund unter der alten Zirbe, die er heute als den heiligsten aller Bäume empfindet. Wenn all die Menschen unten im Tal, die nur den profanen Genüssen nachrennen, doch wüßten, wie tief und heilig das Leben sein kann, dachte Chela, und er fühlte sich im Siebten Himmel - beinahe schon erleuchtet.

"Mein Freund, möchtest du hören, was Gott ist?" fragte **Vasudeva**, und Chela war überrascht, daß sein Freund diese heilige Stille störte. Aber Worte Vasudevas konnten nie eine Störung sein, dachte er, und so setzte sich Chela aufrecht hin, nahm einen tiefen heiligen Atemzug und schloß heilig seine Augen. Überhaupt fühlte er sich sehr heilig.

Vasudeva: Gott ist ... das Donnern der Stille ... der Glanz des Mondes am Teich ... der Hauch einer Kuh an einem kühlen Morgen ...

Gott ist ....Gott ist ein Haufen Scheiße.

Chela reißt die Augen auf und zuckt so abrupt zusammen, daß er von seinem meditativen Sitz rutscht. Verspannt hockt er am Boden und hält die Luft an. **Vasudeva** aber läßt wieder einmal sein donnerndes Lachen los, ja, er bekommt einen solchen Lachanfall, daß auch er von seinem Sitz rutscht und sich ins Gras rollen läßt. Chela ist nur geschockt und beleidigt, und am liebsten würde er sofort aufstehen und davongehen. Doch er wartet noch ein Weilchen, um zu sehen, was Vasudeva im Schilde führt.

Vasudeva hat sich ein wenig beruhigt, aber er kichert immer noch in sich hinein. Dann sieht er in Chelas Gesicht, und als er dessen Miene erblickt, bekommt er neuerlich einen Lachanfall.

Jetzt reicht es! Chelas ganze schöne heilige Stimmung ist zerstört! Er will aufstehen und zur Hütte gehen, doch was macht Vasudeva? Der hält ihn am Hosenboden fest. Chela wird grantig und versucht die Hand von seiner Hose zu lösen. Als er dies nicht schafft, geht er einfach los und schleift den alten Mann einige Meter hinter sich her. Aber Vasudeva hört noch immer nicht auf zu lachen. Chela gibt auf und setzt sich trotzig auf den Boden. Und als die beiden so dasitzen, beginnt allmählich auch Chela zu grinsen. Und urplötzlich stürzt er sich auf Vasudeva. Ein Ringkampf beginnt. Doch gegen den Alten, der sein Großvater sein könnte, hat er wie immer keine Chance. Welche Attacke auch Chela versucht, er findet keine Angriffsfläche und stürzt stets zu Boden durch seinen eigenen Krafteinsatz, den Vasudeva so gewandt und spielerisch leicht umlenkt, daß er selbst kaum Kraft dazu braucht.

Chela: Das war nicht sehr heilig, was du da sagtest. Ich hatte gerade so ein schönes erhebendes, geradezu göttliches Gefühl. Würde dein Meister dies nicht als Frevel, als Gotteslästerung gerügt haben?
Vasudeva: Ich glaube nicht, daß mein Meister dein Gefühl direkt gerügt hätte, aber er hätte sich wahrscheinlich auch irgendwas einfallen lassen, um dich auf die Erde zurückzuholen. Manche Zen-Meister haben sogar ihre Schüler geohrfeigt, damit sie aufwachen.

Als *Bodhidharma* den Buddhismus nach China brachte, fand er in Kaiser Wu einen seiner eifrigsten Schüler. Als der neue Tempel fertiggestellt war, ließ Wu den Meister holen, denn er war sehr begierig darauf, für seine frommen Werke von seinem geliebten Lehrer eine entsprechende Anerkennung zu erhalten. Kaiser Wu fragte: "Wir (Wu spricht natürlich im Majestäts-Plural, also 'wir'), wir haben herrliche Tempel erbaut, heilige Schriften vervielfältigt und die Bekehrung von Laien zu Mönchen und Nonnen befohlen.
Ehrwürdiger Meister, kommt unserem Verhalten ein Verdienst zu?"
- "Keinerlei Verdienst," antwortete Bodhidharma knapp.
Verplüfft und verärgert dachte der Kaiser, daß solch eine freche Antwort die gesamte Lehre umstürze, und fragt noch einmal: "Aber, was ist denn die Heilige Wahrheit, das Höchste Prinzip?"
- *"Offene Weite. Es gibt nichts Heiliges. Das Prinzip ist in allem."*

Also auch in einem Haufen Scheiße.
Befreie dich von deinen einschränkenden Vorstellungen über Gott und Heiligkeit. Unterteile nicht die Welt in "heilige" und "unheilige" Dinge, wie es fundamentalistisch-religiöse Gesellschaftsgruppen mit ihren doppelbödigen Moralvorstellungen und Tabu-Themen tun. Entweder ist alles heilig oder gar nichts!

Und wenn auf dieser Erde etwas als "heilig" zu bezeichnen ist, dann sollte der Dung unter den ersten Dingen sein, die den Titel "Ihre Heiligkeit" verdienen. Ja, man sollte sich täglich vor dem Dung verneigen, denn er ist lebendige Erde, die Basis unseres materiellen Lebens. Wenn man eine Queen oder einen geistlichen Würdenträger ehrfurchtsvoll als "Ihre Majestät" oder "Seine Eminenz" anspricht und zu einem Zen-Meister "Ehrwürdiger" sagt, muß man dies auch gegenüber der gröbsten Erde tun. Verneige dich in ehrlicher Demut vor einem Kothaufen wie vor einer "Eminenz", und nenne ihn nicht "Pestilenz."

Wenn wir die Erde berühren und dabei eine Abscheu fühlen, erfahren wir nur die Wirkung unseres eigenen, in der Kindheit eingelernten "Pfui Gack!"-Denkens, das nicht das Geringste mit dem Wahren Wesen der Erde zu tun hat.

Ohne Dung gäbe es kein Leben auf dieser Erde. Das gesamte Pflanzenreich lebt von Dung und Kompost. Von ausgeschiedenem und abgestorbenem Altem, verwandelt durch Faul-Pilze. Nicht Faulpelze, Pilze! Die Mißachtung der Scheiße in der Zivilisation - Zug am Strick und weg damit in den Schwemmkanal mit 12 Liter Trinkwasser - geht einher mit der Verdrängung des Todes aus dem Bewußtsein und mit dem Verlernen der Kunst, richtig und würdig zu sterben. Der Tod ist eine schöpferische Kraft und wesentlicher Bestandteil des Lebens. Wer nicht gelernt hat zu sterben, der lebt auch nicht wirklich, sondern ist lebendig begraben. Und zwar in der Grusel-Gruft seiner illusionären Ängste und Irrtümer. Jeden Tag von neuem muß ich mein Ego sterben lassen, damit ich *wahr-haft* leben kann. In Frieden und Freude, jetzt und hier. Das erst ist Lebenslust.

Der Regenwald ist mein Vorbild. Er stirbt permanent und gedeiht nur von seinem eigenen Kompost. Und von Licht und Wasser. Solange der Mensch ihn nicht tötet, lebt er bestens von seiner eigenen Leiche, im ewigen Kreislauf von Werden und Sein und Vergehen und Werden und Sein, in fruchtbarer Zusammenarbeit mit Pilzen und anderen heiligen Organismen, die das menschliche Ego gerne als "nutzloses Ungeziefer und Unkraut" betrachtet, weil sie keinen Profit bringen.

Was hat die Scheiße uns bloß angetan? Immerzu höre ich von ihr reden, als wäre sie an allem schuld. Und was macht sie? Demütig nimmt sie Platz unter uns und dient uns als "Stuhl".

Warum beleidigen wir sie, indem wir nur "miese Typen" und Mißgeschicke mit ihrem Namen bezeichnen? Dauernd benennen wir nur unsere Sorgen nach ihr. Dabei ist sie das genaue Gegenteil. Hat sie uns nicht befreit? Sie ist doch *das* Symbol für Loslassen.

Ihrem Wesen nach ist sie weich und warm, sanft und gewaltlos. Trotzdem verwenden wir sie als hartes Fluchwort und Waffe im Kampf der Egos.
Sie soll unseren selbst eingebrockten Ego-Frust ausdrücken. Dabei haben wir sie doch ausgedrückt!! Scheiße ist ein perfekter "Ausdruck" des Lebens.

Der Mist der heiligen Kühe ist einer der wichtigsten Grundstoffe des täglichen Lebens in Indien, nicht nur als Dünger, sondern auch als Bau- und Brennstoff. Und die Mücken, die sich davon ernähren, dienen den Singvögeln als Nahrung. Also ist Scheiße auch Musik.

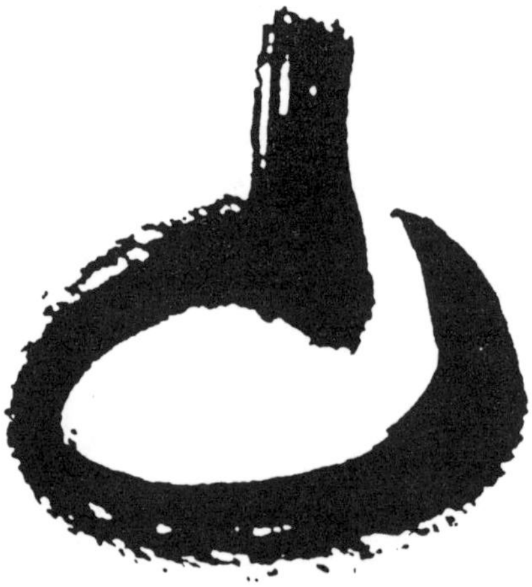

Unsere einschränkenden Vorstellungen darüber, wie etwas ist oder zu sein hat, was "Gott" oder "Buddha" ist oder wie die Dinge, das Leben, die "Anderen" und wir selbst sind, halten uns davon ab, die *Wahrheit* zu erfahren.
(Vasudeva macht einen Pinselstrich und fragt Chela:) **Was siehst Du auf dem Bild?** Menschenkot oder tierischen Dung? Kannst du den Gestank riechen? ...(Chela rümpft die Nase.) Ist es ein braver Kleiderhaken oder der böse Enterhaken von Käpt'n Silver? Stinkt der Haken noch? Wenn ja, hat deine Geruchs-Wahrnehmung einen Haken. Vielleicht ist es eine "Haken"-Nase? Oder ein Stück Seil? Eine giftige Schlange?!...(Chela denkt an einen vollgesoffenen Blutegel und schüttelt sich vor Ekel.) Welche inneren Fernseh-Kanäle und Emotions-Programme aktiviert ein simpler Pinselstrich? Übrigens, wenn man es genau bedenkt: Ist er Schwarz auf Weiß oder Weiß auf Schwarz? Habe ich etwa mit dem Pinsel nur die weiße Farbe weggewischt? Ist es eine weiße Spermie, die eine schwarze Eizelle befruchtet? Ist Sex etwas "Unheiliges"?
Chela (triumphiert): Ertappt! Du hast auch nur Sex im Kopf!

Vasudeva: Nichts, was wir sehen, hat in an sich die "Bedeutung", die es für uns hat. *Wir* haben allem die Bedeutungen gegeben. Und in vielem sehen wir hauptsächlich unsere eigene Vergangenheit. Durch diesen Filter des Egos nehmen wir die Umwelt und uns selbst nur verzerrt und verfälscht wahr, aber nicht, wie alles wirklich ist.

Wenn du das Wahre Wesen der Dinge und Menschen sehen willst, und zwar jetzt und hier, dann mußt du deine vorgefaßten Meinungen, Erwartungen und ständigen Interpretationen über sie sterben lassen. Und selbst deine alten Erfahrungen mit ihnen, all das von deinem "Gelernten", was dich irgendwie einschränkt. Was dich fördert, kannst du natürlich beibehalten. Aber regelmäßige Klärung ist nötig. (*Creative Refocussing*) Du mußt lernen, in gewisser Weise alles immer wieder ganz neu sehen, so als ob du es zum erstenmal siehst. Je weiter du auf dem Weg vorankommst, umso mehr wirst du zum "Anfänger".

Nimm alle Dinge und Lebewesen liebevoll und urteilsfrei an, wie sie sind, ohne Bewertung, in all ihrer scheinbaren Unvollkommenheit. So wirst du ihre Vollkommenheit entdecken.

"Urteilsfrei und ohne Bewertung" heißt nicht, daß du dein diamantenes Unterscheidungsvermögen beiseiteläßt, das dir jederzeit die klare Erkenntnis der Wahrheit und die Entlarvung von Illusion ermöglicht. Auch deine menschlichen Werte - sofern sie keine "tabu-behaftete und intolerante Doppelmoral" des Egos darstellen - mußt du nicht über Bord werfen. Doch wisse, daß jede Beurteilung die Gefahr der Verurteilung und Selbst-Abtrennung in sich birgt und ein Hindernis für die vollkommene Einswerdung darstellt.

Jedes zu enge und dogmatische Bild von Gott kann eine schwere Hürde sein, da man jede einschränkende Vorstellung vor Gott stellt und sich dadurch selbst abtrennt von der unmittelbaren Erfahrung der *Wahrheit*, die meist anders ist, als man erwartet. Letztlich muß man jede Gottes-vor-stellung aufgeben, um in der Erleuchtung ganz zu Gott zu gelangen bzw. ganz Gott zu werden, obwohl man schon jetzt Er ist. Die vollkommene Erleuchtung und die Höchste Weisheit *Prajnaparamita* ist ein Zustand der Bildlosigkeit und vollkommenen *Leere* im "Schoß des Soseins".

Achte daher das *Sosein* aller Menschen und Dinge, bedingungslos, und du wirst ihre wahre Schönheit entdecken, eine "Schönheit", die nicht eine Beurteilung nach menschlichen Geschmacks-Normen ist, sondern die göttliche Schönheit des Wahren Wesens. Dann wirst du auch die wahre Heiligkeit der Dinge sehen, aller Dinge, und aller Lebewesen, unterschiedlos, und es besteht kein Gegensatz mehr zwischem "Heiligem und Unheiligem", "Geistlichem und Weltlichem".

Wenn durch deine "spirituelle Sichtweise der Welt" nicht jedes Ding und Wesen und auch das gesamte Alltagsleben heilig wird und zu einem Ausdruck des Göttlichen und einem Dienst am Göttlichen - und das "nur weltliche" Leben von sogenannten Nichtgläubigen ist ebenso heilig wie das eines spirituellen Meisters, denn wir alle sind Göttliche Inkarnationen -, wenn du also aufgrund bestimmter Glaubensvorstellungen nicht das *ganze* Leben als heilig sehen kannst, dann vergiß deine Religion, denn sie ist nur Träumerei und Ballast.

Ich sage dir: Da *Alles Gott Ist,* und das Höchste Bewußtsein eines vollendeten Meisters stets eins ist mit allem, vermittelt wahre Weisheit nicht nur einen Weg zur spirituellen Essenz des Seins, sondern ist immer auch ein Pfad in die gröbste Materie des Alltagslebens, um gerade dort, wo es darauf ankommt, das Wahre Wesen zu erkennen und Es liebend zu verwirklichen.

"Die *Flöte der Unendlichkeit* wird ohne Unterlaß gespielt, und *Liebe* ist ihr Ton.
Wenn Liebe aller Begrenztheit entsagt, erreicht sie die *Wahrheit."*
(Kabir)

Vielleicht solltest du dich morgen früh unter die Zirbe setzen und über einen der Kotklumpen unserer Singvögel meditieren, die dort unter dem für dich - und auch mich - so heiligen Baum liegen und seine Wurzeln nähren. Nimm einen Klumpen in deine Hand, denn er ist dasselbe, wie der wertvollste Diamant der Welt. Beginne, das *Juwel* im Kotklumpen zu sehen, und je öfter es dir gelingt, umso weiter vorangeschritten ist dein Geist auf dem Weg seiner Verwandlung von einem unbewußten Stück Kohle in einen reinen Diamanten. Mach deinen Geist zu einem vollendeten *Juwel Höchster Weisheit* und dein Herz zu einer offenen *Lotosblüte Tiefster Liebe,* und du begegnest dem *Buddha-Christus* in jedem Gold und jedem Kot. Und es wird nie wieder einen Grund geben, irgendetwas im Leben als "Scheiße" zu bezeichnen, das keine Scheiße ist.

Bei meinem Altar liegt immer auch ein Klumpen Vogelkot. Ich übe die Meditation darüber besonders an Tagen, wo eine sogenannte "Dreckarbeit" auf mich wartet, z.B. das Entleeren meines Plumpsklos, das seit einer Weile *unser* Plumpsklo ist. Kein Mensch sollte sich zu "nobel" oder zu "heilig" für eine solche Aufgabe vorkommen. Mein Meister hat darauf bestanden, es selbst zu machen, auch dann, wenn seine Schüler dem Ehrwürdigen diese Arbeit ersparen wollten. Er sagte, daß jemand, der nicht auch die niedrigste Arbeit tun kann, kein wahrer spiritueller Meister ist.

Wer den Himmel will, muß die Erde wollen.

Morgen ist wieder so ein Tag. Laß uns morgen nach der Meditation die spirituelle Disziplin der Klo-Reinigung gemeinsam machen. Aber lauf nicht davon, wenn ich dabei über dein Mienenspiel lachen sollte.

(aus. G. Lipold, *Vasudeva. Begegnung mit dem Inneren Meister*)

Chela: Was ist ein Baum?
Vasudeva: Solange wir nicht verstehen, ist ein Baum nur ein Baum.
Wenn wir anfangen zu verstehen, ist ein Baum kein Baum mehr.
Wenn wir dann ganz verstehen, ist ein Baum wieder ein Baum.

Das Herz-Sutra
über die Essenz der Vollkommenen Weisheit Maha Prajnaparamita

Als der Bodhisattva *Avalokitéshvara* die Vollkommene Intuitive Weisheit erlangt hatte, verstand er, daß die fünf *Skandhas* leer sind, d.h. daß die Unterscheidungen, die wir treffen, um die Welt, in der wir leben, besser zu verstehen, künstlich sind und keine eigentliche Existenz haben. Diese Illusionen, die für die Wirklichkeit gehalten werden, sind die Ursache von allem Leiden der Menschen.

Der Meister sagte: Höre, Shariputra,

Form ist nichts anderes als Leere,und Leere ist nichts anderes als Form.
Form ist identisch mit Leere,und Leere ist identisch mit Form.

Dasselbe gilt für Gefühle, Sinneswahrnehmungen, geistige Willenskraft und Erkenntnis. Höre, Shariputra, alle Dinge sind durch *Leere* gekennzeichnet: Geburt und Tod,Reinheit und Unreinheit, Wachstum und Kleinerwerden.

Daher gibt es in dieser *Leere* keine Erscheinungsformen, kein Gefühl, keine Sinneswahrnehmung, keine Vorstellung, kein Denken, kein Auge, kein Ohr, keine Nase keine Zunge, keinen Körper, keinen Geist, keine Farbe, keinen Laut, keinen Geruch, keinen Geschmack, keine Berührung, keine Gefühle, keinen Bereich der Elemente, keine Vision, kein Denkobjekt, kein Nicht-Wissen, keine Erkenntnis, kein Altern und keinen Tod, und auch nicht die Aufhebung von Altern und Tod.

Es gibt kein Leiden, keine Ursache des Leidens und kein Erlöschen des Leidens.
Es gibt keinen Weg, kein Wissen, kein Ziel und keine Verwirklichung,
da es nichts zu erlangen gibt.

Deshalb leben die Bodhisattvas in *Prajnaparamita*, in der Vollkommenen Weisheit, und es gibt kein Hindernis in ihrem Geist. Da es kein Hindernis gibt, sind sie frei von Angst und Illusion. Indem sie das falsche Denken für immer hinter sich lassen, erreichen sie vollkommenes *Nirvana* (= Befreiung, Erlösung, Friede). Alle *Buddhas* der Vergangenheit, Gegenwart und Zukunft üben *Prajnaparamita*, dieses Vollkommene Verstehen, und erlangen so die höchste, wahre und vollständige Erleuchtung.

Deshalb wisse, daß das *Prajnaparamita* das Große Mantra ist, das Mantra der Vollkommenen Weisheit, das höchste Mantra, das einzigartige Mantra, das alle Leiden völlig auslöscht. Dies ist die *Wahrheit*. Da gibt es keine Täuschung. Deshalb nimm *Prajnaparamita* und sprich das Mantra:

GATE GATE PARAGATE PARASAMGATE BODHI SVAHA !
Geht, geht zusammen ans andere Ufer,
geht alle zusammen zur Vollkommenheit des Erwachens!
So sei es!

Dies ist das Lied des Herzens der Vollkommenen Weisheit.

MAKA HANNYA HARAMITA SHIN GYO
KAN JI ZAI BO SA GYO JIN HAN NYA
HA RA MI TA JI SHO KEN GO UN
KAI KU DO I SAI KU YAKU SHA RI
SHI SHIKI FU I KU KU FU I SHIKI
SHIKI SOKU ZE KU KU SOKU ZE SHIKI
JU SO GYO SHIKI YAKU BU NYO ZE
SHA RI SHI ZE SHO HO KU SO FU
SHO FU METSU FU KU FU JO FU ZO
FU GEN ZE KO KU CHU MU SHIKI
MU JU SO GYO SHIKI MU GEN NI BI
ZETS SHIN NI MU SHIKI SHO KO MI
SOKU HO MU GEN KAI NAI SHI MU I
SHIKI KAI MU MU MYO YAKU MU MU
MYO JIN NAI SHI MU RO SHI YAKU
MU RO SHI JIN MU KU SHU METSU
DO MU CHI YAKU MU TOKU I MU
SHO TO KO BO DAI SAT TA E HAN
NYA HA RA MI TA KO SHIN MU KE
GE MU KE GE KO MU U KU FU ON
RI I SAI TEN DO MU SO KU GYO NE
HAN SAN ZE SHO BUTSU E HAN NYA
HA RA MI TA KO TOKU A NOKU TA
RA SAN MYAKU SAN BO DAI KO CHI
HAN NYA HA RA MI TA ZE DAI SHIN
SHU ZE DAI MYO SHU ZE MU JO
SHU ZE MU TO DO SHU NO JO I SAI
KU SHIN JITSU FU KO KO SETSU HAN
NYA HA RA MI TA SHU SOKU SETSU
SHU WATSU GYA TE GYA TE HA RA
GYA TE HARA SO GYA TE BO DHI
SOWA KA HAN NYA SHIN GYO.

摹馬遠父

徐天池詩

不負青天睡遠陽菜花
落盡尚無巣夢中
有客割腸看笑我
腸中祇酒沓不與差
傳也

川添うて鳴く
行ゝ哉郭公
しも総かなゑの
まくらのきゝ

Sutras sind Lehrreden, die der Tradition nach direkt auf den historischen *Buddha* zurückgehen. Das *Herz-Sutra* ist eines der bedeutendsten Sutras und wird in den Mahayana-Klöstern in Tibet, China und Japan wie auch in den westlichen Gemeinschaften tagtäglich rezitiert. Es ist das "Herz-Stück"(*Hridaya-Sutra*) des sogenannten *Mahaprajnaparamita-Sutra,* des "Großen Sutra der das andere Ufer erreichenden Weisheit". "Das andere Ufer erreichen" bedeutet hier vollkommene Erlösung. Es existiert in mehreren Sprachen, u.a. Sanskrit und Tibetisch; die hier abgedruckte Version ist Japanisch und stammt aus der *Rinzai-Schule,* die ursprünglich chinesisch war und heute im japanischen *Zen* weiterlebt. Die Sprache ist eine Mischung aus Sanskrit, Altchinesisch und Japanisch. Die hier wiedergegebene Schriftform gibt den Rhythmus beim Rezitieren an, sodaß alle Teilnehmer zur selben Zeit dieselbe Silbe sprechen. Die Stimmlage ist eher tief und monoton.

Ausspracheregeln: *j* = "dsch", *ch* = "tsch", *y* = "j" (wie in **j**a)
s = stimmloses "s" (Wasser, engl. thi**s**), *sh* = "sch"
z = stimmhaftes "s" (engl. the**s**e)
Doppelvokale werden als zwei getrennte Laute betont: *ei* = "e-i", *au*= "a-u"

Obwohl die Rezitation des *Herz-Sutras* im gesamten Mahayana-Buddhismus zur täglichen Praxis gehört, sind die Ansätze verschieden. Während es im tibetischen Vajrayana als eine Art religiöses Glaubensbekenntnis und Lobgesang intoniert wird, dient es im *Zen* eher als eine kraftvolle Übung für Atem, Stimme und Konzentration, wobei die begriffliche Bedeutung der rezitierten Worte total in den Hintergrund tritt und nur noch der mantrische Klang der Silben übrig bleibt. Für einen nicht-japanischen Zen-Anhänger ist es also bei der Rezitation von Vorteil, daß er die Sprache des Sutras nicht intellektuell versteht, weil sein Geist frei bleibt von Bedeutungsdenken, eine wichtige Voraussetzung für die Erfahrung der *Leere.*

Rolf Seyfried sagt: "Im Allgemeinen ist die Sutra-Rezitation eine gute Atem- und Konzentrationsübung. Im schnellen Rezitieren ist es äußerst schwierig, bei abschweifenden Gedanken mitzukommen. Die Rezitation 'zwingt', konzentriert beim Text zu bleiben, während es beim stillen Sitzen in der Meditation (außer der Atembeobachtung) keine Vorlage gibt, die den umherirrenden Geist zurückruft. Ohne Zweifel liegt in der Rezitation eine Kraft, die vor allem in der Gemeinschaft zu spüren ist. Gemeinsames Rezitieren zeigt viel stärker die Wirksamkeit der Sutren als ein-sames. Was ich dabei gespürt habe, war eine Art 'religiöser Leidenschaft'. Einige Male schon war ich von dieser gemeinsamen Erfahrung sehr gerührt, was mich einer größeren Bescheidenheit näher brachte. Für uns ist das *Herz-Sutra* eine sehr große Herausforderung. Und es mag eine 'religiöse Essenz' sein, die wir aus dem *Herz-Sutra* schöpfen dürfen. Das hat bedeutungsvolle Konsequenzen. Insofern das *Herz-Sutra* auch eine Meditation über unsere 'Zerbrechlichkeit' (Claude Durix) ist, gibt es uns guten Grund, aus dem Wahn in die je eigene Ortschaft unseres Daseins zu treten."

Gefundene Grenze!
Gewiesener Ort!
Dort ereignet sich
die tiefe Erfahrung
- Sternenglanz aus nächtlichen Schwärzen -
Doch ist's ein Ort,
wo Verwandlung sich ereignet.
***
Die Weite des Selbst
in die Fernen ragend -
ewiger Ruf!
Es lichtet sich der Raum
dankbaren Horchens.

Kein Außen - kein Innen
Wo bin ich -
im horchenden Innestehen,
das zur Antwort sich gebärdet?

Rolf Seyfried

Über Ströme und Meere, über Fluß und Gebirge kam ich gezogen,
um die Lehrer zu suchen und Wahrheit zu finden,
um mich hinzugeben dem Zen.
Seit ich den Weg nach Sokej (Erleuchtung) gefunden habe,
bin ich gewiß, daß man sich nicht sorgen soll um Leben und Sterben.
Gehen ist Zen, Sitzen ist auch Zen.
Rede ich, schweige ich,
ruhe ich, eile ich:
Dem Wesen nach ist alles das Unbewegte.

Joka

Das Kleinste ist dem Größten gleich,
die Grenzen sind weggewischt.
Das Größte ist dem Kleinsten gleich ohne jede Scheidewand.
Sein ist nichts anderes als Nichts, Nichts ist nichts anderes als Sein.
Und ist es dir noch nicht so, dann darfst du auch an nichts festhalten!
Das Eine ist nichts anderes als das All, das All ist nichts anderes als das Eine
Und wenn dem so ist, was schiert dich dann noch Unvollkommenheit?
Glauben ist Nicht-Zwei.
Nicht-Zwei ist Glauben dessen, was unaussagbar ist.
Vergangenheit und Zukunft,
sind sie nicht ein ewiges Jetzt?

Szoszan

Die Verwirklichung der Höchsten Weisheit *Prajna* ist, neben dem Grenzenlosen Mitgefühl *Karuna,* ein wesentliches Ziel und Kennzeichen der Buddhaschaft. Dabei geht es nicht um ein begrifflich-kognitiv erlerntes Wissen und intellektuelles "Gescheit-Sein", sondern um unmittelbar erfahrene, *intuitive* Weisheit, deren entscheidendes Moment die Einsicht in das Wahre Wesen der Welt ist, das im Buddhismus die *Leere (Shunyata)* genannt wird.

Form ist nichts als Leere
Leere ist nichts als Form

Die *Leere,* die hier gemeint ist, ist kein negativer Begriff im Sinne einer nihilistischen Totalverneinung jeder Manifestation des Lebens, was ja in einer Blockierung unserer schöpferischen Kraft und Vital-Energie resultieren würde. Sie ist auch kein "Schwarzes Loch", in das man stürzen könnte, wie in eine "ewige Verdammnis". Sie ist das genaue Gegenteil, wie der oben zitierte Kernsatz des *Herz-Sutras* schon besagt, nämlich eine *Leere,* die zugleich Fülle und die Totalität des Lebens ist, weil sie das Potential zu jeder möglichen Form enthält - so wie jeder Ton aus der Stille kommt und das weiße Licht alle Farben des Regenbogens enthält. Alle Gestaltungen dieser Welt gehen aus ihr hervor und kehren in sie zurück. Daher ist auch das Wahre Wesen aller Menschen, Tiere und Pflanzen, von Erde, Wasser, Feuer und Luft, und auch von all unseren körperlichen, emotionalen, mentalen und spirituellen Instrumenten und Erfahrungen ... die *Leere.*

DAS zeigt schon mein Fingerabdruck.

Der Begriff *Leere* bedeutet im Grunde nichts anderes als das, was andere Religionen als *Gott* bezeichnen, oder *DAS, das Absolute, das Wahre Selbst.* Wenn man im Sutra-Text das Wort "Leere" durch den Begriff "Gott" ersetzt, wird er sofort auch für alle anderen Religionen verständlich und akzeptabel. Die theistischen Religionen sagen: "Ohne Gott gäbe es den Menschen nicht." Buddhisten sagen: "Ohne Menschen gäbe es keine Götter." Beides ist richtig. Denn ohne den Ursprung des Universums gäbe es den Menschen nicht. Aber ohne den menschlichen Geist gäbe es auch das Konzept der "Leere" nicht, die letztlich auch nur ein menschliches Bild vom Urgrund ist, obgleich das am wenigsten einschränkende.

Im *Lankavatara Sutra* heißt es: "Alle Ideen wie 'Ursächlichkeit, Folge, Atome, Höchster Geist, Höchster Gott, Schöpfer' sind Produkte der Einbildung und Offenbarungen des Geistes ... Die Erhabene Weisheit ist ein Zustand der Bildlosigkeit; es ist der Schoß des Soseins; es ist der allesbewahrende Göttliche Geist, der in Seinem reinen Wesen für immer in vollkommener Geduld und ungestörter Ruhe verharrt."

Die Höchste Weisheit klingt oft paradox, wie dieses Sutra, das sich selbst ad absurdum führt, indem es einerseits von einem Göttlichen Geist spricht und im selben Atemzug erklärt, daß solche Gottesvorstellungen nur Einbildungen sind. Der Widerspruch ist nur oberflächlich, und die Argumentation will klarmachen, daß das religiöse Fahrzeug nicht das Ziel ist, und daß man auf dem Weg zum "anderen Ufer" der Vollendung einmal einen Punkt erreicht, wo man das "Boot" (das Gottesbild, die Meditationstechnik etc.) verlassen muß, d.h. wo man offen dafür sein muß, daß sich alle Mittel in Nichts auflösen und der unmittel-baren Erlösung und vollkommenen Erleuchtung durch das *Göttliche Licht* Platz machen.

Das Konzept der *Leere* bedeutet also keineswegs, daß andere Gottesvorstellungen abgelehnt werden. Im Gegenteil: in der *Leere* hat alles Platz. Besonders das Bewußtsein der Einheit aller Lebewesen, Religionen und Philosophien. Auch Sufis und christliche Mystiker sprechen von der "Armut Gottes" oder von "Gott, der die Stille in uns ist" oder sogar vom "Nichts, das größer ist als Gott."

Gott ist ein reines Nichts.
Angelus Silesius

Aus dem Nichts die Zeugung
Aus dem Nichts die Fülle
Die Kraft des Wachstums
der lebende Atem
Es wohnte im leeren Raum
Es erzeugte das Firmament über uns

aus der Kosmologie der Maoris
der Eingeborenen Neuseelands

Im Gegensatz zu dogmatischen Gottesvorstellungen bietet das Konzept der *Leere* die größtmögliche Freiheit von Konzepten und Normen und *offene Weite* für den Geist. Ein zu enges Bild vom Absoluten kann die vollständige Erfahrung desselben stark behindern.

Das *Herz-Sutra* spricht auch sehr klar von der Notwendigkeit des Loslassens aller "Hindernisse im Geist", d.h. aller einschränkenden Denkmuster (SEVs), Opfermentalitäten und illusionären Ängste, durch die wir uns selbst ins "Leiden" hineintäuschen. Dies ist auch die Befreiung von der irrtümlichen Identifikation des Egos mit den Odysseen des vergänglichen Körpers und vom krampfhaften Festklammern an vermeintlichen materiellen Sicherheiten, die - wie wir wissen - allesamt innerhalb von Minuten in sich zusammenbrechen können.

Wenn wir uns von dieser geistigen Verhaftung an das Haben befreien, endet unsere "Zerbrechlichkeit", und wir finden uns - ob reich oder arm - stets in der sicheren Geborgenheit und dem Frieden des wahren *Seins.* Schon hier.

Um dies zu erreichen, braucht man keineswegs zum Asketen werden und die Türen und Fenster vor der Welt verschließen, um in akrobatischen Verrenkungen die Luft anzuhalten und die Lust abzutöten. Es bedeutet "nur", daß man lernt, inmitten äußerer Alltags-Geschäftigkeit in seiner Inneren Mitte zu ruhen und inmitten des Freuden-Genusses an der bunten Vielfalt und Schönheit des Lebens auf dieser Erde, im Tanz der Beziehungen, immer und überall den Kontakt zum Höchsten Bewußtsein aufrechtzuerhalten und infolgedessen auch schwierige Situationen mit geistiger Klarheit und der Liebe des Herzens zu meistern. Und es gibt keinen Grund mehr zur Angst. Schon jetzt nicht.

Die Erlangung der Höchsten Weisheit *Prajnaparamita* ist die Erkenntnis, daß es für unseren göttlichen Wesenskern keinen Tod und kein Leiden gibt. Daher existiert für unser Wahres Selbst - jener Seinsebene, von der aus das *Herz-Sutra* gesprochen ist - auch nichts, wovon man erlöst werden müßte. Erlösung und Erleuchtung bedeutet nur das Loslassen unserer Illusionen (SEVs) und das Ende der Unbewußtheit, indem wir erwachen zur Erkenntnis dessen, was wir jetzt in Wahrheit schon sind. Daher gibt es im Grunde nichts zu erlangen, sondern nur die Augen zu öffnen durch *Umkehr zur Liebe.*

Die Höchste Weisheit ist eine *Weisheit des Herzens.*
Sie wird erlangt und verwirklicht auf dem *Weg des Herzens.*

Dies alles ist sehr beruhigend für mich. Denn ich weiß:
Ich bin vollkommen in Ordnung, so wie ich bin,
unabhängig davon, was ich gerade fühle oder denke oder tue. Auch wenn ich mich noch hin und wieder entscheide, einer Ego-Illusion zu folgen und mir dabei vielleicht "Stress" oder "Zweifel" zu schaffen, so gibt es in mir stets eine
Göttliche Wahrheit,
DIE ICH BIN,
in Reinheit und Vollkommenheit,
die so unberührt ist von den Spielen auf der Bühne des Lebens,
wie die Tiefe des Ozeans von den Wogen an seiner Oberfläche.

Und wenn ich einmal in Hektik gerate, halte ich inne, schließe die Augen, nehme einen tiefen Atemzug, lasse alle Stress-Energie abfließen zu Mutter Erde, die sie aufnimmt, und ich besinne mich auf *DAS,* was ich im Zentrum meines Herzens bin - mit einem stillen *SOHAM* im Geist und im Atem -,
und dann öffne ich meine Augen und sehe die Welt viel klarer und gelassener, und ich entscheide mich, während meiner aktuellen Alltags-Arbeit bei meinem Atem zu bleiben, und bei allem, was ich tue - beim Gehen und Sprechen, beim Ergreifen eines Gegenstand und beim Ablegen desselben -
achtsamer
und vor allem *langsamer* zu sein.
Interessanterweise bin ich dann am Ende schneller fertig, als wenn ich dasselbe in Hektik getan und den Jausentee über das PC-Keyboard geschüttet hätte.

Übrigens: das Sanskrit-Mantra *SOHAM* ist ursprünglich ein österreichischer Dialekt-Begriff und bedeutet wörtlich übersetzt: "Auf diese Weise heim."

Je langsamer wir gehen, umso schneller sind wir am Ziel.
Denn das Ziel sind wir selbst.

RUHE DICH REICH !

"Ach, wenn man doch wissend werden könnte!" rief Knecht. "Wenn es doch eine Lehre gäbe, etwas, woran man glauben kann! Alles widerspricht einander, alles läuft aneinander vorbei, nirgends ist Gewißheit. Alles läßt sich so deuten und läßt sich auch wieder umgekehrt deuten. Man kann die ganze Weltgeschichte als Entwicklung und Fortschritt auslegen, und kann ebensowohl nichts als Verfall und Unsinn in ihr sehen. Gibt es denn keine Wahrheit? Gibt es keine echte und gültige Lehre?"

Der Meister hatte ihn noch nie so heftig reden hören. Er ging eine Strecke weiter, dann sagte er:"Es gibt die Wahrheit, mein Lieber! Aber die 'Lehre', die du begehrst, die absolute, vollkommen und allein weise machende, die gibt es nicht. Du sollst dich auch gar nicht nach einer vollkommenen Lehre sehnen, Freund, sondern nach Vervollkommnung deiner selbst. Die Gottheit ist in dir, nicht in den Begriffen und Büchern. Die Wahrheit wird gelebt, nicht doziert."

(aus Hermann Hesse, *Das Glasperlenspiel*)

Wenn wir weise Worte von Meistern lesen, vergessen wir oft, daß sie die Frucht lebenslanger spiritueller Praxis sind. Sie sind schnell gelesen, und wir können ihnen auch meist zustimmen, weil sie in diamantener Klarheit eine Dimension ansprechen, die auch wir in uns tragen, ahnen, spüren. Aber sie wollen von uns nicht bloß nach-gedacht, sondern gelebt werden, denn sie führen uns zu unserem ureigenen Inneren Wissen und Wesen.

Die Lehre von der Wahrheit ist nicht die Wahrheit selbst.
"Wer auf den Finger starrt, der auf den Mond weist, und den Finger für den Mond hält, ist ein Narr," sagen die Zen-Meister.

Daher ist ***Zen*** ein Weg, der auf Schriften als Lehrmittel verzichtet und den Atem und das Leben selbst zum Hauptmittel macht für die Erkenntnis der innewohnenden *Buddha-Natur.*

Einer der wenigen Texte in der Zen-Praxis ist das *Herz-Sutra;* doch auch dieses ist hauptsächlich eine Atemübung. Wirkliches *Zen* ist jenseits von Büchern und Buchstaben, jenseits von Worten und auch jenseits des Schweigens. Es ist ein Hinweisen auf die reine Geist-Essenz in allen Erscheinungsformen, ein direktes Hineinschauen in das Wahre Wesen, und dessen Verwirklichung in Einfachheit.

"Es heißt, daß derjenige, der Zen in seinem Leben verwirklicht, keine Angst, keinen Zweifel, kein unnötiges Sehnen, keine extremen Emotionen kennt. Weder engherzige Verhaltensweisen noch egoistische Handlungen verstören ihn. Er dient der Menschheit in Demut, indem er seine Anwesenheit in dieser Welt mit Herzensgüte erfüllt und sein Dahinschwinden betrachtet wie ein Blatt, das von einer Blüte fällt. Indem er heiter ist, erfreut er sich seines Lebens in segensreicher Ruhe."(Paul Reps) Zen ist keine Religion oder Philosophie, sondern eine bestimmte Art zu leben. Zen ist eine Erfahrung.

Und Zen ist nichts Neues. Schon lange vor Buddhas Geburt (563 v.Chr.) wurde es von erwachten Menschen gelebt, wie der folgende Text ***"Auf die Mitte zu"*** zeigt. Er ist die Übertragung einer Sammlung von Lehrsprüchen aus Sanskrit-Schriften, die mehr als 4000 Jahre alt sind: aus dem *Vigyan Bhairava,* dem *Sochanda Tantra* und dem *Malini Vijaya Tantra.* Es ist eine alte Lehre, die unzählige Male kopiert und wiederkopiert und weitergegeben wurde von Meistern zu Schülern und zu deren Schülern, sodaß sie noch heute im Himalaya lebendig ist. 4000 Jahre, und noch immer frisch und zu jeder Zeit der Menschheitsgeschichte hochaktuell, weil es ums Jetzt geht.

"Auf die Mitte zu" begleitet mich schon seit vielen Jahren. Es enthält nicht philosophische Sinnsprüche zur geistigen Erbauung, sondern praktische Anweisungen, 112 an der Zahl, von solcher Essenz, daß jede einzelne für längere Zeit, wenn nicht für ein ganzes Leben genügt, um geübt und erfahren und ausgekostet zu werden. Die kurzen Verse sind schnell durchgelesen von vorne bis hinten, vielleicht sogar in einem Zug. Und die klare, poetische Sprache ist ein intellektueller Genuß. Doch damit hat sich's?

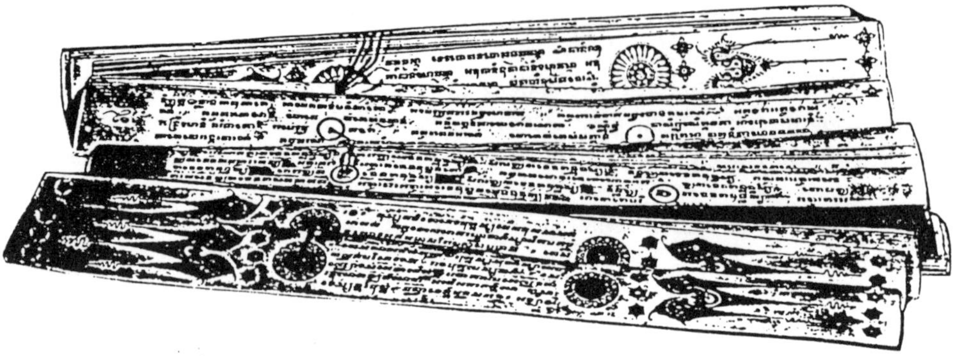

Jeder der 112 Verse von *"Auf die Mitte zu"* kann, wenn er gelebt wird, ein Schlüssel sein, um das unsichtbare Tor des Bewußtseins zu öffnen und zum *unmittelbaren Ge-wahr-sein* zu gelangen. Wenn du willst, nimm jeden Tag einen Vers oder mehrere und mache eine Meditation daraus, eine Lebens-Übung. Wenn im Text keine Übung konkret angeleitet wird, dann erfinde eine oder finde einfach eine Situation in deinem Alltag, wo der Inhalt des Verses praktisch umgesetzt werden kann, und tu es - sei es durch Handeln oder Nicht-Handeln, und durch Nicht-Tun mitten im Tun *(Wu Wei)*. Rein experimentell, spielerisch und zweckfrei. Es macht Spaß. Mach Erfahrungen damit; es sind deine. Wenn du willst, findest du auf den folgenden Seiten einen faszinierenden Selbst-Erfahrungs-Kurs.

Vielleicht kannst du mit dem einen oder anderen Spruch wenig anfangen. Das macht nichts. Gerade die Verse, die etwas rätselhaft sind, entschlüsseln sich vielleicht irgendwann einmal. Oder gar nicht. Wenn wir gar nichts mehr verstehen, wird uns ja nur auf beeindruckende Weise die Begrenztheit des Denkens vor Augen geführt, und es bleibt uns nichts anderes übrig, als uns dem Gefühl und der Intuition zu öffnen, um zu Wahrem Verstehen zu gelangen. Intuition ist wohl der direkteste Weg zur *Mitte*.

Im *Zen* ist die Meditation über paradoxe und scheinbar "unsinnige" Rätsel - die *Koans* - eine zentrale Methode, um zu wahrer Erkenntnis zu gelangen.

Obwohl der Text aus der hinduistischen Tradition stammt, sind seine Anweisungen für alle Religionen, Yoga-Wege und Psychologien universell gültig und fruchtbringend anwendbar, denn es geht um die Entwicklung des *Gewahrseins im Hier und Jetzt*, um die Wachheit und Achtsamkeit im alltäglichen Leben, um liebevolle Hingabe, um die Bewußtheit des allgegenwärtigen Göttlichen, das alle Wesen und Dinge als Essenz durchdringt und trägt, um die Erfahrung der All-Einheit.

Der Sprecher der Anweisungen ist Gott in Gestalt *Shivas,* und die Rolle der Zuhörenden spielt Seine Gemahlin *Shakti.* Obwohl sie alle Antworten selbst kennt, stellt sie die einleitenden Fragen zum Wohle aller, die Unterweisung wünschen und bereit sind zu hören. *Shakti* repräsentiert das manifestierte Universum, die Schöpfung, die Lebensenergie, auch die individuelle Seele in Männern und Frauen. Sie steht für die *Form,* während *Shiva* für das formlose Absolute bzw. die *Leere* steht.

Dem Text vorangestellt ist eine Serie von 4 Bildern, die in Bali aufgenommen wurden. Sie zeigen die höchste balinesische Gottheit ***Sanghyang Widi.*** Der Name bedeutet "Höchstes Licht". Diese Gottheit ist ein wunderbarer Ausdruck dafür, daß alle Religionen eins sind, und daß es für tolerante, herzensweise und freidenkende Menschen "no problem"(ein balinesisches Mantra) ist, *Shiva, Buddha, Jesus Christus* und alle anderen Götter und Göttinnen als eins zu betrachten. *Sanghyang Widi* ist eine Form Shivas, hat aber auch Merkmale des Buddhismus, der lange in Bali beheimatet war. Zur Zeit der christlichen Missionierung galt auch Jesus als eine Form dieser Gottheit und bekam ihren Namen. Außerdem ist *Sanghyang Widi* als höchste göttliche Macht eingebunden in das archaisch-schamanistische Pantheon Balis aus der Zeit vor der Ankunft der genannten Religionen und erhält sogar von den Muslimen des indonesischen Archipels den Rang *Allahs* zugestanden.(Ivar Lissner)

Dieses Bild der Gottheit klebte auf einem Holzaltar, der während eines Tempelfestes dem Meer übergeben worden war und noch tagelang in der Brandung trieb, ehe er sich auflöste. Die schwarzen Schleier sind Lavasand, der ständig von den Wellen auf das Bild gespült und wieder weggeschwemmt wurde. Immer wieder von neuem: Verhüllung des Göttlichen durch Verkörperung im materiellen Leben, dann allmähliche Offenbarung des *Höchsten Lichts* durch Auflösung unserer dunklen Illusions-Schleier, die die Vision blockieren, und bewußte Wiederverschmelzung mit Gott, wie Wasser sich mit Wasser eint.

Shakti-Devi sagt:

Oh, *Shiva,* was ist deine Wirklichkeit?
Was ist dieses wundererfüllte Universum?
Was läßt den Samen entstehen?
Wer bildet den Mittelpunkt des universellen Rades?
Was ist dieses Leben außerhalb aller Form,
das alle Form durchdringt?
Wie können wir ganz darin aufgehen,
erhaben über Raum und Zeit, über Name und Beschreibung?
Laß meine Zweifel sich erhellen.

Devi hat, obwohl sie bereits erleuchtet ist, die vorhergehenden Fragen gestellt, auf daß andere innerhalb des Universums *Shivas* Belehrungen empfangen können. Nun folgt *Shivas* Antwort, welche die hundertzwölf Wege darlegt:

Auf die Mitte zu

1.
Strahlende(r),
diese Erfahrung
dämmert wohl zwischen zwei Atemzügen.
Nachdem der Atem hineingeströmt ist
und gerade, bevor er aufsteigt -
die Wohltätigkeit.

2.
So wie der Atem von unten nach oben steigt
und als Atem von oben herniederzieht -
durch diese beiden Bewegungen
erkenne.

3.
Oder, wenn immer Einatmen und Ausatmen
sich verbinden,
so berühre in diesem Augenblick
das kraft-freie, kraft-erfüllte
Zentrum.

4.
Oder wenn der Atem ganz draußen ist
und von selbst anhält,
oder ganz drinnen ist
und anhält -
in solch einer universellen Pause *verschwindet*
das kleine Ich.
Dies ist nur für die Unreinen schwierig.

5.
Betrachte deine Essenz
als Lichtstrahlen,
die von Chakra zu Chakra
die Wirbelsäule hochsteigen,
und so erhebt sich das *Leben* in dir.

6.
Oder in den Räumen dazwischen
fühle dieses als *Aufleuchten.*

7.
Devi (Göttin, *Deva,* Gott),
imaginiere die Sanskrit-Lettern
in diesen honiggefüllten Brennpunkten des Gewahrseins,
zuerst als Buchstaben,
dann in subtiler Form als Töne.
dann als das zarteste Empfinden.
Dann,
indem du alles dieses beseite läßt,
sei *frei.*

8.
Die Aufmerksamkeit auf den Punkt zwischen den Augenbrauen
läßt den Geist vor dem Denken sein.
Laß die Form sich füllen mit Atem-Essenz
bis zum Scheitel des Kopfes
und dort als *Licht versprühen.*

9.
Oder imaginiere die fünffarbigen Kreise auf dem Schwanz des Pfaus
als deine fünf Sinne
im grenzenlosen Raum.
Und nun laß ihre Schönheit darin schmelzen.
In ähnlicher Weise verfahre mit irgendeinem Punkt im Raum
oder an einer Wand -
bis der Punkt sich *auflöst.*
Dann wird dein Wunsch,
den du für einen anderen hegst,
erfüllt.

10.
Sieh mit geschlossenen Augen
dein inneres Wesen in seinen Einzelheiten.
Auf diese Weise *sieh*
deine wahre Natur.

11.
Lege deine ganze Aufmerksamkeit
in den Nerv im Zentrum des Rückgrats,
der zart ist wie ein Lotosfaden.
Auf solche Weise werde
verwandelt.

12.
Wenn du die sieben Öffnungen des Kopfes
mit deinen Händen verschließt,
so wird ein Raum zwischen deinen Augen
allumfassend.

13.
Wenn man die Augäpfel wie eine Feder berührt,
so *öffnet sich das Licht* zwischen ihnen
dem Herzen
und ergießt sich von dort in den Kosmos.

14.
Bade im Zentrum des Klanges
wie in dem ununterbrochenen Ton eines Wasserfalls.
Oder höre,
indem du die Finger in die Ohren steckst,
den *Ton der Töne.*

15.
Intoniere leise einen Ton, wie
A-U-M (OM).
Wenn der Ton in die Fülle des Klanges hinaustritt,
so tue desgleichen.

16.
Zu Beginn und in der stufenweisen Läuterung
des Tones eines jeden Buchstabens
werde gewahr.

17.
Wenn du Saiteninstrumenten lauschest,
so höre ihren zusammengesetzten zentralen Ton;
auf diese Weise sei
allgegenwärtig.

18.
Intoniere einen hörbaren Ton,
der nach und nach weniger hörbar wird,
so wie das Empfinden sich
in diese stille Harmonie
vertieft.

19.
Stelle dir den Geist gleichzeitig in dir und um dich herum vor,
bis das ganze Universum sich
vergeistigt.

20.
Liebenswürdige(r) *Devi (Deva),*
tritt ein in die ätherische *Gegenwart,*
die alles weit über und unter deiner Form erfüllt.

21.
Gib den Stoff des Geistes in diese unaussprechliche Feinheit
im Oben, im Unten
und *in deinem Herzen.*

22.
Betrachte jeden Bereich deiner gegenwärtigen Form
als *räumlich unbegrenzt.*

23.
Fühle deine Substanz, Knochen, Fleisch und Blut,
gesättigt mit *kosmischer Essenz.*

24.
Denke dir deine passive Form als einen leeren Raum
mit Wänden von Haut -
leer.

25.
Gesegnete(r),
wenn die Sinne vom Herzen aufgesogen werden,
so erreiche die *Mitte des Lotos.*

26.
Ungeistiger Geist,
bleibe in der Mitte -
bis.

27.
Wenn du einer weltlichen Tätigkeit nachgehst,
so halte deine Aufmerksamkeit
auf den Punkt zwischen zwei Atemzügen gerichtet,
und wenn du in dieser Weise übst,
wirst du innerhalb von wenigen Tagen
neugeboren sein.

28.
Sei gerichtet auf das Feuer,
das durch deine Gestalt aufsteigt
und den Körper von den Zehen bis zur Spitze zu Asche verbrennt,
aber nicht dich.

29.
Meditiere über die unwirkliche Welt,
als verbrenne sie zu Asche,
und *werde übermenschlich.*

30.
Fühle, wie feine Schöpferkraft
deine Brust durchdringt
und *zarte Gestaltungen* annimmt.

31.
Mit unfühlbarem Atem im Zentrum der Stirn
beherrsche,
wenn dieser das Herz erreicht im Augenblick des Schlafs,
die Träume
und *selbst den Tod.*

32.
So wie - subjektiv gesehen - Buchstaben in Worte zusammenfließen
und Worte in Sätze,
und wie - objektiv gesehen - Kreise in Welten ausfließen
und Welten in Prinzipien,
so sollen diese schließlich sich *in deinem Wesen* sammeln.

33.
Anmutige(r), spiele,
daß das Universum eine leere Hülle ist,
in welcher dein Geist *ohne Ende*
fröhlich ist.

34.
Betrachte eine Schale,
ohne die Ränder oder das Material zu sehen.
In wenigen Augenblicken
werde gewahr.

35.
Verharre an jenem Ort,
der von endloser Räumlichkeit ist,
frei von Bäumen, Hügeln, Wohnstätten.
Von dort kommt das Ende der Bedrängnis des Geistes.

36.
Zartherzige(r),
meditiere über das Wissen und Nicht-Wissen,
über das Sein und Nicht-Sein.
Dann laß beides hinter dir,
damit du *sein* mögest.

37.
Schau liebevoll auf ein Ding,
geh nicht zu einem anderen Ding über.
Hier,
in der Mitte dieses Dinges -
der Segen.

38.
Fühle den Kosmos
als *durchsichtige, immer-lebendige*
Gegenwart.

39.
Mit äußerster Hingabe
richte dich auf die zwei Verbindungen des Atems
und wisse den *Wissenden.*

40.
Betrachte den erfüllten Raum
als deinen eigenen *Körper der Seligkeit.*

41.
Während du liebkost wirst,
süße(r) Prinz(essin),
gehe ein in die Liebkosung
als in das *ewigwährende Leben.*

42.
Halte die Tore der Sinne zu,
wenn du das Krabbeln einer Ameise spürst.
Dann.

43.
Beim Beginn einer sexuellen Vereinigung
sei achtsam auf das Feuer *am Anfang,*
und indem du dies fortsetzest,
vermeide die glühende Asche am Ende.

44.
Wenn in solch einer Umarmung
deine Sinne wie Laub geschüttelt werden,
so gehe ein in dieses Schütteln.

45.
Selbst nur in der Erinnerung an die Vereinigung,
ohne Umarmung -
die Verwandlung.

46.
Wenn du voller Freude einen lange abwesenden Freund wiedersiehst,
durchdringe diese Freude.

47.
Wenn du ißt oder trinkst,
so werde der Geschmack des Essens oder des Getränks
und *sei erfüllt.*

48.
O Lotosäugige(r),
süß zu Berührende(r),
wenn du singst, schaust, schmeckst,
so sei dessen gewahr,
daß du *bist*,
und entdecke das *Immerwährende.*

49.
Wo immer Zufriedenheit zu finden ist,
welche Handlung es auch sein möge,
vergegenwärtige dir dies.

50.
Im Augenblick des Einschlafens,
wenn der Schlaf noch nicht gekommen ist
und die äußere Schwäche verschwindet,
an diesem Punkt
ist das *Sein*
geoffenbart.

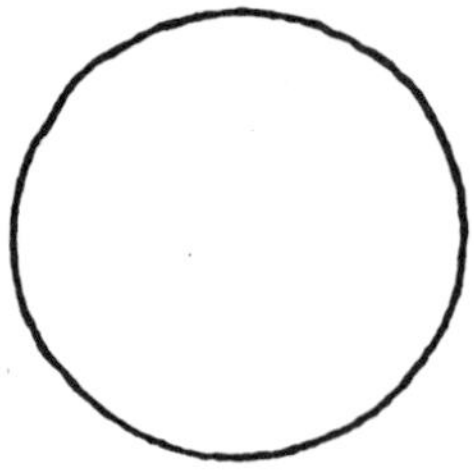

51.
Im Sommer,
wenn du den ganzen Himmel in endloser Klarheit siehst,
begib dich hinein in diese Klarheit.

52.
Lege dich nieder, als seist du tot ...
Oder starre, ohne mit der Wimper zu zucken.
Oder lutsche etwas und *werde das Lutschen!*

53.
Ohne dich mit den Händen oder Füßen abzustützen,
sitze nur auf dem Gesäß.
Plötzlich -
die Mitte.

54.
Begib dich in eine einfache Position
und durchdringe stufenweise den Bereich zwischen den Armhöhlen
bis in den großen Frieden.

55.
Sieh,
als sei es das erste Mal,
einen Menschen
oder ein gewöhnliches Ding.

56.
Den Mund leicht geöffnet,
halte den Geist auf die Mitte der Zunge gerichtet.
Oder wenn der Atem still einströmt,
fühle den Ton *HHH.*

57.
Wenn du im Bett liegst oder auf einem Stuhl sitzt,
so laß dich *gewichtslos* werden,
jenseits des Geistes.

58.
In einem sich bewegenden Gefährt,
beim rhythmischen Schwingen,
erfahre.
Oder wenn du in einem ruhigen Gefährt bist,
laß dich selbst schwingen
in langsamen, unsichtbaren Kreisen.

59.
Indem du einfach in den blauen Himmel über den Wolken schaust,
die heitere Gelassenheit.

60.
Devi (Deva),
sieh allen Raum,
als sei er bereits von deinem eigenen Kopf aufgesogen,
im Glanz.

61.
Wachend, schlafend, träumend -
erkenne dich selbst
als *Licht.*

62.
Im Regen während der schwarzen Nacht -
geh ein in diese *Schwärze*
als in die Form der Formen.

63.
Wenn gerade keine mondlose Regennacht ist,
so schließe die Augen
und finde die Schwärze vor dir.
Öffne die Augen und *sieh die Schwärze.*
So verschwinden die Fehler für immer.

64.
Sowie du den Impuls hast, etwas zu tun,
halte an.

65.
Konzentriere dich auf den Ton *A-U-M (OM)*
ohne *A* oder *M* (ohne Anfang und Ende).

66.
Intoniere still ein Wort, das mit *AH* endet.
Dann entsteht mühelos im *HHH*
die Spontaneität.

67.
Fühle,
wie du selbst alle Richtungen *durchdringst,*
fern und nah.

68.
Stich mit einer Nadel
irgendwo in deine nektarerfüllte Form
und begib dich sanft in das *Stechen.*

69.
Fühle:
Mein Denken,
Ich-heit,
innere Organe -
Ich.

70.
Illusionen täuschen.
Farben umschreiben.
Selbst das Teilbare ist *unteilbar.*

71.
Wenn ein Wunsch kommt,
denk über ihn nach.
Dann, plötzlich,
laß ihn fahren.

72.
Vor dem Wünschen und vor dem Wissen -
wie kann ich da sagen "Ich bin"?
Überlege.
Löse dich auf in *die Schönheit.*

73.
Mit deinem ganzen Bewußtsein
am Beginn des Wünschens,
des Wissens,
erkenne.

74.
O *Devi (Deva),*
jede besondere Wahrnehmung ist begrenzt
und verschwindet
in der *Allmacht.*

75.
In Wahrheit sind die Formen nicht zu trennen.
Nicht zu trennen sind das allgegenwärtige Wesen und deine eigene Form.
Vergegenwärtige dir jegliches als aus diesem *Bewußtsein* geschaffen.

76.
In Stimmungen extremen Verlangens
sei *ungestört.*

77.
Dieses sogenannte Universum
erscheint als Gaukelspiel, als Bilderfolge.
Um glücklich zu sein,
mußt du es *so* betrachten.

78.
O Geliebte(r),
richte deine Aufmerksamkeit
weder auf Annehmlichkeit noch auf Schmerz,
sondern *zwischen diese.*

79.
Wirf deine Verhaftung an den Körper weg
und vergegenwärtige dir:
Ich bin überall.
Wer überall ist, ist voller Freude.

80.
Objekte und Wünsche existieren in mir wie in anderen.
Indem du sie solchermaßen annimmst,
laß sie ihre Natur *verändern.*

81.
Das Würdigen von Objekten und Subjekten
ist bei den erleuchteten und unerleuchteten Menschen gleich.
der erstere hat eine Stärke:
Er verharrt *in der subjektiven Stimmung*
und verliert sich nicht an die Dinge.

82.
Empfinde das Bewußtsein eines jeden Menschen
als dein eigenes Bewußtsein.
So, indem du das Interesse für das Ich hinter dir läßt,
werde jedes Wesen.

83.
Im Denken an nichts
wird das begrenzte Selbst
unbegrenzt.

84.
Glaube *allwissend,*
allmächtig,
allesdurchdringend.

85.
Wie die Wellen mit dem Wasser kommen
und die Flammen mit dem Feuer,
so kommen die universellen Wellen
mit uns.

86.
Streife umher,
bis du erschöpft bist,
laß dich dann zu Boden fallen,
und in diesem Fallen
sei ganz.

87.
Stell dir vor,
du wirst stufenweise deiner Kraft oder deines Wissens beraubt.
Im Augenblick des Beraubtwerdens
transzendiere.

88.
Horche,
wenn die tiefste mystische Lehre mitgeteilt wird:
die Augen still, ohne Blinzeln,
werde plötzlich
absolut frei.

89.
Indem du die Ohren durch Zuhalten
und den After durch Muskelanspannung verschließt,
geh ein in den *Ton des Tones.*

90.
Am Rande eines tiefen Brunnens
schau festen Auges in die Tiefe bis -
zur Herrlichkeit.

91.
Wo immer dein Geist wandert,
innen oder außen,
an eben diesem Ort -
dies.

92.
Wenn du lebendiges Gewahrsein erfährst
durch irgendeinen deiner Sinne,
so verbleibe in dem *Gewahrsein.*

93.
Beim Beginn des Niesens,
im Schrecken, in Angst,
über einem Abgrund,
in der Flucht vor einem Kampf,
in extremer Neugierde,
beim Erwachen des Hungers -
sei ununterbrochen *gewahr.*

94.
Laß deine Aufmerksamkeit an einem Punkt ruhen,
wo du vergangene Geschehnisse siehst,
und ebenso wird deine Form,
wenn sie ihre gegenwärtigen Eigenschaften verloren hat,
verwandelt werden.

95.
Schaue auf ein Objekt,
dann ziehe langsam deinen Blick davon zurück,
dann ziehe langsam dein Denken davon zurück.
Dann.

96.
Hingabe *befreit.*

97.
Fühle ein Objekt vor dir.
Fühle die Abwesenheit aller anderen Objekte außer dieses einen.
Dann, indem du das Objekt-Fühlen und
das Abwesenheit-Fühlen hinter dir läßt,
erkenne.

98.
Die Reinheit anderer Lehren ist für uns wie Unreinheit.
In Wirklichkeit solltest du *nichts* als rein oder unrein betrachten.

99.
Dieses Bewußtsein existiert wie jegliches Wesen,
und sonst existiert nichts.

100.
Sei der *gleiche ungleiche*
gegen Freund wie gegen Feind,
in Achtung und Mißachtung.

101.
Wenn eine Stimmung gegen jemanden oder für jemanden aufsteigt,
so suche die Veranlassung dazu nicht in dem betreffenden Menschen,
sondern *bleibe auf die Mitte gerichtet.*

102.
Stell dir vor, du sinnst über etwas nach,
was jenseits der Wahrnehmung liegt,
jenseits des Begreifens,
jenseits des Nichtseins,
Du.

103.
Gehe ein in den Raum,
ungestützt,
ewig,
bewegungslos.

104.
Wo immer deine Aufmerksamkeit aufflammt,
an diesem Punkt *erfahre.*

105.
Begib dich hinein in den Klang deines Namens
und durch diesen Klang
in *alle Klänge.*

106.
Ich existiere. Dies ist mein. Dies ist dies.
O Geliebte(r),
selbst in diesem wisse das *Unbegrenzte.*

107.
Dieses Bewußtsein ist der Geist der Führung eines jeden.
Sei dieser.

108.
Hier ist eine Sphäre des Veränderns, Veränderns, Veränderns.
Durch Verändern *vernichte das Verändern.*

109.
Wie eine Henne ihre Küken bemuttert,
so bemuttere du besonderes Wissen, besonderes Tun
in der Wirklichkeit.

110.
Da in Wahrheit Bindung und Freiheit relativ sind,
gelten diese Worte nur für jene,
die sich vor dem Universum fürchten.
Dieses Universum ist eine Reflexion des Geistes.
So wie man im Wasser viele Sonnen *der einen Sonne* sieht,
so sieh Bindung und Lösung.

111.
Jedes Ding wird durch Erkennen wahrgenommen.
Das Selbst leuchtet im Raum durch Wissen.
Erfahre *ein* Wesen
als Wissender und Gewußter.

112.
Geliebte(r),
in diesem Augenblick
laß Geist, Wissen, Atem, Form
einbeschlossen sein.

"Sonnenrad"
Brigitta Lipold >

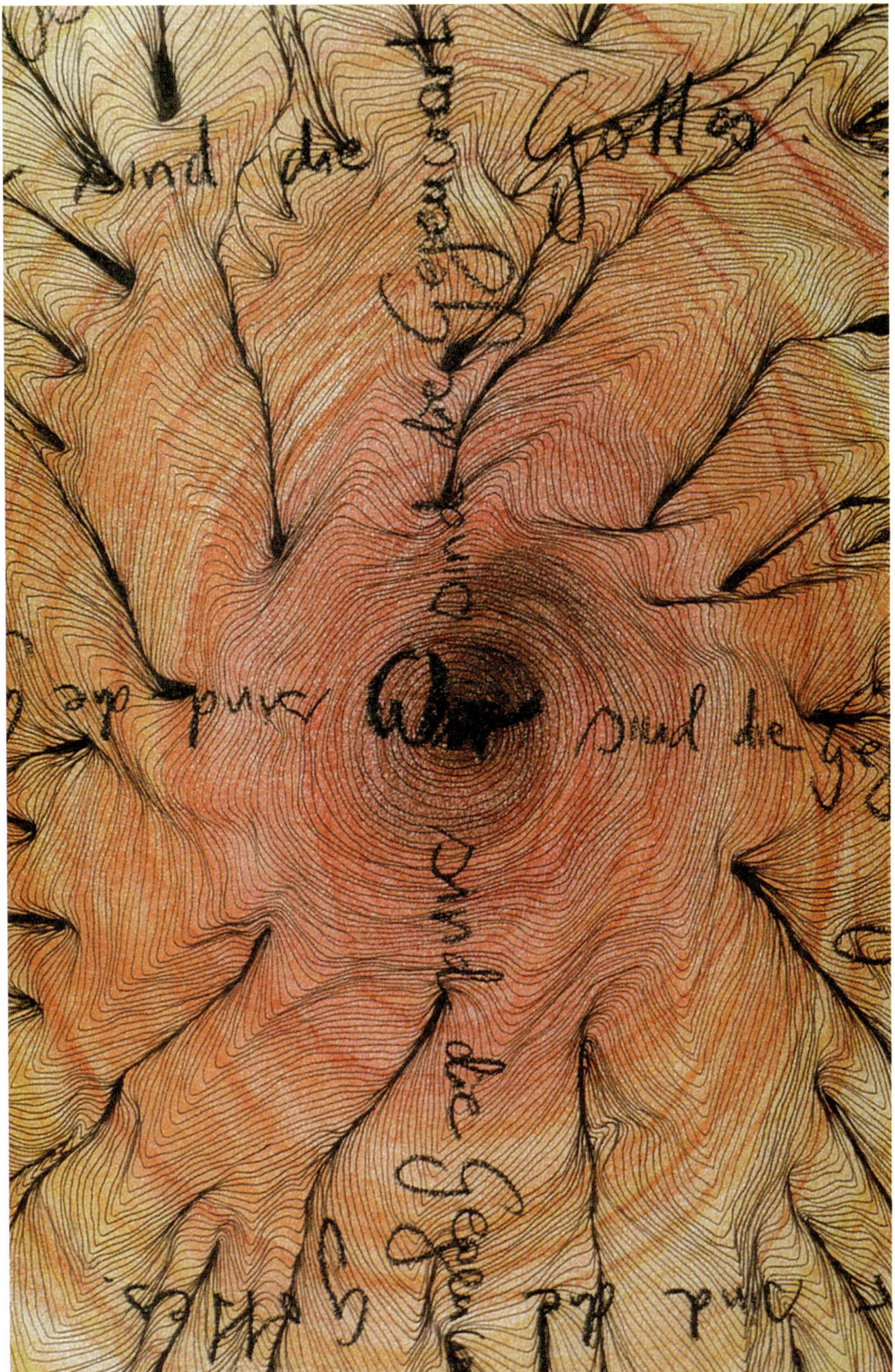
sind die
Gegenwart
Gottes
sind die

Die Menschen sind in ihrem tiefsten Wesen *Buddha,*
wie Wasser Eis ist.
Und wie es kein Eis gibt ohne Wasser,
so gibt es ohne *Buddha* nicht einen Menschen.
Weh den Menschen, die in weiter Ferne suchen
und, was nahe liegt, nicht wissen!
Sie gleichen denen, die mitten im Wasser stehen
und doch nach Wasser schreien ...

Wer nur einmal diese lobpreiswürdige Wahrheit vernimmt
und heilige Wonne fühlt,
dem wird unermeßliches Glück zuteil;
noch mehr, wenn er ihr sich hingibt
und unmittelbar seine eigene Natur erlebt.
Dann ist sein eigenes Wesen nichts anderes
als die Natur des vollendeten Nichts,
und er ist erhaben über des Denkens Spiel.

Weit öffnet sich das Tor der Einheit
von Ursache und Wirkung;
und der einzige Weg tut sich auf, geradeaushin,
kein zweiter und dritter.
Wer ihn beschreitet, der nimmt an als Gestalt
die Gestalt des Gestaltlosen;
und weder sein Gehen noch Kommen
sind ihr fremd.

Der nimmt an als sein Denken
das Denken des Nicht-Denkens,
und sein Singen und auch sein Tanzen
sind Stimme der Wahrheit.
Der Himmel des *Samadhi*
ist unbehindert ausgespannt,
und es leuchtet der volle Mond
der vierfachen Weisheit.

Was fehlte da noch,
wo sich offenbart das *Nirvana* ?
Hier ist nichts anderes als Lotos-Land,
und dieser Leib hier ist nichts anderes
als *Buddha.*

Hakuin's Chorgesang

Perfect Peace

(2.) Fear is never justified,
death is but a dream.
Ever shining is Thy Light
that I am THAT I am.

(3.) Let me be an open channel
for Thy healing energy.
Teach me, Lord, to share with others
all that I receive from Thee.

(4.) I can find Thy perfect peace
in the Lotus of my heart.
Even in the busiest cities
I'm the SAT CHIT ANANDA
in my True Self that Thou art.
I'm the SAT CHIT ANANDA
I'm the SAT CHIT ANANDA
I'm the SAT CHIT ANANDA

Worte & Musik: Gerhard Lipold

Mc 3 A
langsam

Deinen vollkommenen Frieden kann ich finden
in der Mitte meines Herzens.
Sogar auf überfüllten Straßen
bin ich die Ruhe, die Du bist.

Angst ist niemals gerechtfertigt,
Tod ist nur ein Traum.
Ewig leuchtet Dein *Licht,*
das ich bin, DAS ich bin.

Laß mich offener Kanal sein
für Deine Heilungsenergie.
Lehre mich, oh *Gott,* mit den anderen all das zu teilen,
was ich von Dir empfangen habe.

Deinen vollkommenen Frieden kann ich finden
im Lotos meines Herzens.
Sogar in den hektischen Städten
bin ich *Sat Chit Ananda*
in meinem Wahren Selbst, DAS Du bist.
Ich bin *Sat Chit Ananda*
Ich bin *Sat Chit Ananda*
Ich bin *Sat Chit Ananda*

Sat = das Absolute Sein, die Wahrheit
Chit = das Höchste (Absolute) Bewußtsein
Ananda = die Absolute Glückseligkeit, die Höchste Freude

Shanti Mondire

Worte & Musik: trad. bengalisch via Paramahansa Yogananda
Satz: Gerhard Lipold <u>*Mc **3 B***</u> *langsam, kraftvoll*

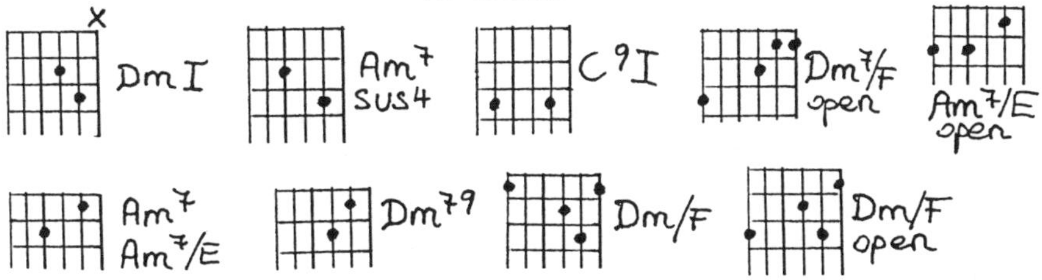

Im Tempel der Stille, im Tempel des Friedens,
da sehe ich Dich, da berühre ich Dich, da liebe ich Dich
und bringe Dich mit viel Geduld zum Altar meines Herzens.

Im Tempel des *Samadhi,* im Tempel der Glückseligkeit,
da treffe ich Dich, da berühre ich Dich, da liebe ich Dich
und bringe Dich mit viel Geduld zum Altar meines Herzens.

Das war eines der Lieblingslieder des berühmten spirituellen Meisters und großartigen Musikers, *Paramahansa Yogananda,* der den *Kriya-Yoga* in den Westen brachte. Die Sprache ist Bengalisch und enthält drei Begriffe aus dem Sanskrit: *Shanti* = Friede

Hridaya = das Herz; nicht als physisches Organ, sondern als unser Wesens-Zentrum, das auch mehr ist als nur das vital-energetische Herz-Chakra; in den *Veden* wird das Herz als der Sitz Gottes und zu gleich Sitz der unsterblichen Seele angesehen;

Samadhi ist ein zentraler Begriff bei allen Meditationsmethoden und Yoga-Wegen. Er bedeutet "Einheits-Erfahrung, reines Bewußtsein" und bezeichnet einen Bewußtseinszustand, der über Wachen, Träumen und Tiefschlaf hinausgeht und die Überwindung jedweder Trennung zwischen dem Subjekt des Meditierenden und dem Objekt der Meditation beinhaltet - sei es ein Mantra, ein Klang, ein göttlicher Name oder ein Gottes-Bild, sei es das *Licht* des Höchsten Bewußtseins als Ausdruck des Absoluten.

Patanjali beschreibt in seinen *Yoga-Sutren* verschiedene Stufen von *Samadhi,* von denen die höchste *Nirvikalpa-Samadhi* genannt wird. Erste Stufen von *Samadhi* kann man bei regelmäßiger Meditation bald erreichen. Durch *Samadhi* erwacht die Höchste Weisheit, die alles als Erscheinungsform des Absoluten sieht, als eine Form *Gottes* bzw. der *Leere (Shunyata).* Alle Energien, die im Innern des Menschen wohnen, werden bewußt und können im Dienst des Höchsten verwendet werden.

"Die Erfahrung von *Samadhi* kann als ein Zustand des Geistes beschrieben werden, der frei von allen Impulsen und Aktivitäten ist, in dem vollkommene Ruhe eingetreten ist, in dem der Meditierende einfach nur still bei sich selbst ist und doch gleichzeitig bewußt. *Samadhi* tritt ein, wenn man alle Dualitäten hinter sich läßt, wenn der Meditationsinhalt verschwindet und man sogar sich selbst in seiner körperbezogenen Form vergißt, gleichzeitig aber bewußt bleibt. Der *Samadhi*-Zustand ist gekennzeichnet durch Glückseligkeit, Ausgewogenheit, Stille und Wachheit und bewirkt Gleichmut angesichts von Hitze und Kälte, Freude und Leid, Schmerz und Lust, Ablehnung und Begeisterung. Die körperlichen Funktionen beruhigen sich bei längerem *Samadhi,* d.h. der Atem, das Herz usw. erlangen einen anderen Funktionsstatus. *Samadhi* ist die Einheitserfahrung schlechthin und kann von jedem Menschen erlangt werden. Ohne *Samadhi* ist eine spirituelle Verwirklichung nicht möglich."(Mittwede)

Nirvikalpa-Samadhi ist ident mit dem *Nirvana* der Buddhisten und der *Unio Mystica* der Christen. Manche Meister verabschieden sich, kurz bevor sie "sterben", gehen dann in Meditation und verlassen im Zustand des *Samadhi* freiwillig ihren Körper. So auch *Paramahansa Yogananda.* Dieses Stadium eines *Mahatma,* einer "Großen Seele", die Vollendung erlangt hat, wird *Mahasamadhi* genannt, das Große (Absolute) *Samadhi.*

Gayatri Mantra

Worte & Musik: trad. Mantra aus dem Rig-Veda ***Mc 3 B***

Das *Gayatri* ist eines der bedeutendsten Mantras in Indien. Es gilt als so heilig, daß es bis vor kurzem nur von eingeweihten Brahmanen gesungen werden durfte. *Sathya Sai Baba,* der zur Zeit größte lebende Hindu-Meister, der so wie *Jesus Christus* als vollendet geborene Göttliche Inkarnation *(Avatar)* angesehen wird und sich unter anderem für die Aufhebung des Kastensystems einsetzt, hat vor einigen Jahren dieses Mantra für alle Menschen aus allen sozialen Schichten und Religionen zugänglich gemacht. Er sagt, daß der Geist dessen, der dieses Mantra singt, von allen Unreinheiten befreit werde, und wer dies regelmäßig und mit offenem Herzen tue, der werde sich nach und nach in eine/n Weise/n verwandeln.
Zahlreiche Menschen - auch Nicht-Inder - berichten, daß das *Gayatri Mantra* nicht nur eine rundum wohltuende Wirkung ausübt, sondern auch heilsame Erfolge erzielt hat bei Krankheiten und psychischen Krisen. (Karl Scherer)

Gayatri Song

Worte: Rig-Veda (3.62.10)
Musik: Gerhard Lipold

Mc 3 B
mittleres Tempo

Du,
Höchstes Licht,
DAS die Quelle aller Macht ist
und alle Welten erleuchtet,
erleuchte auch mein Herz,
damit ich Deinen Willen erfüllen kann.

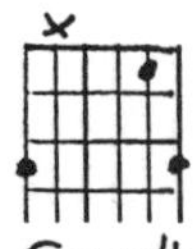

OM = der Urklang der Schöpfung, das Absolute als Grundlage aller Formen.
bhur = die Erde; steht für die grobstoffliche Welt.
bhuvah = der Äther, das Subtile; steht für die feinstoffliche (astrale) Welt.
svaha = der Himmel; steht für die kausale Welt.
Das Wort *"Svaha!"* wird auch oft als ritueller Ausruf bei vedischen Zeremonien gebraucht und bedeutet dabei: "So sei es!", "Möge Gutes daraus werden!"
tat = DAS, die Letzte Realität, das Göttliche, das formlose Absolute, das einer Beschreibung durch Worte unzugänglich ist. Daher nennen es die Hindus einfach nur DAS und die Buddhisten die *Leere*.
savitur = steht für die weibliche Gottheit *Savitri*, die lebensspendende Energie Gottes, die der Kraft der Sonne gleicht.
varenyam = Hingabe, Verehrung, Anbetung.
bhargo = Strahlkraft, Erleuchtung. *devasya* = das Göttliche Licht, Gnade.
Die letzte Zeile *"dhiyo yo nah prachodayat"* ist ein Gebet an die Göttliche Mutter um die Erweckung des Göttlichen Lichts, das im eigenen Herzen wohnt. Das ganze Mantra kann man auch betrachten als ein Gebet um die endgültige Befreiung durch das Erwachen des Inneren Wissens und eingeborenen Höchsten Bewußtseins, das das ganze Universum als *Licht* durchdringt.

Ich habe mir erlaubt, das *Gayatri* neu zu vertonen. Ich weiß, wie heilig dieser vedische Vers ist und welchen Respekt die Inder davor haben. Doch bei aller Achtung vor der vieltausendjährigen Tradition dieses großen Mantras näherte ich mich ihm, voll Demut und Dank, aber aufrecht und ohne Angst wie ein Kind, und spielte damit, ehrlich und unvoreingenommen, mit offenem Herzen, völlig hingegeben dem rhythmischen Klangfluß seiner Worte und ganz aufgehend im Staunen über seine Schönheit. Stundenlang. Tagelang.
So ist der *Gayatri Song* entstanden.

Der klare Himmel liebt es, mich singen zu hören.
Anishnabe-Indianer

Uma Kon

(Capo3)
Cm (Am) Bb (G) Cm (Am) Bb (G) Cm (Am) Bb (G)
OM MANI PADME OM MANI PADME HUM U – MA
Cm (Am) Bb (G) Cm (Am) Bb (G) Cm (Am) Eb (C) al Bb (G)
KON UMA KON UMA KON
(1.) We're children of
(2.) children of
(3.) purpose in
Eb (C) Cm (Am) Bb (G) Cm (Am) Eb (C) Bb (G) Eb (C)
Mother Earth, HUM UMA KON, our body was given birth
Father Sky, OM UMA KON, our soul came from heaven high
human Life, HUM UMA KON, is to manifest Life Divine
Cm (Am) Bb (G) Cm (Am) Ab (F) Gm (Em) F (D) Ab (F) Eb (C) Bb (G)
HUM UMA KON, by the womb of Her material ground, Her
OM UMA KON, inspired by the Light of the Lord, our
OM UMA KON, here on Earth with the Love of our heart and the
(thought)
Cm (Am) Gm (Em) Cm (Am) Bb (G) Cm (Am) Bb (G) Cm (Am)
1.
soil, our ground, UMA KON UMA KON. (2.) We're
source, our Light, UMA KON UMA KON.

Musik: trad. peruanische Indios
Worte & Satz: Gerhard Lipold

Mc 1 A
langsam, aber rhythmisch

Om Mani Padme Hum
Wir sind Kinder von Mutter Erde, *Hum UMA KON*
Unser Körper kam zur Welt
aus der Gebärmutter Ihres mater-iellen Grundes,
Ihres Erdbodens, unserer Erdung
UMA KON UMA KON UMA KON

Wir sind Kinder von Vater Himmel, *Om UMA KON*
Unsere Seele kam hoch vom Himmel her,
in-spiriert durch das Licht Gottes,
unseres Ursprungs, unseres Lichts
UMA KON UMA KON
Om Mani Padme Hum

Unser Zweck im menschlichen Leben ist, *Hum UMA KON*
das Göttliche Leben zu manifestieren, *Om UMA KON*
hier auf der Erde
durch die Liebe unseres Herzens
und das Denken unseres mentalen Geistes
und das Wort unseres Mundes
und das Werk unserer Hände
und die Freude unseres Lebens
und die Kraft unseres spirituellen Geistes
in der Wahrheit unseres Selbst,
das eins ist mit Gott.

Wir Sind OM, Wir Sind OM,
Wir Sind OM MANI PADME HUM UMA KON

Was Sanskrit für Asien und die indo-europäische Sprachfamilie ist, ist *Nahuatl* für das präkolumbianische Südamerika, eine "Sprache der Götter". Daraus stammt eines der wichtigsten Mantras von Indio-Schamanen, *UMA KON.*

Uma = Kopf   *Kon* = Gott

Die Übersetzung lautet: "In meinem Kopf ist Gott", "Mein Kopf ist Gott", bzw. "Gott ist in mir", "Er ist ich", "Ich bin Gott". Es bedeutet also im Grunde dasselbe wie die asiatischen Mantras *OM, SOHAM, Om Mani Padme Hum* und andere, inklusive des christlichen *Herzensgebets.*

Diese Verbindung großer Mantras aus verschiedenen Kontinenten in einem Lied soll die wunderbare Tatsache ausdrücken, daß in allen menschlichen Kulturen spirituelle Wissenstraditionen entstanden sind, die - obwohl sie an weit voneinander entfernten Orten der Erde aufkeimten - eng miteinander verwandt sind und Zeugnis ablegen von der Einheit aller Wesen und Wege.

Persönliche Friedensgedanken

Wenn die Einzelmenschen und folglich die Völker aufhören, sich in illusionäre Ängste und Feindbilder hineinzusteigern und dem befürchteten Angriff vonseiten der anderen durch ihrerseitigen Angriff zuvorzukommen und so verbalen oder physischen "heiligen Krieg" zu machen, und wenn sie stattdessen vergeben und mit den anderen kommunizieren, sodaß sie nicht mehr "fremd" sind, wird Frieden sein.

Wenn die Glaubens-Fundamentalisten aller Weltreligionen aufhören, durch fanatische Theorie-Haarspalterein stets nur die völlig unwesentlichen Unterschiede herauszustreichen und Abgrenzung und Trennung zu bewirken, und wenn sie sich stattdessen großzügig auf die für alle Weisen offenbare gemeinsame Wahrheits-Essenz besinnen und ihre Heiligen Schriften niemals gegen Menschen sondern immer nur *für* sie auslegen, wird Frieden sein.

Wenn besonders die Fundamentalisten der großen monotheistischen "Vatergott-Religionen" ihren Monopol-Anspruch auf die "einzig wahre und richtige Gottes-Offenbarung" und den damit verbundenen chauvinistischen Religions-Imperialismus aufgeben und stattdessen auch alle anderen Glaubensrichtungen und spirituellen Traditionen in Toleranz als ebenbürtig und ebenso wahr ansehen und auch andere Meister/innen neben dem eigenen Religionsgründer als Göttliche Inkarnationen akzeptieren und überhaupt jeden Menschen als göttliches Wesen betrachten, wird Frieden sein.

Wer in Streß gerät und sich in seinem religiösen Glauben bedroht und beleidigt fühlt oder aggressiv wird, wenn andere Menschen anders denken, sprechen oder schreiben als er, dessen Glaube an Gott kann nicht sehr groß sein, und der hat keine Ahnung, was die wahre Botschaft und das Ziel seiner Religion ist.

Wer sein Fundament in Gott hat, hat es nicht nötig, Fundamentalist zu sein.

Eine "Wahrheit", die nicht neben sich eine andere Sichtweise akzeptieren kann, ist nicht *die Wahrheit*.

Mit anderen Worten: Wenn alle Nationen und Religions-Gemeinschaften dieser Erde ihre zum Teil überdimensionalen Kollektiv-Egos aufgeben und stattdessen aus dem Bewußtsein unserer inneren Verwandtschaft ihre politische "Glücks-Idee" oder "Gott" durch allumfassende Liebe, Toleranz und Solidarität verwirklichen, was das eigentliche Ziel jedes persönlichen und globalen Erlösungs- und Glück-Erfüllungs-Planes sein muß, wenn er funktionieren soll, dann wird Frieden sein.

Wie kann ein Kollektiv-Ego aufgelöst werden?
Indem der/die Einzelne mit der Auflösung der eigenen Illusionen beginnt und innen wie außen *zur Liebe umkehrt.* Also sind wieder wir gemeint, du und ich.

"Die Weißen sprechen über Jesus -
wir sprechen *mit* Ihm." *(Comanche-Indianer)*

Wie ihre großen Vorfahren
werden die indianischen Völker zum *Großen Geist* beten
mit einer Liebe, die durch die ganze Welt strömt,
wie die sanfte Brise dem *Großen Schweigenden*
in den Nadeln der Fichten ihr Lied singt.

Warriors of the Rainbow

Oh Gott, mach mich zum Werzeug Deines Friedens,
daß ich Liebe bringe, wo Haß ist,
daß ich Vergebung bringe, wo Verletzung ist,
daß ich Einigkeit bringe, wo Zwietracht ist,
daß ich Vertrauen bringe, wo Zweifel ist,
daß ich die Wahrheit bringe, wo Irrtum ist,
daß ich Hoffnung bringe, wo Verzweiflung ist,
daß ich Freude bringe, wo Traurigkeit ist,
das ich das Licht bringe, wo Finsternis ist.
Oh Göttlicher Meister, gib,
daß ich nicht so sehr danach verlange,
getröstet zu werden, sondern zu trösten,
verstanden zu werden, sondern zu verstehen,
geliebt zu werden, sondern zu lieben,
denn: Wer gibt, der empfängt.
Wer verzeiht, dem ist verziehen.
Wer stirbt, wird ins ewige Leben geboren.

Franz von Assisi

Der *Große Geist* bindet uns an den Heiligen Pfad, bestehend aus Liebe, die einen Bezug von jedem zu jedem schafft. Könnt ihr nicht das heilige Licht sehen? Könnt ihr die Bäume im Wind sich wiegen sehen? - Das ist Liebe.
Was wir als Liebe kennen und fühlen, ist unsere Beteiligung am *Großen Geist.* Durch Liebe gewinnen wir Lebendigkeit, weil wir zum Ursprung des Lebens zurückkehren. Selbst einige Christen haben es gewußt: *Gott ist Liebe.*
Liebe deine Feinde. In der Schöpfung gibt es keinen Interessenkonflikt, denn die Schöpfung ist eine Einheit. Wenn wir jene lieben, die die Schöpfung verletzen, dann arbeiten wir daran, daß sie eines Tages wieder ein Teil des Lebens sein werden. *Gayle High Pine*

Es geschieht etwas sehr Wichtiges innerhalb der Schöpfung. Eine Zeit der Reinigung. Wir haben einen langen Weg vor uns, aber tanzend und singend gehen wir schließlich heim, folgen dem Pfad der Visionen, den Gesetzen der Schöpfung, dem Weg des Regenbogens, dem Pfad der Schönheit.

Warriors of the Rainbow

Endless Journey

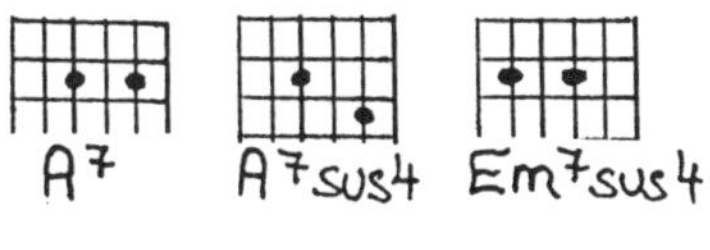

Worte & Musik: Tony Wrench
Satz: Gerhard Lipold

Mc 2 A
langsam

Ich bin auf einer unendlichen Reise durch die Ewigkeit.
FRIEDE !
Sei ruhig,
es gibt keinen Ort, zu dem man eilen müßte.

Mein sind die Jahre nicht

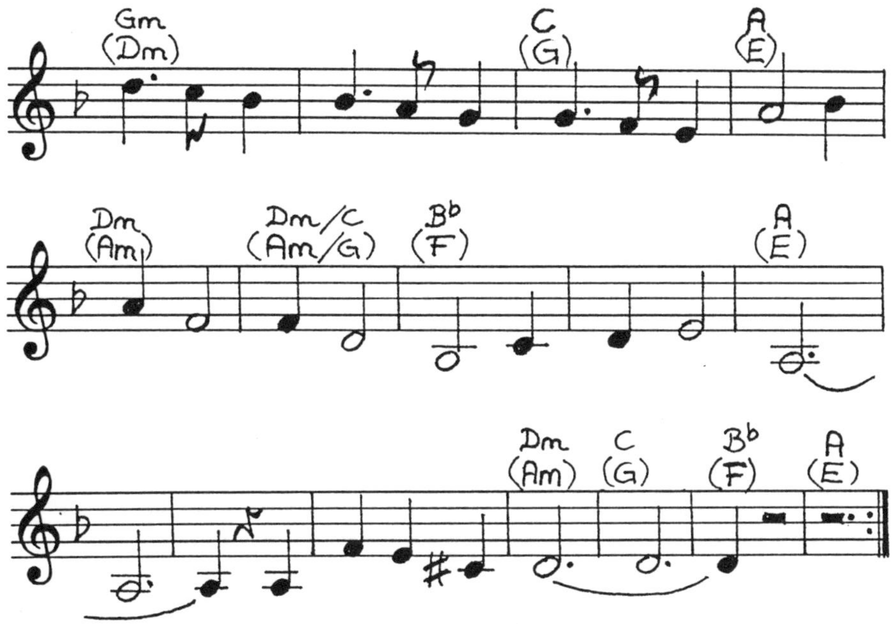

Worte: Andreas Gryphius (17.Jh.)
Musik: Gerhard Lipold

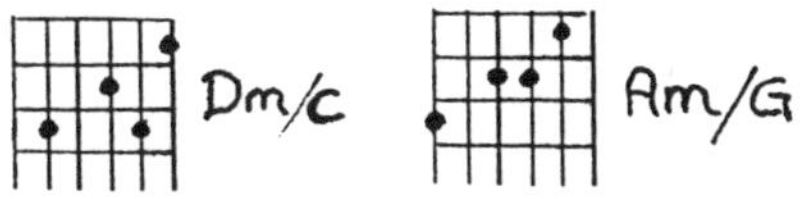

Der 2. Teil ist ein Kanon für 2 Stimmen mit nur 1 Takt Abstand. Er ist etwas anspruchsvoll, aber faszinierend. Beim Kanon wird die Gitarrebegleitung mit der 1. Stimme gespielt, so paßt sie auch zur 2. Stimme.

Oh Gott, wie wunderbar, daß Dir die Güte die Gedanken gab,
es sollten diese hohen Räume sich breiten
und mit strahlendem Licht sich erfüllen,
und daß Du atmen ließest den Geist in dieser Weite!
Ja, er erfüllt sie, und jeder Atemzug, Deiner gedenkend,
dehnt sie uns weiter,
aber Du bist je und bist immer, bist immer der Gleiche!
Das ist mir tiefstes Leben, mein Gott,
daß Du der Sinn bist von allem, Beginn und Vollendung,
das Sein dieser Welt und ihr Innewerden,
Kern dessen, was wir als Bestes in uns fühlen,
und Quelle des überströmenden Lebens, das uns so flutend umwallt.

Zarathustra

Desiderata

Gehe ruhig und gelassen durch Lärm und Hast und sei des Friedens eingedenk, den die Stille bergen kann. Vertrage Dich mit allen Menschen, möglichst ohne Dich ihnen auszuliefern. Äußere Deine Wahrheit ruhig und klar, und höre anderen zu, auch den Geistlosen und Unwissenden; auch sie haben ihre Geschichte. Wenn du Dich mit anderen vergleichst, könntest Du bitter werden, denn es wird immer Menschen geben, die größer oder geringer sind als Du. Freue Dich Deiner Leistungen wie auch Deiner Pläne. Bleibe weiter an Deinem eigenen Weg interessiert, wie bescheiden er auch sei. Im wechselnden Glück der Zeiten ist er ein echter Besitz. In Deinen geschäftlichen Angelegenheiten lasse Vorsicht walten, denn die Welt ist voller Betrug. Doch soll das Dich nicht blind machen für vorhandene Rechtschaffenheit. Viele Menschen bemühen sich, hohen Idealen zu folgen, und überall ist das Leben voller Heldenmut. *Sei Du selbst.* Vor allem heuchle nicht Zuneigung. Und sei, was die Liebe angeht, nicht zynisch. Denn trotz aller Dürre und Enttäuschung ist sie doch ewig wie das Gras. Nimm freundlich gelassen den Ratschluß der Jahre an, und gib mit Würde die Dinge der Jugend auf. Stärke die Kraft des Geistes, damit er Dich bei unvorhergesehenem Unglück schütze. Aber quäle Dich nicht mit Gedanken. Viele Ängste kommen aus Ermüdung und Einsamkeit. Neben einem gesunden Maß an Selbstdisziplin sei gut zu Dir. Du bist nicht weniger ein Kind des Universums, als es die Bäume und die Sterne sind - Du hast ein Recht, hier zu sein. Und ob Dir dies klar ist oder nicht: Kein Zweifel besteht, daß das Universum sich so entfaltet, wie es sich entfalten soll. Darum lebe in Frieden mit Gott, wie auch immer Du IHN verstehst. Was auch immer Dein Mühen und Dein Sehnen ist: Halte in der lärmenden Wirrnis des Lebens mit Deiner Seele Frieden. Trotz aller Falschheit, trotz aller Mühsal und all der zerbrochenen Träume ist es dennoch eine schöne Welt. Sei vorsichtig, und strebe danach, glücklich zu sein.

aus der alten St. Paul's Kirche in Baltimore, 1692

Music Is Love

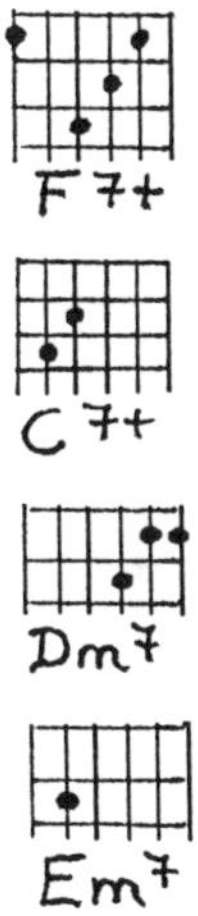

(2.) Music is Life, Life Supreme,
I hear Thee in everything.

(3.) Music is Love, Life Divine,
Soul of the World, all songs are Thine.

(4.) Thou art the Sound, Sound Divine,
I am Thy Song, OM AMEN

Worte & Musik: Gerhard Lipold

Mc 3 A
mittleres Tempo
(auch Kanon möglich)

Singbare Übersetzung:

Musik ist Liebe, Höchste Liebe, ich preise Dich, wenn ich singe.
Musik ist Leben, Höchstes Leben, ich höre Dich in allen Dingen.
Musik ist Liebe, Göttliches Sein, Seele der Welt, alle Lieder sind Dein.
Du bist der Klang, Heiliger Ton, ich bin Dein Lied, AMEN OM

Und von der Glocke löst sich
kühl und klar
die Stille

Circle Closing Chant

Thank You for this Day

Worte & Musik: trad. Kanon <u>*Mc 3 A*</u>

Danke für diesen Tag, oh Gott
Danke für diesen Tag, diesen heilenden Tag.

Danke für meinen Weg, oh Gott
Danke für meinen Weg, meinen heilenden Weg

Dankbar will auch ich nun den Kreis dieses Buches schließen mit einem Gedicht des Innviertler Künstlers, *Erich Plettenbacher.* Die Verse könnten ebenso von einem chinesischen Weisen stammen, der auf das TAO hinweist, den *Weg zur Wahrheit.*

Geh den alten Weg
und geh ihn wie ein Kind

Kennst nicht Stein noch Steg
aber Sonn' und Wind

Geh den alten Weg
wie beim ersten Mal

Was du weißt, vergiß
Dich bewegt das All

Pfiat' di God! *Namasté*

Ach ja, warte einen Augenblick!!
Von **Vasudeva** soll ich Dir noch einen Tip mit auf den Weg geben:

Geh langsam.

Gitarren-Grifftabelle

Wenn dir die "**Spezial-Griffe**", die direkt bei den Songs angegeben sind, zu schwierig sind, laß sie einfach weg. Es passen stets auch die Normal-Akkorde, die du gewohnt bist. Z.B. statt ***Am79sus4/G*** oder ***C7+*** kannst du auch ***A-moll*** bzw. ***C-Dur*** spielen.
Andererseits sind fast alle meine "Spezial-Akkorde" sehr einfach - auch für Anfänger -, denn ich bin kein Fan von akrobatischen Barrée-Griffen. Wenn dir also die Lieder schon vertrauter sind, empfehle ich, diese speziellen Griffe zu versuchen. Meiner Erfahrung nach gehen die Lieder mit bestimmten harmonischen Färbungen tiefer ins Gefühl. Das ist natürlich Geschmacksache, und du kannst jederzeit auch ganz andere Akkorde dazuspielen. Mach es so, wie es dir gefällt. Meine Arrangements sind nur Vorschläge.

Die Bezeichnung ***capo 5, capo 3*** bedeutet einen **Kapodaster** auf dem 5. Bund oder 3. Bund. Die Ziffer zeigt den Bund an. Ein Kapodaster ist sehr praktisch, weil man mit den einfachsten Grundgriffen jede Tonart spielen kann. Und wenn einmal ein Lied zu tief ist, klemmt man einfach diesen Balken auf den Gitarrenhals und schon stimmt es. Wenn du noch keinen Kapodaster hast, besorge dir einen. Er kostet nicht viel. Bei manchen Songs habe ich zwei verschiedene Griff-Arrangemants angegeben, eines *mit* und das andere *ohne* Kapodaster. Die Version, die in Klammern steht, wird mit Capo gespielt und ist einfacher als die andere.

Was bedeutet ***open*** ? Diese Bezeichnung heißt, daß die tiefe E-Saite um einen Ganztonschritt hinuntergestimmt wird auf das D, sodaß sie genau eine Oktave tiefer klingt als die D-Saite. Dadurch entsteht ein schöner voller Klang, wenn ein Lied in ***D-Dur*** oder ***D-moll*** ist. Es gibt viele verschiedene "offene" Stimmungen, und diese hier müßte eigentlich richtigerweise *"half open"* heißen.
Wenn du die Gitarre nicht auf diese Weise umstimmen willst, dann kannst du die angegebenen Griffe auch ganz normal mit der üblichen Gitarren-Stimmung spielen. Wo es nicht paßt, habe ich die speziellen Griffe dazugezeichnet.

Wenn eine Saite mit "**X**" gekennzeichnet ist, soll sie nicht gespielt werden. Wenn man zupft, läßt man sie aus, und wenn man die Gitarre "schlägt", wird die Saite abgedämpft, sodaß sie nicht mitklingt. Das geht recht einfach:
z.B. wenn bei ***G-Dur*** die A-Saite abgedämpft werden soll, braucht man nur den Finger, der die E-Saite niederdrückt, etwas "schlampig" schräg halten, sodaß er auch die A-Saite seitlich berührt und blockiert. Dadurch kann sie nicht mehr schwingen, und man hört sie beim Schlagen nicht, auch wenn man sie mitschlägt. Ebenso bei ***D(m)I*** wird die hohe E-Saite durch den Finger blockiert, der die H-Saite niederdrückt.

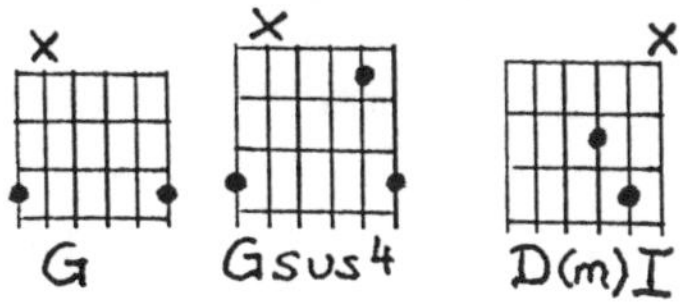

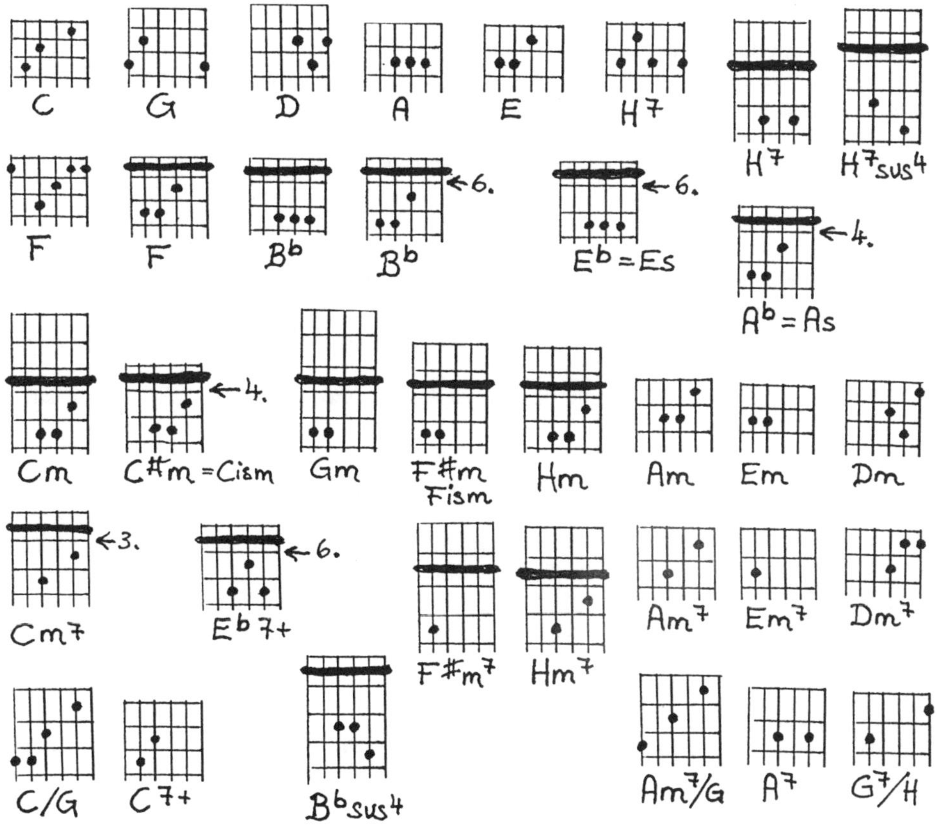

Quellenhinweise und Anmerkungen

Dieses Buch enthält keine Computergraphik. Alle Seitenrahmen-Ornamente wurden handgezeichnet von Elfe Wintersteiger. Von ihr stammen auch die meisten anderen fein-linigen Illustrationen.
Die dick-strichig gepinselten Tusche-Zeichnungen stammen von Gerhard Lipold. Ebenso jene Photographien und Graphiken, für die in der Folge kein anderer Quellenhinweis angegeben ist.
Diverse Abbildungen asiatischer Kunstwerke - z.B. der tibetischen Thangkas u.a. - sind phototechnische Reproduktionen von Originalen aus der Sammlung des Autors.
Die Ziffern vor jeder Anmerkung beziehen sich auf die Seiten-Nummern.

5) Garma C.C. Chang, "Meditation", in: *Bodhi Baum. Zeitschrift für Buddhismus und meditatives Leben*, Nr. 3/84, hrsg.v. Verein der Freunde des Buddhistischen Kultur- und Meditationszentrums Scheibbs.
Die Abbildung zeigt ein Vasen-Ornament aus der Ägäis um 2000 v.Chr.
12) Basil Johnston, *Und Manitu erschuf die Welt. Mythen und Visionen der Ojibwa* (Diederichs, Düsseldorf 1981).
13) Eine beeindruckende Photo-Dokumentation der "Wandernden Steine" in der Mojave-Wüste findet sich in: Uwe George, *Die Wüste* (Gruner & Jahr, Hamburg 1989).
19) Nachzeichnung der sog. "Bradshaw Figures", einer Felsmalerei der australischen Ureinwohner. Ein Kapitel zur Kultur, Religion und Musik der Aborigines ist zu finden in: Gerhard Lipold, *One Earth Songs. Lieder und Texte Universeller Einheit aus allen Kontinenten der Erde* (El Mutamaku, Andrichsfurt 1991).
20) Homers Hymne, zit. in: Miriam u. José Argüelles, *Weiblich weit wie der Himmel* (Irisiana, Haldenwang 1979).
Vgl.: *Mythologie der Welt-Religionen*, hrsg.v. Richard Cavendish (Christian, München 1981).
21) Ikonographie der *Schwarzen Madonna*, vgl. Gilles Quispel, *Gnosis als Weltreligion* (Origo 1979), zit. in: China Galland, *Grüne Tara und Schwarze Madonna* (Walter, Solothurn 1993).
22) Die Lindenholz-Plastik "Niederkunft" stammt von dem österreichischen Bildhauer-Meister, Rudi Hirt. Atelier-Adresse: A-8811 Scheifling 25.
Foto-Abdruck mit freundlicher Genehmigung von Foto-Stadler und Rudi Hirt.
23) "Tanzende Kali", Malerei mit Acryl und Kohle von Brigitta Lipold.
Atelier-Adresse: A-4754 Andrichsfurt 11.
24) Gnostischer Text aus Nag Hammadi, zit. in: Elaine Pagels, *Versuchung durch Erkenntnis* (Suhrkamp 1987).
Ramakrishna, *Das Vermächtnis. Die Botschaft des indischen Heiligen und Lehrers der Neuzeit* (Scherz, Bern 1981).
26) Ikonographie zur Göttin Kali und zu Mudras, vgl. auch: Ajit Mookerjee u. Madhu Khanna, *Die Welt des Tantra in Bild und Deutung* (Scherz, Bern 1978). Mudra-Zeichnungen nach: Alexandra Lavizzari-Raeuber, *Thangkas. Rollbilder aus dem Himalaya. Kunst und mystische Bedeutung* (DuMont, Köln 1984). Vgl. auch: Ingrid Fischer-Schreiber u.a., *Lexikon der östlichen Weisheitslehren* (O.W.Barth/Scherz, Bern 1986).
Bedeutung der vier unteren *Mudras* (= tantrische rituelle Handstellungen): *Bhutadamara* = "Furchteinflößen"(links oben), *Karana* = Geste des "Verzauberns"(links unten), *Buddhasramana* = Grußgeste (rechts oben), *Varada* = Geste des "Wunschgewährens und Gebens".

27) "Ich, die ich die Schönheit der grünen Erde..." sind traditionelle Worte der "Sternengöttin" in der Version von Starhawk, *Der Hexenkult,* zit. im Informationsblatt zum "Familienfasttag 1994", hrsg. vom Katholischen Frauenwerk Österreich.
28) Photographie aus einem "Trommeln - Tanz - Bodypainting"-Seminar unter der Leitung von Brigitta und Gerhard Lipold; Abdruck mit freundlicher Genehmigung der abgebildeten Frau und des Photographen.
29)*Grüne Tara,* **32)***Weiße Tara*und **33)** *Yab-Yum:* Thangka-Rollbilder, gemalt von tibetanischen Mönchen.
Tara ist ein weiblicher Bodhisattva und symbolisiert allgemein die Göttliche Energie, auch das Weibliche Prinzip, und im besonderen Intuitive Weisheit, Mitgefühl und Schutz. Im Tibetischen Buddhismus ist sie die beliebteste Gottheit der Laiengläubigen und der am meisten verwendete *Yidam* der lamaistischen Mönche und Nonnen. Ihr Mantra lautet *OM TARE TU TARE SVAHA.* Die *Grüne Tara (= Syamatara)* ist häufiger zu finden in Nepal, die *Weiße Tara (= Sitatara)* häufiger in der Mongolei und über China bis nach Japan. *Tara* wird auch angesehen als eine Emanation des Bodhisattva *Avalokitéshvara* und soll aus seinen Tränen des Mitgefühls entstanden sein, um ihn in seinem Wirken zu unterstützen. Eine andere Legende besagt, daß sie hervorgegangen sei aus einem Lichtstrahl des Buddha *Amitabha.*
Yab-Yum (tibetisch) heißt wörtlich "Vater Mutter" und bedeutet u.a. die mystische Hochzeit des Männlichen und des Weiblichen Energie-Prinzips im eigenen Innern, wodurch die Erkenntnis und Verwirklichung der innewohnenden *Buddha-Natur* erlangt wird. Die Darstellung bezieht sich auch auf die Verschmelzung der beiden polaren Energieströme (skrt. *Nadis*) im Rückenmarkskanal durch spezifische Yoga-Praktiken. Zur Ikonographie des tibetischen Buddhismus vgl.: Lavizzari-Raeuber (**26**) und: *Lexikon der östlichen Weisheitslehren* (**26**).
30) Zu *Hagia Sophia* im besonderen und matriarchaler Religiosität allgemein, vgl: Argüelles (**20**); sowie: Hildegunde Wöller, *Ein Traum von Christus* (Kreuz, Stuttgart 1987); weiters: Christine Mulack, *Die geheime Göttin im Christentum* (Stuttgart 1985); Heide Göttner-Abendroth, *Die tanzende Göttin. Prinzipien einer matriarchalen Ästhetik* (Frauenoffensive, München 1982); Erich Neumann, *Die Große Mutter* (Walter, Olten 1974).
38) Abb. der spätbabylonischen Gottheit aus: J.B.F. Lajard, *Mémoire sur une représentation figurée de la Vénus orientale androgyne* (Nouvelles Annales de l'Institut archéologique I, Paris 1836), abgeb. in: C.G. Jung, *Grundwerk. Psychologie und Alchemie 2. Erlösungsvorstellungen in der Alchemie* (Walter, Olten 1985). Die beiden Schlangen mit Sonne und Mond symbolisieren möglicherweise auch beiden polaren Energieströme (skrt. *Nadis*) im Innern des Wirbelsäulenkanals, was auf Kontakte des Vorderen Orients mit tantrischen Yoga-Traditionen des ferneren Ostens schließen läßt.
42) Wolfgang Pekny, "Greenpeace Information 16/94"(Greenpeace Österreich, Wien 1994).
43) Schwarzer Hirsch, *Black Elk Speaks, Being the Life Story of a Holy Man of the Oglalla Sioux,* aufgezeichnet v. John G. Neidhardt (University of Nebraska Press, Lincoln 1961).
46) "Getanztes Gebet der Navajos" zit. in: *Musik, die zum Himmel steigt. Primitive religiöse Poesie* , hrsg. v. Ernesto Cardenal (Jugenddienst, Wuppertal 1975). Zum Titel dieses Buches möchte ich anmerken, daß der Ausdruck "primitiv" zwar als ethnologischer Terminus üblich ist, aber zugleich einen Rest der alten Präpotenz weißer Forscher, Missionare und "Zivilisatoren" gegenüber den Naturvölkern darstellt.
57) Kupferstich der *Shaker,* abgeb. in: Gerald Jonas, *Dancing* (Abrams, New York 1992). Ein aktueller Bericht über die "Echternacher Springprozession" findet sich in der medizinischen Zeitschrift *Sandorama* 1989/IV unter dem Titel, "Beitrag zur Medizingeschichte des Veitstanzes" von Dr. G. DePerico.
58) D. Boadella und der Gouverneur von New Hampshire, zit. in: Kaye Hoffman, *Tanz, Trance, Transformation* (Dianus-Trikont, München).
64) Zu *Candomblé* und Trance-Tanz, vgl.: Kaye Hoffman, *Von Göttern besessen* (Trickster, München 1986).

65) Peter Michael Hamel, *Durch Musik zum Selbst* (DTV/Bärenreiter, München 1980).
68) Wasserspiegelung am Gosausee/Österreich, um 90° gedreht.
69 - 71) Kollagen aus Photographien von der "Rituellen Maskenarbeit" (Maskenbau und Tanz-Theater) im Rahmen der *SOMMERWIRKSTATT*-Seminare unter der Leitung von Brigitta und Gerhard Lipold.
72) Oben: Darstellung der Gottheit *Sanghyang Widi (Shiva)* auf Bali.
Unten: *Lingam*-Steinsetzungen durch den Autor auf einem Pilgerweg.
73) Shintoistische Sprüche, zit in: S.G. Champion, *The Eleven Religions and Their Proverbial Lore* (Rontledge, London 1944), sowie Bhagavan Das, *The Essential Unity of All Religions* (Theosophical Press, Wheaton, Illinois 1946), zit. in: *Religion ist Einheit,* hrsg. Edith Schnapper (Rascher, Zürich 1954).
74) Rainer Taeni, *Inmitten der Blüte. Gedichte, Gebete, Meditationen* (Yulunga 1986). Abdruck mit freundlicher Genehmigung.
77) Ravidas, zit in: E. Trumpp, *Die Religion der Sikhs* (Schulze, Leipzig).
92) Brigitta Lipold, *Wenn die Zungen flammen* (El Mutamaku, Andrichsfurt 1992).
98) Worte des Schamanen *Orpingalik* im Gespräch mit dem Forscher Knud Rasmussen, zit. in: *The Netsilik Eskimos, Social Life and Spiritual Culture. Report of the Fifth Thule Expedition 1921-1924* (Bd. 8, Nr. 1-2, Copenhagen).
Die griechisch-orthodoxe Einsiedelei mit "Bodhi-Baum" (Photo) liegt auf einem hohen Fels-Berg an der Südküste Kretas. Sie ist nur auf schmalen Pfaden neben tiefen Abgründen zu erpilgern. Hinter der weiß gekalkten Mauer befindet sich ein altes Heiligtum in Form einer Marien-Grotte. Photo von Brigitta Lipold.
101 - 114) Die Informationen zu den *Sufis* stammen aus folgenden Quellen:
Aus erster Hand vom türkischen Sufi-Meister, Dr.psych. Rahmi Oruc Güvenc, Dozent am Musikkonservatorium Instanbul und Leiter der Gruppe TÜMATA; Kontakt: Verein f. Musikethnologische Forschung, 1120 Wien, Arndtstr. 2/36.
Weiters von LehrerInnen der Sufi Islamia Ruhaniat Society in Australien. Von ihnen wurden mir auch die 2 Kalligraphien von Koran-Suren zur Verfügung gestellt. Das türkische Sufi-Lied *"Hei Dschanem"* wurde mir von Aron Saltiel und Dagmar Steinbäcker weitergegeben.
Weiters die Schriften von Hazrat Inayat Khan. Das Zitat stammt aus "The Mysticism of Sound" in: *The Sufi Message of Hazrat Inayat Khan.* Gesammelte Werke, Bd.2 (Barrie & Jenkins, London 1960). Eine auszugsweise Übersetzung veröffentlichte der Verlag Heilbronn unter dem Titel: H.I. Khan, *Musik und Kosmische Harmonie aus mystischer Sicht* (Heilbronn 1984).
Die Zitate von Worten der Sufi-Meisterin, Rabia al-'Adawiya, aus Al Ghazalis *Erneuerung der Religionswissenschaft,* und aus einem der beiden Hauptwerke von Dschelal-ed-Din-Rumi, *Mesnevi* und *Diwan,* sowie aus dem *Koran* stammen aus: Karl O. Schmidt, *In dir ist das Licht. Vom Ich-Bewußtsein zum Kosmischen Bewußtsein. Die großen Erleuchteten als Führer zur Vollendung* (Drei Eichen, Engelberg 1959).
118) Frère Roger Schutz, *Die Quellen von Taizé* (Freiburg 1981); und vom selben Autor: *Blühen wird deine Wüste* (Les Presses de Taizé 1983).
119) Zum Vokabular mantrischer Keimsilben im alten Hebräisch, vgl. J.J. Hurtak, *Das Buch des Wissens: Die Schlüssel des Enoch* (Zentrum der Einheit Schweibenalp 1990).
124) Swami Prabhavananda, *Die Bergpredigt im Lichte des Vedanta* (Knaur, München 1994); daraus stammt auch das Buddha-Zitat. Die Quellenangabe des Goethe-Zitats ging mir leider verloren.
126) Johannes Paul II., *Die Schwelle der Hoffnung überschreiten* (Hoffmann & Campe, 1994). Anandamayi Ma, *Worte der Glückseligen Mutter* (Mangalam S. Schang, Eschbach 1986); Melita Maschmann, *Eine ganz gewöhnliche Heilige. Die große Seele der Anandamayi Ma. Indienfahrt mit der bedeutendsten Hindu-Heiligen der Neuzeit* (O.W.Barth/Scherz, Bern 1990).

129) Zu "Vergebung" vgl. auch: Rainer Taeni, *Umkehr zur Liebe. Vom Daseinskampf zum Lebenssinn* (El Mutamaku, Andrichsfurt 1991);
Rainer Taeni, *Vom Opfer zum Schöpfer. Creative Refocussing als Weg der Selbstfindung und Heilung* (El Mutamaku, Andrichsfurt 1993);
Englische Original-Ausgabe von: *A Course in Miracles* (Foundation for Inner Peace, Glen Ellen 1983); deutsche Übersetzung: *Ein Kurs in Wundern* (Greuthof, Gutach i. Br. 1994).
130) Taeni,*Blüte* (**74**). Abdruck mit freundlicher Genehmigung.
136) Zur Übersetzung der Sanskrit-Ausdrücke in diesem Buch wurden folgende Lexika und Glossare verwendet: Klaus Mylius, *Wörterbuch Sanskrit-Deutsch* (Langenscheidt, Leipzig 1975); Martin Mittwede, *Spirituelles Wörterbuch Sanskrit-Deutsch* (Sathya Sai Vereinigung, Bonn 1992); *Verzeichnis der Sanskrit-Ausdrücke im Werk Sri Aurobindos* (Hinder & Deelmann, Gladenbach 1989); *Lexikon der östlichen Weisheitslehren* (**26**)
137) Eric Mayeur, "Sanskrit ist unsere Muttersprache" in: *DAO. Magazin fernöstlicher Lebens-Kunst,* Nr. 3/93(Norderstedt).
140) Zu "Mantras" vgl. auch: John Blofeld, *Die Macht des heiligen Lautes. Die geheime Tradition des Mantra* (O.W.Barth/Scherz, Bern 1978); Lama Anagarika Govinda, *Grundlagen tibetischer Mystik* (O.W.Barth/Scherz, Bern 1956); Lama Anagarika Govinda, *Schöpferische Meditation und multidimensionales Bewußtsein* (Aurum, Freiburg i.Br. 1977).
148) Meister Eckhart, *Das Buch der göttlichen Tröstung* (Insel, Frankfurt/Main 1987); Karl O. Schmidt, *Meister Eckeharts Weg zum kosmischen Bewußtsein* (Drei Eichen, Ergolding 1969).
150) Sri Aurobindo, *Das Göttliche Leben* (Hinder & Deelmann, Gladenbach 1974); Sri Aurobindo und Die Mutter, *Handbuch des Integralen Yoga* (Mirapuri, Planegg 1984).
Gesänge aus Taizé. Notenheft mit MC (Deutscher Katechetenverein, München 1981).
151) Ramakrishna, *Das Vermächtnis* (**24**); und: Sri Ramakrishna, *Worte des Meisters* (Zürich 1949), zit. in: *Das Jesusgebet,* hrsg. v. Emmanuel Jungclaussen (Pustet, Regensburg 1976).
152) Mudras *Namaskara* und *Uttarabodhi,* vgl. Lavizzari-Raeuber und Fischer-Schreiber (**26**).
154) Indianischer Ritual-Schild.
155) Regenwald-Farn.
158) Zur Zahlensymbolik vgl. auch: J.C. Cooper, *Illustriertes Lexikon der traditionellen Symbole* (Drei Lilien, Leipzig 1986).
159) C.G. Jung, *Grundwerk. Psychologie und Alchemie 1. Traumsymbole des Individuationsprozesses* (Walter, Olten 1985).
Alte indische Abb. der *Trimurti* aus: N. Müller, *Glauben, Wissen und Kunst der alten Hindus* (Mainz 1822), Tab.II, Fig.40., abgeb. in: ibid.
160) C.G. Jung, ibid.
Abb. des Alchemie-Symbols aus: *Hermaphroditisches Sonn- und Mondkind. Das ist: Des Sohns deren Philosophen natürlich-übernatürliche Gebärung, Zerstörung und Regenerierung* (Mainz 1752), abgeb. in: ibid.
161) Abb. aus: J.G. Gichtel, *Theosophica Practica* (1898).
Eine Auswahl aus den Werken des großen christlichen Mystikers: Jakob Böhme, *Im Zeichen der Lilie* (Diederichs, München 1991).
166) T.S. Anantha Murthy, *Das verborgene Feuer. Die erstaunliche Lebensgeschichte von Shriman Tapasviji Maharaj, vormals Prinz Krishna Singh von Patiala, einem Asketen, der 185 Jahre lebte, 1770-1955* (Mangalam, Urach/Vöhrenbach 1986). Photoabdruck mit freundlicher Genehmigung.
168) Zitate von Namdev, Guru Nanak , Guru Gobind Singh aus: Trumpp (**77**).
Amita Gati, *Samayika-patha,* zit. in: Bhagavan Das, *The Essential Unity of All Religions* (Theosophical Press, Wheaton/Illinois 1946), zit. in: *Religion ist Einheit.* (**73**)
171) Worte von *Babaji* zitiert in einem Informationsheft des Zentrums der Einheit Schweibenalp, Brienz/Schweiz.

172) Mata Amritanandamayi, *Mutter der unsterblichen Glückseligkeit. Leben und Lehre einer jungen indischen Weisen der heutigen Zeit* (Ansata, Interlaken 1989).
Sathya Sai Baba, *Der Weg nach innen. Sadhana* (Sathya Sai Vereinigung, Bonn 1990); Howard Murphet, *Sai Baba und seine Wunder* (Sathya Sai Vereinigung, Bonn 1991); Samuel Sandweiss, *Sai Baba. Der Heilige und der Psychotherapeut* (Sathya Sai Vereinigung, Bonn 1989); Don Mario Mazzoleni, *Wer ist Sai Baba? Ein Priester erfährt Gott in Indien* (Waage, Zürich 1993).
Die Abbildungen auf den Seiten **172, 174, 177, 178** sind Zeichnungen von Elisabeth Dauser (nach indischen Originalvorlagen) aus: *Sai Bhajans,* hrsg. von Heinz Malina (Sathya Sai Vereinigung, Bonn 1989); Abdruck mit freundlicher Genehmigung.
174) *Die Bhagavadgita,* übers. v. Sri Aurobindo (Herder, Freiburg i.Br. 1992);
Sri Aurobindo, *Essays zur Gita* (Hinder & Deelmann);
Die Bhagavadgita. Sanskrittext u. Übersetzung mit Kommentar, v. Sarvepalli Radhakrishnan (Holle, Baden-Baden).
179) Vgl. Mittwede (**136**).
180) Brigitta Lipold, *Wenn die Zungen flammen. Gebete und Bilder* (El Mutamaku, Andrichsfurt 1992).
185) Mookerjee (**26**).
186) David Steindl-Rast, *Die Achtsamkeit des Herzens. Ein Leben in Kontemplation* (Goldmann, München 1988).
188) Sufi-Zitat aus: *Ekstatische Konfessionen,* gesammelt von Martin Buber (Diederichs, Jena 1909).
191) Angelus Silesius u. Jakob Böhme zitiert in: Prabhavananda (**124**).
192) Thomas von Celano, *Leben und Wunder des Heiligen Franziskus von Assisi* (Werl), zit. in: *Das Jesus-Gebet,* hrsg.v. Emmanuel Jungclaussen (Pustet, Regensburg 1976). Dieses Buch enthält neben einer genauen Erläuterung der geschichtlichen Entwicklung auch eine Reihe von Anweisungen für die Praxis des *Herzensgebets* im kontemplativen Leben.
193) Sri Chaitanya, zit. in: Prabhavananda (**124**).
Chrisostomus, zit. in: Blofeld (**140**).
194) Blofeld, ibid.; Tschögyam Trungpa, *Aktive Meditation* (Walter, Olten 1972);
195) Originaltexte und Biographien der christlichen Mystiker sowie vieler anderer großer Meister und Meisterinnen aller Religionen finden sich in: K.O.Schmidt. (**114**)
196) Alan Watts, *Offene Weite, nichts von heilig* (Zero, Rheinberg 1982).
197) *Aufrichtige Erzählungen eines russischen Pilgers,* hrsg. v. Emmanuel Jungclaussen (Herder, Freiburg 1974).
197) Zu "Yidam-Yoga" vgl. auch: Blofeld (**140**).
200) Tuktse Rinpoche, zit. in: Andrew Harvey, *Ins Innerste des Mandala. Reisen in Ladakh* (Diederichs, Köln 1985).
201) Abb.: das "Rad der buddhistischen Lehre".
203) Freie Nacherzählung der Zen-Geschichte in einer Version, wie der Autor sie von einem Mönch erzählt bekam.
Tarthang Tulku, *Ruhig und klar. Das Rad der Analytischen Meditation* (Haldenwang 1981).
206) Abdruck des Jesus-Bildes mit freundlicher Genehmigung des Copyright-Inhabers.
208) *Course in Miracles* (**129**).
209) Hui Neng, zit. in: Alan Watts, *Vom Geist des Zen* (Suhrkamp, Basel 1984).
210) Vgl. Sathya Sai Baba, *Meditation* (Sathya Sai Vereinigung, Bonn 1992).
216) *Das Tibetanische Totenbuch,* hrsg.v. W.Y. Evans-Wentz (Walter, Olten 1971).
217) Ramana Maharshi, *Sei, was du bist* (O.W.Barth/Scherz, Bern 1985). Ein tiefgehender Erlebnisbericht eines Benediktinermönches über seine Begegnung mit Ramana Maharshi ist: Henri le Saux, *Das Geheimnis des heiligen Berges. Als christlicher Mönch unter den Weisen Indiens* (Herder, Freiburg i.Br. 1989).

218 - 233) Die Prinzipien des ***Creative Refocussing*** in Theorie und Praxis, vgl.:
Rainer Taeni, *Umkehr zur Liebe. Vom Daseinskampf zum Lebenssinn* (El Mutamaku, Andrichsfurt 1991), theoretische Grundlagen;
Rainer Taeni, *Vom Opfer zum Schöpfer. Creative Refocussing als Weg der Selbstfindung und Heilung* (El Mutamaku, Andrichsfurt 1993), ein Praxis-Buch;
Rainer Taeni u. Gerhard Lipold, *Vom Opfer zum Schöpfer. Ein Audio-Cassetten-Kurs zum Selbstlernen* (Brainlight/El Mutamaku 1992), 6 Ton-Cassetten mit Praxis-Buch;
frühere Bücher: Rainer Taeni, *Das Angst-Tabu und die Befreiung* (Rowohlt, Reinbeck 1981);
Rainer Taeni, *Fühlen als Therapie* (Association, Hamburg 1979).
221) Ein religionswissenschaftlich sorgfältiges Buch zum Thema "Jesus und die Reinkarnation": Michael Arends, *Jesus und seine Lehre* (Arends Verlag).
225) Paul Watzlawick, *Anleitung zum Unglücklichsein* (Piper, München 1983).
241, 244) Abb. tibetisches Buddha-Mandala-Thangka.
242) Rainer Maria Rilke, *Sämtliche Werke* (Insel, Frankfurt/Main 1955).
248) Taeni, *Blüte* **(74)**. Abdruck mit freundlicher Genehmigung.
249 - 258) Gerhard Lipold, *Vasudeva. Begegnungen mit dem Inneren Meister* (Manuskript).
250) Brennstab-Gravur und Photographie von Gustav Stoiser. Abdruck mit freundlicher Genehmigung.
260) Vgl. *Lexikon der östlichen Weisheitslehren.* **(26)**
261) Vgl. ibid.; vgl. Govinda. **(140)**
263) Abb. *Avalokitéshvara.*
264 - 270) Lipold. **(249)**
268) Abb.:*Vitarka Mudra,* die Geste der Argumentation.
269) *Hundert Gedichte Kabirs,* hrsg.v. Rabindranath Tagore (Hyperion, Freiburg i.Br.).
271) Tusche-Kreis eines Zen-Künstlers.
272) Die hier abgedruckte Übersetzung des *Herz-Sutras* ist das Ergebnis einer Zusammenschau mehrer Übersetzungen: Claude Durix, *Lebendiges Zen;* Vajradhatu, *Das Sutra über die Essenz der Transzendenten Erfahrung* (Boulder, Colorado), zit. in: Argüelles **(20)**;*Das Sutra-Buch des Rinzai-Ordens;* Thich Nhat Hanh, *Mit dem Herzen verstehen;*
275 - 276) Rolf Gregor Seyfried (Brief und Manuskript). Abdruck mit freundlicher Genehmigung. Zen-Texte von *Joka* und *Szoszan* aus: Schuej Ohasama, *Zen, der lebendige Buddhismus in Japan* , hrsg.v. A. Faust. (ehem. F.A. Perthes, jetzt Deutsche Verlagsanstalt 1925). Abdruck mit freundlicher Genehmigung.
278) Angelus Silesius, *Von Gottes und des Menschen Wesen. Aus den Spruchbüchern des Cherubinischen Wandersmannes* (Hyperion, Freiburg i.Br.).
279) Maori-Text zit. in: Argüelles. **(20)**
281) Hermann Hesse, *Das Glasperlenspiel* (Suhrkamp, Frankfurt/Main 1943).
282) Paul Reps. **(289)**
284) Ivar Lissner, *Glaube - Mythos - Religion* (Walter, Olten 1982).
"Shakti-Devi sagt" aus: Reps. **(289)**
285 - 288) Photographien des Autors.
289 - 305) "Auf die Mitte zu" aus: Paul Reps, *Ohne Worte - ohne Schweigen. 101 Zen-Geschichten und andere Zen-Texte aus vier Jahrtausenden* (deutsche Rechte by Scherz Verlag Bern und München 1976); Abdruck mit freundlicher Genehmigung. Die Worte in Klammern stehen nicht im Original-Text, sondern sind Anmerkungen von Gerhard Lipold.
306) "Sonnenrad"(Mischtechnik), Detail aus einem Mandala-Zyklus von Brigitta Lipold.
307) Buddha-Kopf, photographiert von Selvarajan Yesudian. Abdruck mit freundlicher Genehmigung.
308) Hakuin's *Chorgesang* aus: Ohasama **(276)**. Abdruck mit freundlicher Genehmigung.

312) Paramahansa Yogananda, *Autobiographie eines Yogi* (O.W. Barth, Weilheim 1950).
313) Mittwede (**136**); vgl. auch: Patanjali, *Die Wurzeln des Yoga.* Sanskrit-Sutren mit Übersetzung und Kommentar v. P.Y. Deshpande (O.W. Barth/Scherz, Bern 1976) ; Shankara, *Das Kleinod der Unterscheidung. Die Erkenntnis der Wahrheit* (O.W.Barth/Scherz, Bern 1981); *Avadhuta Gita. Song of the Everfree.* Original-Text in Sanskrit mit englischer Übersetzung (Sri Ganapati Sachchidanada Ashram, Mysore); deutsche Übersetzung: *Avadhuta Gita. Gesang eines Erleuchteten* (Bruno Martin, Südergellersen 1994).
314) Vgl. Sathya Sai Baba (**210**);vgl. Tonbandvortrag v. Karl Scherer, *Mantras der Welt* (Freiburg).
319) Informationen zu *"Uma Kon"* vom peruanischen Schamanen Don Eduardo Calderon Palomino.
320 - 321) Indianische Zitate aus: *Akwesasne Notes. A Journal for Native and Natural People* (Mohawk Nation, Rooseveltown).
Das Gebet des Franz von Assisi ist eine Übersetzung des Autors nach einer englischen Version im Heft: *Lieder Mantren Gebete* (Zentrum der Einheit Schweibenalp, Brienz); vgl. auch: Franz von Assisi, *Die Demut Gottes. Meditationen, Lieder, Gebete* (Benziger, Einsiedeln 1977); Nikos Kazantzakis, *Mein Franz von Assisi* (Fischer, Hamburg 1964).
324) P. Eberhardt, *Das Rufen des Zarathustra. Die Gathas des Avesta* (Diederichs, Jena 1924).
328) Erich Plettenbacher (Manuskript). Abdruck mit freundlicher Genehmigung.

Zur Person des Autors:

Gerhard Lipold, Mag. phil. (Universität Graz), freischaffender Künstler und "Weltmusikwanderer", Komponist, Autor und Choreograph; Musiker, Sänger und Tänzer; zahlreiche Reisen mit Quellenstudien traditioneller Musik, Tanzformen und Gesänge mit besonderer Beachtung ihrer rituellen Verwendung und heilsamen Wirkungen auf Körper, Geist und Seele; Lernzeiten bei und Zusammenarbeit mit Künstlern, Therapeuten und spirituellen Lehrern verschiedenster Kulturkreise; ausgebildet zum CREATIVE REFOCUSSING-Trainer und Rebirther von Dr. Rainer Taeni in Australien; seit 1974 Konzerte, Rundfunksendungen, LP-Produktionen, sowie - gemeinsam mit *Brigitta Lipold* - Leitung von Seminaren mit Musik, Tanz, Meditation, Maskenbau & Rituelles Tanz-Theater, CREATIVE REFOCUSSING & Rebirthing als Wege zum Selbst in Europa, USA und Australien.

Anhang

Die folgenden Seiten enthalten Beschreibungen von Musikproduktionen und weiterführender Literatur, die in diesem Buch erwähnt werden, sowie Informationen zu den Seminaren, die der Autor gemeinsam mit Brigitta Lipold leitet.

Die meisten Songs dieses Buches ist zu hören auf folgenden 4 Musicassetten:
3 MCs *SONGS OF THE HEART* und **1 MC *COSMIC MOTHER*.**

Die Musik wurde gesungen nach den mehrstimmigen Arrangements dieses Liederbuches und gespielt auf Original-Instrumenten aus aller Welt: Gitarren, Harfe, Dulcimer, Mandola, Koto, Tamboura, Acoustic Bass, Didjeridu, Fujara, Bambusflöten, indianische & afrikanische Trommeln, Tablas u.v.a.
Diese MCs und alle weiteren hier vorgestellten Tonträger und Bücher sind direkt erhältlich beim: **Verlag EL MUTAKAKU, Brigitta Lipold**
A-4754 Andrichsfurt 11, Österreich
Tel. 07750 / 747

****

CD/MC Gerhard Lipold ***MANDALA***

Die Harfe auf melodiöser Weltmusik-Reise zwischen Europa, Asien und Südamerika mit dem legendären Ensemble:
Gerhard Lipold; Harfe, Klavier, Obertonflöte, Anklung
Peter Herbert; Kontrabaß, Anklung
Heinrich von Kalnein; Querflöte, Sopransax, Anklung
Peter Rosmanith; Tablas, Afro & Latin Percussion
Ein virtuoses Musik-Juwel, das auch von international renomierten Musikkritikern hochgeschätzt wird.

Gerhard Lipold: ONE EARTH SONGS

Lieder und Texte universeller Einheit aus allen Kontinenten der Erde

Der erfolgreiche 1. Teil der *SONGS OF THE HEART:* Ein großes Lebe-Buch mit Liedern, Tänzen, Bildern und Texten Universeller Einheit aus allen Kontinenten der Erde, mit faszinierden Schöpfungsmythen der Aborigines und Indianer, Pygmäen und Japaner, alten Griechen und Inder, mit zahlreichen ethnologischen Informationen, z.B. über Entstehung und Verwendung indianischer Kraft-Lieder, die meist geträumt werden. Weitere Kapitel behandeln die Mantra-Praxis in Ost und West, Obertongesang und Vokalmassage, das Mandala-Prinzip der Selbstentfaltung, das Yin & Yang, den Integralen Medizinkreis der Vier Elemente, den Weg des Herzens......Während die *SONGS OF THE HEART* sich mehr mit großen Weltreligionen und östlicher Weisheit befassen, sind die *ONE EARTH SONGS* "erdiger", indem ihr Geist eher von indianischer Spiritualität getragen wird. Es ist ein Buch voller Lebensfreude, die aus jeder Seite singt, spricht, blickt und tanzt.

Buch, mit über 100 Illustrationen, 2. Auflage

Gerhard Lipold : ONE EARTH SONGS

3 Musicassetten mit allen Songs aus dem Buch

Mit Gerhard Lipold; Gesang, Djembe, Gongtrommel, Harfe, Koto, Dulcimer, Gitarre, Didjeridu, diverse Flöten und Kalimbas, Steeldrum, Sonnengong, Bendir-Mond-Trommel, Rantang-Bambusxylophon, Baß-Monochord, Rasseln und Atem....
Weiters das Weltmusik-Ensemble MANDALA, das ELEMENTARIA-Orchester, die Stimmen des GERSHWIN-ENSEMBLES; von BRIGITTA LIPOLD und ELFE WINTERSTEIGER, von INDIANERN und ABORIGINES,sowie von 300 Menschen während eines ONE-EARTH-SONGS-Happening.
Alle Aufnahmen mit digitaler Studiotechnik

1 Set *ONE EARTH SONGS* besteht aus dem Buch & 3 Musicassetten

CD/MC BIG TRIBAL HEART

In Zusammenarbeit mit 20 australischen Musikern entstand diese Ethno-Fusionmusic-Produktion, die die elementare Urkraft der Aborigine-**Didjeridus** mit Afro-Latin Percussion und westlichen Sounds zu einer vitalen DREAMTIME-Musik verbindet, die unter die Haut geht...

Für Didjeridu-Liebhaber gibt es auch das

DIDJERIDU PLAYBOOK

Ein Instrumental-Kurs für Anfänger, der auch viele Spiel-Tricks für Professionals vermittelt, sowie zahlreiche Informationen enthält zur Kultur der Aborigines und zu den praktischen Verwendungsmöglichkeiten dieses faszinierenden Ur-Klang-Baumes in Kunst und Therapie.

****

direkt bestellbar beim Verlag El Mutamaku, A-4754 Andrichsfurt 11

MC KLANGMANTRAS

Meditationsmusik mit Tibetanischen Klangschalen und Somasandawa. Dauer: 80 min.

Tibetanische Klangschalen sind kunstvoll handgetriebene Schalenglocken, die mit Holzstäben durch Reiben und Anschlagen zum Schwingen gebracht werden. Ihre zauberhaften Klänge werden im Fernen Osten in der Tempelmusik verwendet und wegen ihrer entspannenden Gehirnwellen-Wirkungen auch in der modernen westlichen Musiktherapie mit Erfolg eingesetzt.
Die Aufnahmen dieser MC sind bestens geeignet für Entspannungs- und Meditationsübungen, Visualisierungen, Chakra-Arbeit, Energie-Massagen wie Reiki, Polarity u.a...... oder einfach als Hörgenuß...

MC Elfe Wintersteiger BUKAWATÉ

"Bukawaté" ist das Zauberwort des großen Raben, der uns ein wundervolles Kraft-Lied schenkte.
Elfe Wintersteiger, die virtuose klassische Pianistin, hat aus diesem Lied eine Klavier-Symphonie gemacht, eine musikalische Malerei, die den Flug des blauschwarzen Vogels erspüren läßt.
Neben eigenen Werken enthält diese einstündige PIANO-MC mehrere Kompositionen von Gerhard Lipold in der Interpretation von Elfe Wintersteiger, deren inspirierendes Klavierspiel an große Improvisatoren wie Keith Jarrett und Claude Debussy erinnert.

MC EARTHDANCE

African Roots Percussion

Eine energetisierende Trommelmusicassette, die speziell für DYNAMISCHE TANZMEDITATIONEN konzipiert ist. Ausgehend von einem ruhig pulsierenden Einstieg führt die Musik die Tanzenden in einem natürlichen Bogen bis zur frei-ekstatischen Bewegung, wo die Menschen selbst zum Tanz werden können, um schließlich ruhig fließend auszuklingen. Die Musik endet in der Stille, aber der kraftvolle Fluß der Lebensenergie bleibt noch lange im Körper spürbar.

MC & Arbeitsbuch NARRENTÄNZE

Eine spritzige Folk & Joke-Fusion mit 12 Medleys aus irischen und bretonischen Tanzmelodien auf Akkordeon, Banjo, Bouzouki, Tin Whistles, Mundharmonika, Xylophon, Kastagnetten, Löffel u.v.a. Überraschungen.
Dazupassend ein Arbeitsbuch mit 12 lustigen schul- und festivalbewährten Gruppentänzen, die von jedem leicht zu erlernen sind. Buch und MC werden von vielen Gruppenleitern und Lehrern mit Erfolg und Spaß verwendet.

Die Sängerin ASCENTIA über die Kraft der Stimme

Ob du selbst singst oder ich für dich singe, die Schwingungen der Töne bewirken jede Art von Integration und Ausgleichung in deinem Körper, die du möchtest. Die Stimme ist ein sehr wichtiges Instrument für unseren Heilungsprozeß, das wir nutzen können. Die Kraft der Stimme ist so groß, daß sie mißbraucht werden kann, wenn das Bewußtsein nicht erweckt ist. Die Stimme ist eines der ursprünglichen Mysterien.

Das Wesentliche ist der Atem, besonders die Bauchatmung. Nur wenige Menschen sind damit vertraut. Die Bauchatmung stellt eine Verbindung zwischen den Bauchmuskeln und dem Atem her, der den Ton trägt. Wenn wir also richtig aus dem Bauch heraus atmen, sind wir plötzlich mit all den Gefühlen verbunden, die wir normalerweise darin einschließen, mit all unseren Ängsten und all unserer Freude. Wenn wir mit dem Atem schwingen, füllt er alle Resonanzräume in unserem Körper aus, und wir können unsere eigenen Blockierungen, unsere Kristallisierungen auflösen. Aber nicht nur das: Wir können uns selbst in unserer ganzen Fülle ausdrücken, und das ist ein zutiefst befriedigendes Gefühl. Jeder Ton, mit dem wir uns verbinden, sagt alles über uns aus. Die Stimmung des Tages, die Stimmung dieser Minute, wer unsere Eltern sind, all unsere Gedanken, Gefühle und unsere Weisheit sind darin enthalten. Deshalb erfordert es Mut, die eigene Stimme zu erheben. Du offenbarst dich selbst, ganz nackt. Wenn du deine Stimme öffnest, öffnest du auch dein Herz. Wenn wir unsere Stimme mit offenem Herzen benutzen, können wir gar nicht anders als die Wahrheit sagen, denn der Ton spricht schon für sich. Deshalb können wir in diesem Zustand auch die Worte wählen, die mit unseren Gefühlen, Gedanken, Visionen und mit unserem Körper in Resonanz sind. Das ist die ursprüngliche Bedeutung von "stimmig" sein. Wir alle streben nach dieser Ganzheit, und das ist, wenn du so willst, unsere nackte Wahrheit. Der reine Ton. In diesem Moment kann ein einziges Wort heilen;
ein Ton reicht aus.

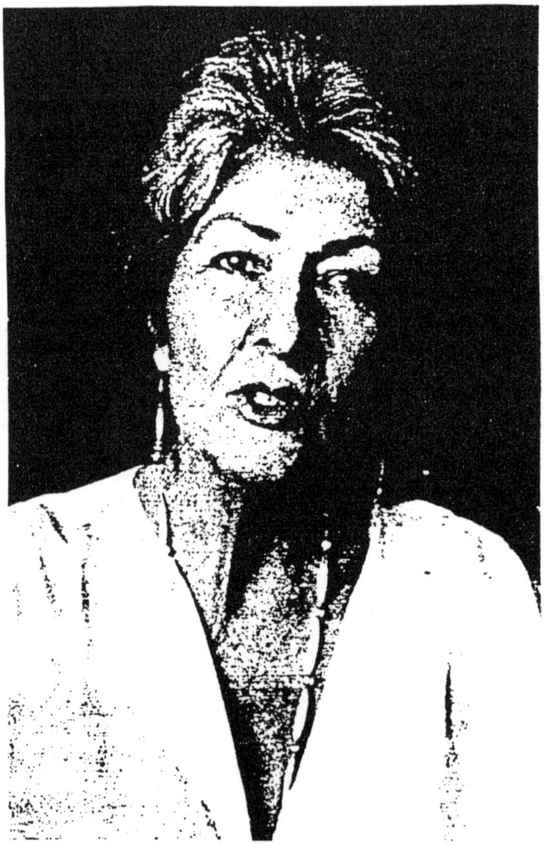

Die Schwingungen der Töne öffnen die Chakren nicht nur, sie gleichen das ganze Chakra-System aus und integrieren es, indem sie zwischen dem Scheitel-Chakra, dem Dritten Auge, dem Herz-Chakra, dem Solarplexus, dem Polaritäts-Chakra (Hara) und dem Basis-Chakra (Wurzel-Chakra) eine Verbindung herstellen. Spezifisch arbeitet der Ton natürlich mit dem Ausdruckszentrum des Willens, dem Kehl-Chakra, dem Chakra der Kommunikation. Doch mit der Stimme können wir alle Bereiche erreichen, indem wir den Ton leiten. Wenn ich für jemanden singe, richte ich meine Töne nicht aus, ich erlaube vielmehr dem anderen, meinen Ton selbst dorthin zu leiten, wo er es möchte. Manchmal empfehle ich dir auch, den Schwingungen der Töne zu erlauben, dich auf die Reise mitzunehmen. Sie wissen besser, was in diesem Moment nach Ausgleichung und Integration verlangt.

Die Stimme ist ein unglaublich feines Instrument, und wir müssen lernen, Verantwortung dafür zu übernehmen. Aber das erfordert Mut, denn wenn du es wagst, deine Stimme zu erheben, wird das dein Leben verändern. Alles wird sich verändern, denn jeder wird anders auf dich reagieren, und auch du veränderst dich. Dein Gefühl zu dir selbst verändert sich. Du begreifst plötzlich, daß du ein Funke der göttlichen Quelle bist. Das ist das *Licht.* Es ist immer da gewesen, aber wir haben es nicht wahrgenommen.

Aber laß uns nicht von Spiritualität sprechen, bevor wir uns nicht um die Erde kümmern. Erst wenn wir für unser tägliches leben volle Verantwortung übernehmen, für alles, was wir tun, sagen, denken, und niemand anderen für unsere Probleme beschuldigen, werden wir ahnen können, was Spiritualität ist. Denn das *Licht* in uns können wir nur sehen, wenn wir uns mit uns selbst verbinden. Dieser Lektion wird niemand entgehen können. Das Selbst ist unerbittlich. Es fragt nicht, ob es weh tut oder wie lange es dauert. Es interessiert sich nur für eines:"Hast du deine Lektion gelernt?" Wenn du dich wieder mit deiner Wahrheit verbindest, bist du im *Licht.* Die Erde ist ebenso spirituell wie jeder andere Ort im Kosmos. Sie ist ein Teil davon."
(Interview in der Zeitschrift *Connection,* 1989)

ASCENTIA war eine ausgebildete Opernsängerin mit Wurzeln im französischen Chanson und Black Jazz, vermittelte ihren *Weg der Stimme* weltweit in Seminaren und arbeitete als singender "Channel" gemeinsam mit Janet McLure für die *Tibetan Foundation (VYWAMUS).* 1989, ca. 1 Jahr, bevor sie starb, nahm sie mit **Gerhard Lipold** Kontakt auf, und es entstand die Musik-Produktion ***RETURN TO SOURCE,*** welche diese einzigartige Begegnung dokumentiert, die die beiden Intuitiv-Künstler auf eine ungeahnte Klangreise nach Innen führte. Die Musik, die entstand, ist keine "leichte Kost", sondern sehr direkt und emotional tiefgehend. Sie enthält eine großes Spektrum von spontanem energetischem Ausdruck - von harmonischer Ruhe bis zur expressiven Katharsis, von zen-artig herber Konzentriertheit bis zum herz-haften Zerfließen, von archaischer Mystik bis zu ekstatischer Trance-Tanz-Lebenslust - mit der unglaublich vielfarbigen, einfühlsamen und mächtigen Frauen-Urkraft-Stimme von ASCENTIA und den Instrumental-Improvisationen von Gerhard Lipold auf chinesischen Gongs, Trommeln aus Asien und Afrika, Harfe und Shakuhachi-Flöte. Diese **Musicassette** findet auch häufig Verwendung in diversen Therapie-Formen bei der Begleitung von vital-energetischen Befreiungsprozessen.

****

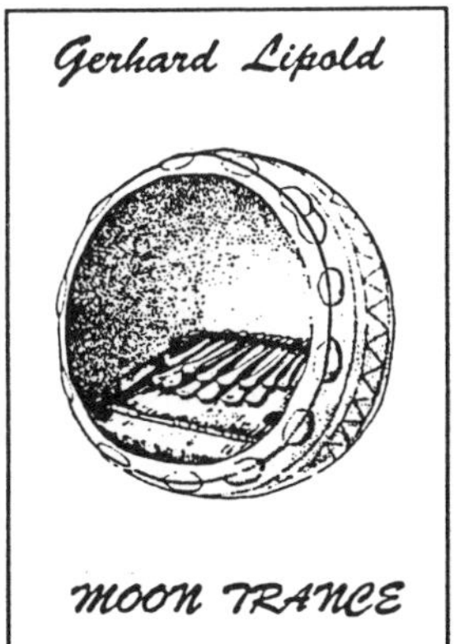

MC **MOON TRANCE**

Ruhige Trance-Musik mit **Kalimbas,**
den afrikanischen Daumenklavieren mit dem be-zaubernden Klang,
*"meditative **minimal-music-**Webkunst"* ,
begleitet durch Choräle von Menschen und **Buckelwalen.**
Eine sanfte und zugleich tiefgehende Musik,
die unsere alltäglichen Zeitempfindungen auflöst und
uns eintauchen läßt in innere Wahrnehmungen des Seins....
.....ein bergender Klangraum, bestens geeignet für Stunden des All-ein-seins und der zärtlichen Liebe....

****

direkt bestellbar beim Verlag El Mutamaku, A-4754 Andichsfurt 11

Brigitta LIPOLD
SCHATZKARTEN

Die SCHATZKARTEN sind Verwandte des Tarot, jedoch in ihrer Einfachheit leichter und direkter zu verwenden. Sie sind ein Set aus 78 Karten, die in allgemein verständlichen und gebräuchlichen Begriffen Aspekte des schöpferischen Potentials benennen, das jedem Menschen als vielfältig lebendige Kraft zueigen ist.
Die Zusammenstellung der Begriffe ist das Ergebnis eines Erkenntnisprozesses über die psychologischen, philosophischen und spirituellen Dimensionen des Seins, an dem mehrere "Selbst"-entfaltete Menschen aus verschiedenen Kontinenten der Erde mitgewirkt haben. Die einzelnen Begriffe sind illustriert durch Aquarelle von Brigitta Lipold, die auf intuitivem Weg entstanden sind. Die SCHATZKARTEN ermöglichen viele inspirierende Spielformen, die die Aufmerksamkeit auf unsere inneren "Schätze" lenken.
Immer wieder erleben wir sie als kraftvolle Ermutigung für jedermann und jedefrau, mit dem Inneren Wissen und den wahren ureigenen Fähigkeiten in Kontakt zu treten, sie zu aktivieren und vertrauensvoll zu nützen für ein erfülltes Leben im Hier und Jetzt. Darin finden die SCHATZKARTEN mittlerweile bei vielen Menschen -Einzelpersonen und Gruppen- mit Begeisterung Verwendung und bilden eine beliebte und erfolgreiche Ergänzung in der Arbeit zahlreicher Therapeuten und Seminarleiter.

Kartenset mit Beiheft, **5.** Auflage

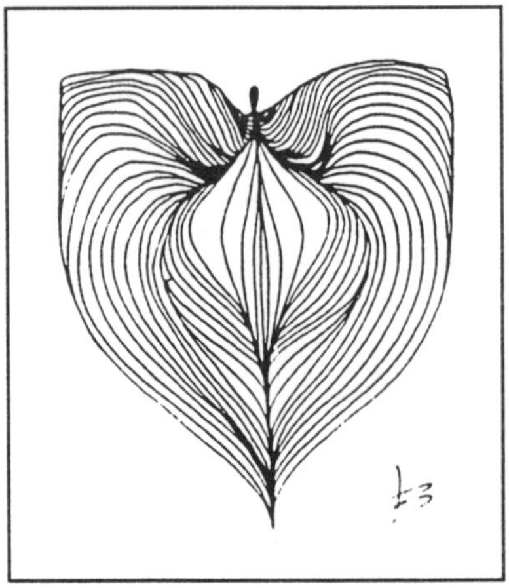

Brigitta LIPOLD:
Wenn die Zungen flammen
Extatische Worte der Liebe

Ein VERSCHENKBUCH mit Meditationsbildern und Texten, die über die jedem Menschen innewohnende Lebensglück-Schöpferkraft sprechen und unsere Liebesfähigkeit und die darin liegende große Selbstheilungskraft bejahen. Es ist geschrieben im Geiste der SCHATZKARTEN, die eine wichtige Inspirationsquelle für dieses Buch waren.
Eine bibliophile Spezial-Edition mit 22 Spiral-Kalligraphien, mandala-artigen TAO-Meditationsbildern, die zur eigenen *Mitte* führen und darin die Texte ergänzen.

Buch, gebunden mit 22 farbigen Bildern

****

direkt bestellbar beim Verlag El Mutamaku, A-4754 Andrichsfurt 11

Rainer TAENI: Umkehr zur Liebe

CREATIVE REFOCUSSING und REBIRTHING als Weg zur Meisterschaft im eigenen Leben. Ein diamantenes, bahnbrechendes Fachbuch der Systemischen und Transpersonalen Psychologie

Wer Sinn im alltäglichen Tun, Harmonie in familiären Beziehungen und das Gefühl eines erfüllten Lebens vermißt, kann das jetzt ändern. Wer meint, die eigenen Reserven von Energie, Liebe und Lebensfreude bisher nicht voll zu nutzen, kann sich dieses Potential jetzt erschließen durch Anwenden von CREATIVE REFOCUSSING, einem praktischen Weg, der verschiedene Methoden der humanistischen Psychologie, die Essenz östlicher und christlicher Weisheitslehren und die Heilkraft des Atems zu einer wirkungsvollen Einheit verbindet. Dieses Buch entstand aus der jahrzehntelangen Erfahrung des Psychologen Dr. Rainer Taeni als Seminarleiter, Therapeut und Rebirther und schildert die Grundlagen und den Weg, den Hunderte bereits erlernt haben und zielstrebig gehen - zur ungeahnten Bereicherung ihres alltäglichen Lebens. Rainer Taeni (geb. 1933) lebt in Australien und leitet dort mit seiner Frau Eva das "Yulunga Centre of Light and Healing". Im Deutschland der 60er Jahre wurde er bekannt durch die Bücher "Das Angst-Tabu und die Befreiung"(Rowohlt) und "Fühlen als Therapie".

Rainer TAENI: Vom Opfer zum Schöpfer

Ein Audio-Cassetten-Kurs mit Praxis-Buch zum Selbst-Lernen von CREATIVE REFOCUSSING

Ein leicht anzuwendendes Mental-Trainings-System, bestehend aus 5 Ton-Cassetten und Buch, wo die Praxis des Creative Refocussing so klar und einfach vermittelt wird, daß sie jede/r an sich selbst anwenden kann. Der Kurs besteht aus Vorträgen, Visualisationen und praktischen Übungsanleitungen.

In den Phantasiereisen, die von Dr.RAINER TAENI behutsam geführt und von GERHARD LIPOLD musikalisch begleitet werden, kann der Hörer in einem Zustand tiefer Entspannung bei völliger Wachheit mit tiefen Bewußtseinsschichten in Kontakt treten, die uns normalerweise nicht in solcher Klarheit zugänglich sind. Dies ermöglicht die Erkenntnis einschränkender Muster im Denken, Fühlen und Handeln und bildet die Basis dafür, mit den praktischen Mitteln von Creative Refocussing alte Blockierungen aufzulösen und durch innere Umorientierung mit unserer wahren Schöpferkraft, Lebensfreude und Liebe in Kontakt zu treten und sie im Alltag zur Wirkung zu bringen.

5 Cassetten (Dauer: über 6 Stunden) plus Praxis-Buch (120 Seiten)

Das **PRAXIS-BUCH** "*Vom Opfer zum Schöpfer*" ist auch allein erhältlich. Es vermittelt zahlreiche Handwerkszeuge des Creative Refocussing, die auch ohne den Cassetten-Kurs fruchtbringend eingesetzt werden können.

****

direkt bestellbar beim Verlag El Mutamaku, A-4754 Andrichsfurt 11

Wer mit uns, **Brigitta & Gerhard Lipold**, Kontakt aufnehmen möchte, möge dies tun. Wir senden auch gerne aktuelle Informationen über unsere Arbeit zu. Neben verschiedenen 2- bis 3-Tageskursen führen wir meist im Sommer in Österreich und in der Toskana 1-wöchige Seminare durch, deren Inhalt im folgenden beschrieben wird. Wir freuen uns auf ein Kennenlernen oder Wiedersehen im Lebenskreis von Menschen, Musik, Tanz, Farben, Liedern, Worten, Gefühl, Atem ... und Stille.

Umkehr zur Liebe

CREATIVE REFOCUSSING und REBIRTHING

als Weg zur Selbstfindung und ganzheitlichen Heilung

Grundthema dieser Woche ist die **Entfesselung der Lebensenergie** und die Kontaktaufnahme zu unserem wahren Wesenskern mit seinem ganzen Potential an schöpferischer Kraft, Liebe und Lebensfreude, sowie das Erlernen des praktischen Handwerkszeugs, um diese Verbindung zum "**Inneren Meister**", zur "**Inneren Meisterin**" auch im Alltag jederzeit zu aktivieren.

Voraussetzung jeder wirksamen Veränderung ist die klare Erkenntnis dessen, was ihr im Wege steht. Wir beginnen daher mit dem Aufspüren der Behinderungen und Ängste, der alten einschränkenden Gefühls-, Handlungs- und Denkmuster, die meist in frühester Kindheit geprägt wurden und uns noch heute daran hindern, unbeschwert im Jetzt voll da und glücklich zu sein. Wir lernen uns liebevoll annehmen und anerkennen als die Person, zu der wir uns gemacht haben, mitsamt den inneren Blockierungen, die der eigentliche Grund sind für unsere Probleme, Beziehungskonflikte und Krankheiten. Wir übernehmen jetzt die Verantwortung dafür und entscheiden uns für eine Neuorientierung: *nicht mehr als "isolierte leidende Opfer" auf irgendwelche scheinbar unbeeinflußbare Mächte zu reagieren, sondern "selbstverantwortliche liebende Schöpfer" eines erfüllten Lebens zu sein und es zu genießen.*

Der **Atem** im REBIRTHING (Holotropes Atmen nach Stan Grof) führt uns durch emotionale Blockierungen hindurch und läßt die Lebensenergie wieder frei fließen. Im CREATIVE REFOCUSSING schaffen vielfältige und bewährte "**Emotional Clearing & Mind Clearing**"-Prozesse aus der modernen Humanistischen Psychologie, begleitet durch *Visualisationen, NLP, Rituelles Theater, Bioenergetik, Yoga, Chi Kung, Holistic Pulsing, Mandala-Malen, Meditation, Musik, Tanz und Humor* die Voraussetzung dafür, die Umkehr zur Liebe auch bewußtseinsmäßig anzunehmen und im alltäglichen Leben zu manifestieren. Die einfühlsame Unterstützung durch die erfahrenen Seminarleiter und die Gruppe trägt zusätzlich dazu bei, daß sich alte Ängste auflösen und sich neue Räume des Vertrauens und der Liebe öffnen.

Diese tiefgreifenden Erfahrungen auf körperlicher, emotionaler, mentaler und spiritueller Ebene, sowie die dabei erlernten praktischen Methoden führen

zu unserer persönlichen Kraft, Kreativität, Intuition und Lebensfreude;
zu genußvollem Auftanken mit neuer Vital-Energie und Wohlbefinden;
zu dauerhafter Selbstannahme und liebevollem Umgang mit sich selbst, den anderen und der Umwelt, in wacher Klarheit;
zur Fähigkeit, Beziehungen zu unseren Partnern, Kindern, Eltern usw. wahrhaftiger, glücklicher und lebendiger zu gestalten;
zu einem Weg, die wahre Lebensaufgabe zu erkennen und zu verwirklichen;
zum Wissen um unsere Verbundenheit mit dem Ursprung allen Seins.

****

Kontakt: Brigitta & Gerhard Lipold, A-4754 Andrichsfurt 11, Tel. 07750/747

SOMMERWIRKSTATT Trommeln Tanz & Maskenrituale

mit Brigitta & Gerhard Lipold (siehe in diesem Buch Seite 69)

*** Elementares Trommeln für Anfänger & Fortgeschrittene * Afro & Sacred Dance**
*** Maskenbau mit Erde Wasser Feuer Luft * Derwisch-Trancetanz**
*** Rituelles Masken-Tanztheater * Yoga & Chi Kung**

In der reifsten Zeit des Jahres wollen wir wieder in die Fülle unserer bzw. eurer Kreativität greifen und ihr in verschiedenen Formen von Tanz, Musik und bildnerischem Gestalten Ausdruck verleihen - ohne jeden Leistungsdruck. Im Mittelpunkt steht die Freude an schöpferischer Selbsterfahrung. Im ausgewogenen Gleichgewicht der Pole Dynamik und Ruhe, sowie durch kraftvolle Tanz-Rituale, wie die "**Geburt des Lichts**" und die "**Hochzeit von Himmel und Erde**" im *Mukabele-Tanz der wirbelnden Derwische,* finden wir Zugang zu dem Kreativpotential und Inneren Wissen, das jeder Mensch als Schatz in sich trägt.

In der zweiten Wochenhälfte wird sich wieder die große **Genesis** ereignen, wenn unsere archetypischen, inneren Seelenbilder unter unseren intuitiv formenden Händen vor unseren staunenden Augen die Gestalt phantasievoller Maskenwesen annehmen. Durch Klänge, Farben und Bewegung werden wir mit unseren tief symbolischen *Dreamtime*-Schöpfungen in Kontakt treten und die Faszination der Maskentänze auf dem mystischen Areal einer **mittelalterlichen Burg** genießen.

Im abschließenden ***ERD-LEBENSFEST*** feiern wir wieder unseren Dank an die Fülle des Lebens im Bewußtsein unserer Einheit mit Mutter Erde und all ihren Wesen und mit dem wahren Urgrund der Schöpfung.

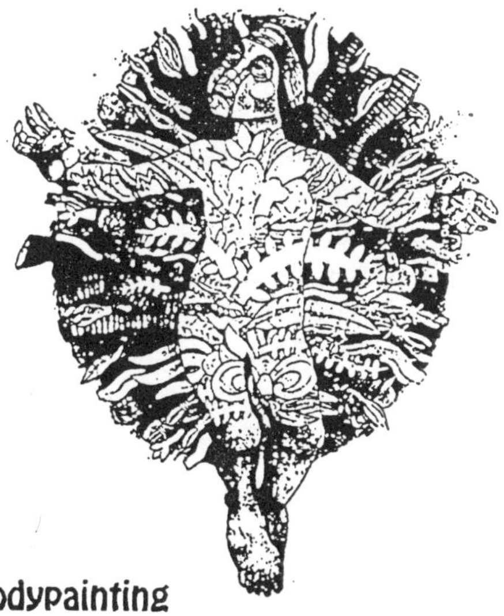

Toskana Trommeln Tanz & Bodypainting

*** Ganzheitliche Rhythmus-Erfahrung mit Körper, Atem und Stimme**
*** Roots Percussion * ONE EARTH SONG - Celebrations im Tipi-Kreis**
*** Dynamische Tanzmeditationen * Medizinkreis der Vier Elemente**
*** Yoga & Chi Kung * die rituelle Kunst der Ganzkörper-Bemalung mit Erdfarben**

Im Zentrum steht die Freude an unserer Lebendigkeit und Kreativität (ohne Leistungsdruck) im vital-energetischen Gleichgewicht der Pole Yang & Yin, Spannung & Entspannung, Ekstase & Stille......in direktem Kontakt mit den reinigenden Kräften von **ERDE, WASSER, FEUER und LUFT**. Verschiedene Formen von Tanz, Musik, Meditation und spielerischer Sensibilisierung aller Sinne schaffen einen Ort für Kommunikation und Selbst-Erfahrung mit Körper, Geist und Seele.

Die **Feuerzeremonie** aktiviert unsere Kraft des Loslassens und der Vergebung und verbindet uns mit dem Höchsten Bewußtsein, das uns darin unterstützt, den nächsten Entwicklungsschritt klar und frei zu gehen. Den Höhepunkt bildet die Wanderung in ein abgelegenes Tal, wo wir im Schutze eines Eichenhaines an der Biegung eines **kristallklaren Flusses** die wohltuenden Wirkungen von **Heilerde-Packungen** und **Holistic Pulsing**-Massagen erleben. Im Laufe des Tages geschieht die phantastische Verwandlung unseres Körpers im *tantrischen Ritual der Körperbemalung.* Die Trommeln erklingen, und das bunte Farbenkleid auf der Haut intensiviert im Tanz unseren spirituellen Kontakt zu den Heilungsenergien des Kosmos. (Siehe Seite 28)

(Abb. oben aus: *In God's Image*)

Alphabetischer Index der Songs